淮南子的思想世界

王效峰 著

人民出版社

目 录

导 言 ⋯⋯⋯⋯⋯⋯⋯⋯⋯⋯⋯⋯⋯⋯⋯⋯⋯⋯⋯⋯⋯⋯⋯⋯⋯⋯ 001

第一章　淮南学术与转型时代 ⋯⋯⋯⋯⋯⋯⋯⋯⋯⋯⋯⋯⋯⋯⋯ 014
　　第一节　政治体制转型：淮南撰述的社会政治背景 ⋯⋯⋯⋯⋯ 015
　　第二节　思想文化转型：淮南撰述的知识基础 ⋯⋯⋯⋯⋯⋯⋯ 023
　　第三节　淮南撰述的意识形态氛围 ⋯⋯⋯⋯⋯⋯⋯⋯⋯⋯⋯⋯ 027

第二章　刘安的悲喜命运与淮南王国的学术活动 ⋯⋯⋯⋯⋯⋯⋯ 032
　　第一节　刘安与淮南狱 ⋯⋯⋯⋯⋯⋯⋯⋯⋯⋯⋯⋯⋯⋯⋯⋯⋯ 032
　　第二节　淮南国的学术活动 ⋯⋯⋯⋯⋯⋯⋯⋯⋯⋯⋯⋯⋯⋯⋯ 041
　　第三节　《淮南子》的作者问题 ⋯⋯⋯⋯⋯⋯⋯⋯⋯⋯⋯⋯⋯ 048

第三章　"考验乎老、庄之术"：《淮南子》与道家 ⋯⋯⋯⋯⋯⋯ 058
　　第一节　"太上之道"：从实体到实用 ⋯⋯⋯⋯⋯⋯⋯⋯⋯⋯ 061
　　第二节　"无为而无不为"：为政之道 ⋯⋯⋯⋯⋯⋯⋯⋯⋯⋯ 084
　　第三节　个体位置："反性于初，游心于虚" ⋯⋯⋯⋯⋯⋯⋯ 112

第四章　从"衰世凑学"到"仁义为本" ⋯⋯⋯⋯⋯⋯⋯⋯⋯⋯⋯ 134
　　——《淮南子》对儒学"前倨而后恭"式的转变
　　第一节　汉初儒学发展之概况 ⋯⋯⋯⋯⋯⋯⋯⋯⋯⋯⋯⋯⋯⋯ 135
　　第二节　《淮南子》中的儒学思想 ⋯⋯⋯⋯⋯⋯⋯⋯⋯⋯⋯⋯ 142
　　第三节　对儒学思想在《淮南子》中所占地位的衡估 ⋯⋯⋯⋯ 156
　　第四节　儒道冲突中的困惑及解决 ⋯⋯⋯⋯⋯⋯⋯⋯⋯⋯⋯⋯ 162

第五章 "非循一迹之路,(不)守一隅之指" ·················· 194
　　　——《淮南子》中的法、墨思想因子

第一节 "法籍礼义,所以禁君,使无擅端也" ·············· 195
　　　——《淮南子》对法家思想的吸纳与改造

第二节 《淮南子》所见之墨家 ························ 225

结　语 ·· 240

参考文献 ·· 243
后　记 ·· 248

导　言

　　《淮南子》撰述于"文、景之世"。在中国历史上，西汉"文、景之世"是一个政治体制、思想文化以及意识形态全方位转型的承前启后的时代。一般而言，"承前启后"之"转型"时代的思想世界，理想与现实的矛盾、继往与开来的冲突、自由与秩序的困惑等，复杂地纠结在一起，呈现出在清平时代思想世界里难得一见的斑斓色彩。撰述于"文、景之世"的《淮南子》，在这个方面表现得尤为突出。《淮南子》视域宏阔，文笔汪濊，知识博富，"心"存"牢笼天地，博极古今"，贪多求全之心，"志"有遇"美"辄收，逢"萃"必聚，"鱼"与"熊掌"，务在"兼得"之志。确如《淮南子·要略训》里自夸的那样，"夫作为书论者，所以纪纲道德，经纬人事，上考之天，下揆之地，中通诸理"——"若刘氏之书，观天地之象，通古今之论，权事而立制，度形而施宜。原道之心，合三王之风，以储与扈冶，玄眇之中，精摇靡览，弃其畛挈，斟其淑静，以统天下，理万物，应变化，通殊类，非循一迹之路，守一隅之指，拘系牵连之物，而不与世推移也，故置之寻常而不塞，布之天下而不窕。"故而，《淮南子》笔下的"文、景之世"的思想世界，色彩斑斓——斑斓得令人眼花缭乱，目不暇给。

　　初读《淮南子》，作者完全被《淮南子》庞杂博富的知识，华彩流溢的文笔，突发奇想的出位之思，语惊四筵的耸人之论所震慑。再读《淮南子》，又被《淮南子》"到什么山唱什么歌"的学术立场，在儒道墨法诸家思想间任意游走的著述方式，以及《淮南子》思考和言说似"儒"又非儒、似"道"又非道、似"墨"又非墨、似"法"又非法之"缭乱"性所困扰，如坐"五里雾"中。始悟扬雄有憾于《淮南子》"乍出乍入"，"以多知为杂"，或是中的之论，而非"覆瓿"之言。①

　　越是复杂的事物,越能激发人寻幽探胜的好奇之心。从刘向、扬雄开始,《淮南子》就成了古代社会留心经籍的士子们把玩不倦的秘籍。到了现代,在追随"德、赛二先生",以及现代士人笔下,《淮南子》又成了引导观览中国思想史上某一时段"思想胜景"的"地图",解剖中国封建社会某一方面痼疾的"麻雀"。本书便是作者研习"独尊儒术"之前西汉思想世界的研习成果,重点讨论"《淮南子》与先秦诸子儒道墨法思想之关系"。作者希望能够到"独尊儒术"前夕西汉思想世界里,弄清《淮南子》思考和言说的真相。

　　自古及今,有关《淮南子》的研究,可分为"文献研究"和"思想研究"两个方面。

一、《淮南子》文献研究状况

　　自两汉至清,对于《淮南子》的研究,主要成就体现在校注、考据等文献研究方面。

　　自从西汉扬雄有憾于《淮南子》"杂乎杂",东汉硕儒马融、许慎、延笃、卢植、高诱等人,在《淮南子》篇章题解、字义训诂、典故考据诸方面,付出过大量的辛劳。从高诱《淮南鸿烈解叙》自述其从卢植受"《淮南》章句",而卢植又受之于马融来看,马融"垂帷授经"时,已有"《淮南》章句"这门课程。惜乎汉儒的《淮南子》注述讲章,多数已经亡佚不传。但汉儒在《淮南子》研究中的奠基之功,仍不可没。例如,流传下来的汉儒许慎、高诱的《淮南》注,至今仍然是解读《淮南子》文本的重要参考。嗣后继兴的魏晋南北朝,是玄、佛的世界;唐宋新儒家,又忙于革新两汉儒学旧范式,无暇他顾。其间,除了留心"子学"的学者如刘勰、刘知幾、洪迈、高似孙等,抵触"异端"的儒生如黄震等,以及目录学家如晁公武、陈振孙等,在其著述中,对《淮南子》各有提及之外,《淮南子》普遭冷遇。至清,在复兴"汉学"的热潮中,《淮南子》才重受青睐。诸多朴

---

① 扬雄《法言·君子》:"必也,儒乎? 乍出乍入,《淮南也》"。《法言·问神》:"或曰:'《淮南》……其多知与? 曷其杂也!'曰:'杂乎? 杂! 人病以多知为杂……'"见汪荣宝撰、陈仲夫点校:《法言义疏》,中华书局1987年版,第507、163页。又《汉书·扬雄传》:扬雄作《太玄》《法言》,"刘歆亦尝观之,谓雄曰:'空自苦! 今学者有禄利,然尚不能明《易》,又如《玄》何? 吾恐后人用覆酱瓿也。'"中华书局1962年版,第3585页。

学家,在辨主旨、正音读、释字义、校讹误等方面,对《淮南子》下过细密的功夫。成绩卓著,超迈前贤。迄清为止的《淮南子》研究,诚如胡适在刘文典《淮南鸿烈集解》序中总结的:《淮南子》"其书作于汉代,时尚修辞,今观许慎、高诱之注,知当汉时已有注释之必要。历年久远,文义变迁,传写讹夺,此书遂更难读。中世儒者排斥异己,忽略百家,坐令此绝代奇书,沉埋不显。迄乎近世,经师旁求故训,博览者始稍整治秦汉诸子,而淮南王书,治之者尤众。用力最勤而成功较大者,莫如高邮王氏父子;德清俞氏间有创获,已多臆说矣;王绍兰、孙诒让颇精审,然所校皆不多。此外,如庄逵吉、洪颐煊、陶方琦诸人,亦皆瑕瑜互见。计二百年来,补苴校注之功,已令此书稍可读矣"①。当然,迄清为止的《淮南子》研究,也并不是全然无涉《淮南子》思想解读。只不过对《淮南子》的思想解读,大多只是以序、跋、读后以及题解的形式,进行笼统的概说而已。

民国以来以迄于今,有关《淮南子》字义训诂、典故考据、错讹辨正、版本比较一类的文献研究,仍在继续。其间学者辈出,各有发明。其中影响最大者,有刘文典《淮南鸿烈集解》、吴承仕《淮南旧注校理》、杨树达《淮南子证闻》、何宁《淮南子集释》、张双棣《淮南子校释》等。刘文典《淮南鸿烈集解》以清人庄逵吉校本为底本,辑王念孙、俞樾等二十余家之说,并遍引类书,细考《淮南》典故出处,资料丰富,条理分明,胡适把刘文典的《淮南》研究,比作"总账式整理",称其"最精严有法"。吴承仕《淮南旧注校理》、杨树达《淮南子证闻》在订正前贤时彦《淮南》注、述的疏误方面,拾遗补阙,不遗余力。何宁《淮南子集释》综辑清乾、嘉以至当世众家校勘考释成果,精审明辨,对既往的《淮南子》文献研究多有补证。张双棣《淮南子校释》于古今疏注辩说,收录完备,笺释精当,堪称《淮南子》文献研究后来居上的集大成者。

有关《淮南子》文本文献的研究,为《淮南子》思想研究奠定了坚实的基础。本书以张双棣《淮南子校释》为主要工作底本。在必要的时候,参考《淮南鸿烈集解》、《淮南子证闻》及《淮南子集释》。

二、《淮南子》思想研究状况

《淮南子》以文笔汪濊、知识博富、思想庞杂,名耸后世。扬雄《法言》说

---

① 胡适:《淮南鸿烈集解序》,载刘文典:《淮南鸿烈集解》,中华书局1989年版,第2页。

《淮南》"杂乎杂"——"必也,儒乎? 乍出乍入,《淮南》也"①。刘勰《文心雕龙·诸子》说"《吕览》鉴远而体周,《淮南》泛采而文丽"②。刘知幾《史通》说"《淮南子》牢笼天地,博极古今"③。的确,在文笔汪濊、知识博富、思想庞杂上,《淮南子》堪称"绝代奇书"。相对而言,迄清为止的中国士子,多赏其文笔汪濊,赞其知识博富;对其庞杂之思想,则缺乏仔细品味的雅致与认真琢磨的耐心。论及《淮南》思想,经常是大言多于细审,粗说多于密察。从20世纪30年代开始,关注中国古代思想发展的现代学者,才从不同视角、运用不同方法,对《淮南子》中庞杂的思想展开广泛而深入的认真研究。

现代学者对于《淮南子》的思想研究,主要表现为以下几种形式:一是把《淮南子》作为中国哲学发展史、中国思想发展史上的一个环节,置入中国古代思想发展的流程中,进行整体定位。例如胡适、冯友兰、侯外庐、任继愈、李泽厚、徐复观、劳思光、韦政通、葛兆光等的哲学史著、思想史著中,均有《淮南子》专章。此一类型的研究,重在对《淮南子》思想体系的总体把握,以及对《淮南子》思想范畴进行概括分析。二是把《淮南子》和与《淮南子》相关的论著放在一起,进行比较研究。例如牟钟鉴《吕氏春秋与淮南子思想研究》、丁原明《〈文子〉与〈淮南子〉思想之异同》,皆属于此一类型的研究。三是对《淮南》思想进行专题分析。例如戴黍《淮南子治道思想研究》、陈广忠《淮南子科技思想》、陈静《自由与秩序的困惑——〈淮南子〉研究》、杨有礼《新道鸿烈》等。各种学术期刊刊布的论文,或从本体论,或从生态观、美学观、伦理观、法律观,或从与诸子关系、"无为"思想等方面切入《淮南》研究,切入点不同,专题性无别。王云度《刘安评传》虽然题曰"评传",但从其条分缕析上看,也无出专题研究的规模。中国大陆地区博士、硕士研究生的学位论文,如孙纪文《淮南子研究》、马庆洲《〈淮南子〉研究》、王雪《〈淮南子〉哲学思想研究》、刘爱敏《〈淮南子〉道论探微》等,有的虽然笼统地名之曰"淮南子研究",实际上做的也多是专题分析。

综览《淮南子》思想研究,主要集中于以下几个论域:

---

① 汪荣宝撰,陈仲夫点校:《法言义疏》卷十八《君子》,中华书局1987年版,第163、507页。
② 刘勰著,范文澜注:《文心雕龙注》,人民文学出版社1958年版,第309页。
③ 刘知幾撰,浦起龙释:《史通通释》卷十《自叙》,上海古籍出版社1976年版,第291页。

导　言

(一)《淮南子》所属学派

对于《淮南子》所属学派,现代研究者有"杂家"说、"道家"说、"儒道融合"说乃至"归于儒家"说等。

(1)"杂家"说。此说源自班固《汉书·艺文志》。《汉书·艺文志》把《淮南子》列在杂家。按其对杂家定义:"杂家者流,盖出于议官,兼儒、墨,合名、法,知国体之有此,见王治之无不贯,此其所长也;及荡者为之,则漫羡而无所归心。"①从《淮南子》的思考与言说,经常在儒、道、墨、法诸家思想间任意游走这一点上,说《淮南子》"迹"近"杂家",并不为过。故而《淮南子》思想现代研究者对《淮南》思想最初的整体定位,就定位于"杂家"。例如,冯友兰1930年出版的《中国哲学史》说:"《淮南鸿烈》为汉淮南王宾客所共著之书,杂取各家言,无中心思想"②。《淮南子》虽"迹"近"杂家",但"杂家"定位,却难以回应《淮南子》自言的"考验乎老庄之术"的言说与思考方式。故而又有"道家"说。

(2)"道家"说。此说倡自高诱。高诱在其《淮南鸿烈解叙》里说:"其旨近《老子》,淡泊无为,蹈虚守静,出入经道。言其大也,则焘天载地,说其细也,则沦于无垠,及古今治乱存亡祸福,世间诡异瑰奇之事。其义也著,其文也富,物事之类,无所不载,然其大较归之于道。"③此说内证充分,又贴合"文、景之世"的思想时尚,故而获得《淮南子》思想现代研究者多数人的认同。梁启超径称"《淮南鸿烈》为西汉道家言之渊府"。胡适也说"道家集古代思想的大成,而《淮南王书》又集道家的大成"④。不过,在接受"道家"说的《淮南子》思想现代研究者内部,对《淮南子》所道之"道"的真实面目,在"老庄"道家之

---

①　班固:《汉书》卷三十《艺文志》,中华书局1962年版,第1742页。按:班固之前,扬雄已有《淮南》"杂乎杂"——"必也,儒乎? 乍出乍入,《淮南》也"之说。然细玩扬雄"杂乎杂"之说,扬雄是有憾于《淮南》于儒,"乍出乍入","杂"而不醇,虽有依儒立言之意却不成"家"。故而,本书把"杂家"说的源头归于班固。

②　冯友兰:《中国哲学史》(上),华东师范大学出版社2000年版,第291页。按:依冯友兰自序,其《中国哲学史》第一篇出版于1930年,第二篇出版于1933年。冯氏于20世纪60年代对"杂家"说做过修正,把《淮南子》思想归于"黄老道家"。见其《中国哲学史新编》,人民出版社1985年版,第137页。

③　张双棣:《淮南子校释》,北京大学出版社1997年版,第2页。按:此《解叙》,吴承仕《淮南旧注校理》题曰《淮南子旧序》,刘文典《淮南鸿烈集解》题曰《叙目》。

④　胡适:《淮南王书》,载胡适:《中国中古思想史长编》,华东师范大学出版社1996年版,第126页。

/005/

外,还有不同说法。例如,侯外庐认为《淮南》思想属"阴阳"道家:"主要篇幅是阴阳五行家和老庄道家的混血种"①;劳思光认为《淮南》思想属"杂家化"道家:"《淮南》一书恰代表《六家要旨》中所论之'道家',亦即'杂家化之道家',绝非先秦道家之本来面目。"②熊铁基则认为此书属"新道家":《淮南子》是新道家"成熟阶段的作品,结构比较严谨,层次分明,思想体系是比较完整的"③。以上诸说,都能在《淮南子》中找到一些内证。此一状况的出现,表现出《淮南》思想研究趋细的趋向。

(3)"儒道融合"说。此说是对高诱"讲论道德,总统仁义"的进一步引申。高诱在其《淮南鸿烈解叙》里说,《淮南》之撰,是淮南王刘安与众宾客"讲论道德,总统仁义"的结果。高诱所谓的"讲论道德,总统仁义",只是个泛说。本意是说淮南王刘安视域宏阔,对道、对儒、对诸子百家,都感兴趣。至于《淮南子》的贯穿思想,高诱明白指出:《淮南》"旨近《老子》……然其大较归之于道"。假如把高诱"讲论道德,总统仁义"之泛说,坐实为"综论儒、道",再联系起后世"儒道互补"的思想格局,引而申之,就有了"儒道融合"说。

(4)"归于儒家"说。此说是高诱"道家"说的旁逸斜出。高诱在其《淮南鸿烈解叙》里说,《淮南》"旨近《老子》,淡泊无为,蹈虚守静,出入经道"。假如把"出入经道"之"经"字,径直理解为儒家之"五经","道家"说就"旁逸斜出"成"归于儒家"说。例如,徐复观《两汉思想史》在对《淮南子·泰族训》的解读中,推测在刘安的宾客中肯定有一个强大的儒家学者团体,所以书中经常体现出儒、道两家思想抗争的情形,并且儒学还占据上风。并由此而断言,"在全书内容的结构上,显得是以老庄思想开其端,且似乎是全书思想的主流,却以儒家思想竟其尾;无形中表示,道家思想,应归结于儒家思想之上"④。此说在古今对《淮南》思想的解读中,独树一帜。然而,按高诱《本经》注:"本,始也。经,常也。天经造化出于道,治乱之由,得失有常,故曰'本经'"。把"出入经道"之"经"字,理解为儒家之"五经",是"赋《诗》断章,余取所求"。"归于儒家"说,有待于进一步商榷。

---

① 侯外庐:《中国思想通史》第二卷,人民出版社1957年版,第79页。
② 劳思光:《新编中国哲学史》第二卷,广西师范大学出版社2005年版,第92页。
③ 熊铁基:《秦汉新道家略论稿》,上海人民出版社1984年版,第16页。
④ 徐复观:《两汉思想史》第二卷,华东师范大学出版社2001年版,第164页。

（二）《淮南子》思想体系

对于《淮南》有无思想体系，自古就有两种不同的认识。西汉的扬雄对《淮南》思想总体上评价颇低。说《淮南》"杂乎杂""乍出乍入"——不成体系。刘勰承之，拿"鉴远而体周"的《吕览》和《淮南》作比较，以突出《淮南子》的"氾採"性——"识"近而"体"杂，难言"系统"。东汉的高诱对《淮南》思想评价甚高，"言其大也，则焘天载地，说其细也，则沦于无垠，及古今治乱存亡祸福，世间诡异瑰奇之事。其义也著，其文也富，物事之类，无所不载，然其大较归之于道"。言下之意是，《淮南》一书，自成体系。刘知幾承之，认为"其书牢笼天地，博极古今……其错综经纬，自谓兼于数家，无遗力矣"。

对《淮南子》思想体系的现代研究，倾向于认同高诱的评价——《淮南》一书，自成体系。例如，梁启超认为"《淮南鸿烈》为西汉道家之渊府，其书博大而有条贯，汉人著述第一流也"①。徐复观认为《淮南子》"反映了当时广泛的文化水平，及社会性的人生观念、价值观念。通过这部书，可以了解在五经博士未成立以前的汉初思想的比较完整的面目"。李泽厚认为《淮南子》"详尽地描绘了宇宙时空的起始和演化，详尽地叙说了现实事物的形态的变异，详尽地展示了客观世界的多样性、复杂性和变异性"②。葛兆光进一步从五个方面论证《淮南子》"也试图为思想世界提供一个可以容纳一切知识的构架"，在某种意义上，"象征了西汉前期边缘的区域思潮与中心的国家思潮的冲突"③。但也有认同扬雄"杂乎杂"之评的。例如，金春峰对《淮南子》评价就比较低，在承认其思想特点是"以道家为主旨，反儒的倾向鲜明而突出"之余，又批评《淮南子》于道家，乍出乍入，思想前后"矛盾"、陈述难免"杂驳"，因此批评《淮南》"把西汉的道家思想，引向消极、出世的方向"，并把生成原因归于刘安著书，贪多不化，以及思想立场逆流而动。

（三）《淮南子》与先秦诸子之关系

"子学"是《淮南》撰述先在的知识基础。《淮南子》在《要略》中自称，《淮南子》的全部价值，本原于《淮南子》之撰，对先秦诸子采取"非循一迹，（不）

---

① 梁启超：《中国近三百年学术史》，载朱维铮校注：《梁启超论清学史二种》，复旦大学出版社1985年版，第369页。
② 李泽厚：《中国古代思想史论》，天津社会科学院出版社2008年版，第114页。
③ 葛兆光：《中国思想史》卷一，复旦大学出版社2007年版，第252页。

守一隅"、遇"美"辄收、逢"萃"必聚的撰述立场——"若刘氏之书,观天地之象,通古今之论,权事而立制,度形而施宜,原道之心……非循一迹之路,守一隅之指,拘系牵连之物,而不与世推移也。故置之寻常而不塞,布之天下而不窕。"①对于《淮南子》这一撰述立场,除了扬雄《法言·问神》憾其"杂",刘勰《文心雕龙·诸子》惋其"氾",宋人黄震《黄氏日钞·读淮南子》斥其"好事而不知体要"之外,《淮南子》的古今接受者,均能赏其风致。《淮南子》思想的现代研究者,尤其乐于肯定《淮南子》对先秦诸子遇"美"辄收,逢"萃"必聚,"非循一迹,(不)守一隅"的立场。例如,胡适称"《淮南王书》,折衷周秦诸子,其自身亦可谓结古代思想之总账者也"②。

和《淮南子》古今注家相比,现代对《淮南子》与先秦诸子关系的研究,有两大进步。第一大进步表现为,在前人文献研究的基础之上,强化了《淮南子》思想与先秦诸子义理架构的分析、比较。在条理《淮南子》对先秦诸子吸收的同时,更关注《淮南子》对先秦诸子的突破;第二大进步表现为,把"典故考据"推进到"实证分析":以统计学的手段,用《淮南子》征引先秦诸子文献的密度,证先秦诸子对《淮南》思想影响的深度。这两大进步,在《淮南子》与道家关系研究、《淮南子》与儒家关系研究中,表现得最明显。

综览"《淮南子》与道家关系"研究,有三点值得注意:

(1)在承绪《淮南子》思想"近《老》"一面的同时,更关注《淮南子》思想"亲《庄》"的一面。主要论文有朱锦江《老子与淮南子》③、王叔岷《〈淮南子〉与〈庄子〉》④、周骏富《〈淮南子〉与〈庄子〉之关系》⑤、方勇《〈淮南子〉对庄子的积极阐释》⑥、孙以楷《刘安与〈庄子〉》⑦等。

---

① 张双棣:《淮南子校释》(下)卷二十一《要略》,北京大学出版社1997年版,第2151—2152页。
② 胡适:《淮南鸿烈集解序》,载刘文典:《淮南鸿烈集解》,中华书局1989年版,第2页。
③ 朱锦江:《老子与淮南子》,《金陵大学学报》1938年第8期。
④ 王叔岷:《〈淮南子〉与〈庄子〉》,《中央日报》1947年10月27日。
⑤ 周骏富:《〈淮南子〉与〈庄子〉之关系》,《大陆杂志》1957年第14期。
⑥ 方勇:《〈淮南子〉对庄子的积极阐释》,《漳州师范学院学报(哲学社会科学版)》2001年第2期。
⑦ 孙以楷:《刘安与〈庄子〉》,《安徽大学学报》1990年第1期。

(2)不满足于《淮南》"旨近《老子》……然其大较归之于道"的一般性判断,而致力于剔抉"《淮南子》中的老、庄"的真实面相。例如,丁原明《〈淮南子〉道论新探》,致力于剔抉道家之"道"在《淮南子》中的真实面相。① 张运华《先秦两汉道家思想研究》指出,《淮南子》中的老子,实际上是被"气"化了的老子。② 王云度《刘安评传》认为《淮南子》从根本上改造了道家的"无为"思想,赋予它"有为"的积极内涵,却又不愿意接受"有为"这个词。刘爱敏认为《淮南子》的人性论是"儒道两家人性论的总结",在"心"的基础上"把儒家的道德和道家的精神揉和到一起"。③

(3)在论及各自剔抉出的《淮南子》中道家思想的"真实面相"时,一些论者表现出不同寻常的"大度"与"慷慨",动辄以"扬弃""超越""开创""完善"之类的"大字眼",轻许《淮南子》。这样做的结果,一方面无形中拔高了《淮南子》对道家思想消化吸收的能力;另一方面也无形中淡化了老庄思想中本有的社会批判价值,在一定程度上模糊了老、庄思想的真相。

《淮南子》里表现出来的"《淮南子》与儒家的关系",有一个本书称之为"前倨而后恭"的有趣变化。高诱《淮南鸿烈解叙》曾夸《淮南子》"讲论道德,总统仁义"。这一定位,广获认可。然而,迄清为止的《淮南》接受史显示,对于《淮南子》"讲论道德,总统仁义",识宏者赏其"瑰丽多观",例如清人钱塘;气狭者斥其"不知体要",例如宋人黄震。值得注意的是,或"赏"或"斥",都是把《淮南子》当作"子书"来对待,并不看重其中"总统仁义"的那一部分内容。包括夸《淮南子》"总统仁义"的高诱在内,也只是说《淮南》"总统仁义"那部分内容,对于"通儒述作之士"来说,具有"援以证经传"的文献价值而已。按:这一接受立场,肇自扬雄,成自刘勰。刘勰在《文心雕龙·诸子》篇,以《淮南子》中洋溢着战国诸子才有的恣意高谈之风,把《淮南子》与"孟""荀""管""晏"等战国十七"子"并列,誉为"诸子百家"之冠冕;而不把《淮南子》与汉之陆贾、贾谊、刘向、扬雄等同论。并以"述道言治,枝条五经"为尺度,把包括《淮南子》在内的十八"子"分成两类:"纯粹者入矩,踳驳者出规"。《淮南子》属于"踳驳者出规"那一类。而如《淮南子》这一类"出规"的"踳驳者",其"恣

---

① 丁原明:《〈淮南子〉道论新探》,《齐鲁学刊》1994年第6期。
② 张运华:《先秦两汉道家思想研究》,吉林教育出版社1998年版。
③ 刘爱敏:《〈淮南子〉儒道融合的人性论》,《中国典籍与文化》2008年第4期。

意高谈",仅有供"洽闻之士……弃邪而采正"的价值。这一"前见",一直操纵着讫于民国的《淮南子》思想解读。例如,到20世纪30年代,"《淮南子》与儒家关系",在梁启超、胡适、冯友兰那里,还是一个很边缘的问题。冯友兰于20世纪30年代出版的《中国哲学史》中,论及《淮南子》,只述《淮南子》宇宙观,只字未提《淮南子》思想与儒家的关联。从20世纪60年代开始,"《淮南子》与儒家关系"才从研究边缘进入研究中心。《淮南子》之于儒学,本来就是实用价值大于学术兴趣。"《淮南子》与儒家关系"研究上的这一层变化,颇有耐人寻味之处。

综览"《淮南子》与儒家关系"研究,也有三点值得注意:

(1)一些研究著述把"《淮南子》与儒家关系"研究的研究目标,明确地定位在:通过对《淮南子》征引"五经"的统计和分析,进窥并拼合在"子学"与"经学"临界点上的五经以及儒学的真实面貌。儒学有不同的存在样态。秦以前以孔孟荀为代表的儒学,本书称之为"子学"时代的儒学。汉家"独尊儒术"而后以"十四家博士"为主导的儒学,本书称之为"经学"时代儒学。"临界点"指从汉惠四年废秦《挟书律》到汉武"罢黜百家"这个时段。① 具有代表性的论文与著述,有曹道衡《〈淮南子〉和"五经"》②,马庆洲《〈淮南子〉研究》③、孙纪文《淮南子研究》④、张涛《〈淮南子〉易学思想探析》⑤等。

(2)一些研究著述,之所以关注"《淮南子》与儒家关系",是试图以《淮南子》为样本,进窥儒家得以超迈百家,获得"独尊"的思想必然性与历史必然性,例如徐复观《两汉思想史·〈淮南子〉与刘安的时代》⑥;或进窥"儒道互补"格局形成的最初过程,例如陈静《论中国思想儒道互补基本格局的形

---

① 按:冯友兰于20世纪30年代出版的《中国哲学史》,曾用"子学""经学",对中国哲学史进行总体断代。冯氏的"子学时代",在《淮南子》那里画上了句号。冯氏的"经学时代",则涵盖了从董仲舒到廖平(卒于1918年),即从汉武帝"独尊儒术"一直到五四新文化运动前夕。本书使用"经学"这个词,外延比冯友兰要狭窄得多。
② 曹道衡:《〈淮南子〉和"五经"》,《河北师院学报》1987年第3期。
③ 马庆洲:《〈淮南子〉研究》,北京大学博士学位论文,2001年。
④ 孙纪文:《淮南子研究》,学苑出版社2005年版。
⑤ 张涛:《〈淮南子〉易学思想探析》,《孔子研究》1999年第3期。
⑥ 徐复观:《两汉思想史》第二卷,华东师范大学出版社2001年版,第108—181页。

成——从〈淮南子〉的"杂"说起》①等。

（3）由于"《淮南子》与儒家关系"进入《淮南子》思想研究中心,有一个中国古代思想史研究以外的特殊背景。这一"特殊背景"的存在,有可能诱导"《淮南子》与儒家关系"研究堕入"儒家中心"而不自知,从而模糊了《淮南子》与儒家之关系的真相。例如,《泰族训》是《淮南子》正文的最后一篇,也是《淮南子》中儒家思想最浓的一篇。徐复观先生据此推论《淮南子》一书,要在"儒、道边际思想上把道家思想都归结到儒家方面"。这一观点是否成立,恐尚需进一步讨论。再如,论者通常所谓的《淮南子》中存在的"儒道互补"思想格局,究竟是通过儒、道两家思想"各有其用""离则双美"的方式实现的呢,还是在儒、道两家思想义理架构之内,本身就存在有"互补"的逻辑关联？也尚需进一步讨论。

在"《淮南子》与法家关系"研究方面,中国大陆和台湾地区学者、海外汉学家有不同的研究取向。中国大陆学者多是把《淮南子》中关联到法家的思想内容作为中国法学史、法律史上的一个环节,从法学、法律的角度来探究《淮南子》与法家思想的关联。相关的著述,有段秋关《〈淮南子〉与刘安的法律思想》②、华友根《〈淮南子〉法律思想刍议》③、李国锋《〈淮南子〉的法律思想》④等。中国台湾地区学者,如林聪舜《西汉前期思想与法家的关系》⑤,关注在一片"过秦"声中,《淮南子》称述已被秦"任法速亡"搞得声名狼藉的法家思想的政治动因、学术动因。美国汉学家,例如安乐哲《主术——中国古代政治艺术之研究》⑥,则要以《淮南子》中关联到法家的思想内容为样本,解剖"中国古代政治艺术"。

在"《淮南子》与墨家关系"研究方面,学界一般认为《淮南子》与墨家在思想上关联不是很大,故而多关注《淮南子》与墨家的文献关联,研究精力多

---

① 陈静:《论中国思想儒道互补基本格局的形成——从〈淮南子〉的"杂"说起》,《云南大学学报（社会科学版）》2004年第3期。
② 段秋关:《〈淮南子〉与刘安的法律思想》,群众出版社1986年版。
③ 华友根:《〈淮南子〉法律思想刍议》,《学术月刊》1985年第3期。
④ 李国锋:《〈淮南子〉的法律思想》,《河南省政法管理干部学院学报》2006年第5期。
⑤ 林聪舜:《西汉前期思想与法家的关系》,大安出版社1990年版。
⑥ [美]安乐哲:《主术——中国古代政治艺术之研究》,滕复译,北京大学出版社1995年版。

花在梳理《淮南子》载录的墨家逸事上。陈广忠《〈淮南子〉与墨家》①，从史料、文本两个方面，对两者进行了比较，是为数不多的探究《淮南子》与墨家思想关联的论述。

此外，一些著述以及散见于学术刊物上的单篇论文，对《淮南子》与阴阳家、兵家、纵横家的关系，也分别进行过认真却略显简单的论证和分析。

杨没累有《〈淮南子〉的乐律学》，讨论《淮南子》的乐律造诣。牟钟鉴有《〈吕氏春秋〉与〈淮南子〉思想研究》②，通过比较研究，讨论秦汉之际的黄老道家学派的哲学政治思想。李泽厚、葛兆光在其思想史著中，也把《吕氏春秋》与《淮南子》作为思致相类的著述，做过比较。不过，两人是从"试图为思想世界提供一个可以容纳一切知识的构架"③这一点上，比较《吕氏春秋》与《淮南鸿烈》的。

（四）《淮南子》的文学与美学

《淮南子》文笔汪濊，知识博富，风格独具。清人谭献《复堂日记》一叹"阅淮南王书，九流之钤钥也"；再叹"考文章源流，两汉诸赋，史公以下，文体多从此出，尤为骈俪之祖"。④ 古人对《淮南子》爱不释手，多在赏其文笔汪濊，服其知识博富。《淮南子》的文学与美学，也是现代《淮南子》思想研究中的热门。率先把《淮南子》作为一代文学之典范来处理的，有谢无量《中国大文学史》。嗣后出版的各种版本的《中国文学史》，皆有《淮南子》专章。率先把《淮南子》之汪濊文笔作为一代美学精神淋漓体现的，是李泽厚《美的历程》以及沿《美的历程》线索详细展开的李泽厚、刘纲纪著的《中国美学史》。嗣后，有关这一方面的论文著述，频现迭出，例如，曹晋《刘安〈淮南子〉的文艺观》⑤、刘怀荣《文化一统的自觉追求与〈淮南子〉的文学思想》⑥、党圣元《〈淮

---

① 陈广忠：《〈淮南子〉与墨家》，《孔子研究》1995年第2期。
② 牟钟鉴：《〈吕氏春秋〉与〈淮南子〉思想研究》，齐鲁书社1987年版。
③ 葛兆光：《中国思想史》卷一，复旦大学出版社2007年版，第244页。
④ 转引自张双棣：《淮南子校释》附录四《淮南子考证辑要》，北京大学出版社1997年版，第2204、2205页。
⑤ 曹晋：《刘安〈淮南子〉的文艺观》，《西南民族学院学报（哲学社会科学版）》1994年第3期。
⑥ 刘怀荣：《文化一统的自觉追求与〈淮南子〉的文学思想》，《东方论坛》1998年第4期。

南子〉对于情感与审美之关系的认识》①、吕书宝《论〈淮南子〉的文学价值》②、黎孟德《〈淮南子〉美学思想初探》③等。

（附）关于《淮南子》思想的"另类研究"

《淮南子》研究，还旁涉到《淮南子》的教育思想、养生理论、人才观念等领域。不过，此类研究的研究成果，多是援《淮南》以证己说，属于《淮南子》研究的"旁逸斜出"。至于20世纪70年代大陆学者在诸如《从〈淮南鸿烈集〉看汉武帝时期的儒法斗争》④、《论汉武帝粉碎刘安阴谋集团的斗争》⑤、《〈淮南子〉出笼与淮南王谋反》⑥题目下进行的"《淮南子》研究"，则纯属特定时代催生出的特殊研究，在此不再赘述。

本书是作者一次学术"远行"的结果，"识小"乃至"寡陋"之处，在所难免。而"识小"与"寡陋"，经常是旁观者审，而局内人不觉。作者自知，本书还存有不少疏漏和缺憾。例如，本意在于研究"《淮南子》的思想世界"，但由于时间仓促，《淮南子》其中的兵家、阴阳家、名家等思想因素，虽有草创而尚未能定稿。这些疏漏和缺憾，只能寄望于来日补充和改正了。

---

① 党圣元：《〈淮南子〉对于情感与审美之关系的认识》，《中国古典文学论丛》第四辑，人民文学出版社1986年版。
② 吕书宝：《论〈淮南子〉的文学价值》，《东北师大学报（哲学社会科学版）》2007年第2期。
③ 黎孟德：《〈淮南子〉美学思想初探》，《四川师院学报（社会科学版）》1984年第1期。
④ 王越：《从〈淮南鸿烈集〉看汉武帝时期的儒法斗争》，《广东师院学报》1974年第3期。
⑤ 石坚：《论汉武帝粉碎刘安阴谋集团的斗争》，《西北大学学报》1974年第3期。
⑥ 潘铁民：《〈淮南子〉出笼与淮南王谋反》，《文汇报》1975年4月26日。

第一章　淮南学术与转型时代

《淮南子》①是由淮南王刘安率众宾客集体撰述的一部著作。这部著作撰述于"文、景之世"。淮南二十篇,"以多知为杂":"乍出乍入"于儒、道、墨、法各家思想之间,用"汪濊博富"的笔触,活画出汉家"独尊儒术"前夕思想界色彩斑斓——斑斓到令人眼花缭乱——的思想图像。②并以其"令人眼花缭乱的斑斓"名耸后世,征服了从许慎、高诱以迄于今众多的《淮南》文本注释家和《淮南》思想解读人。高诱至谓"学者不论《淮南》,则不知大道之深"。清人钱塘夸《淮南子》"极魁玮奇丽之观",梁启超用"渊府"形容《淮南子》的"博大",胡适说《淮南子》"集中国古代思想的大成"。上引各家的具体言论,见本书第二、第三章的具体征引。而"令人眼花缭乱的斑斓",则是转型时代思想世界的一般特征。

在两汉历史上,文、景之世就是一个"转型"的时代。本书所谓的"转型",包括政治体制转型、文化精神转型、意识形态转型。一般而论,在转型时代的思想文化中,"新"与"旧"的冲突,现实和理想的矛盾,对往古的眷恋,对现实的反省,对未来的筹划,基于慎思明辨基础上而提出的真知灼见,出乎盲目狂热而顺口说出来的"高言大论",实实在在的设计,空飘飘的表态,复杂地纠结

---

① 《淮南子》是后世对刘氏之书的命名。刘氏之书,自称《鸿烈》。刘向校书,题为《淮南》。《隋书·经籍志》始以《淮南子》之名著录。此后遂以《淮南子》名刘氏之书,《鸿烈》反而不常用。

② 扬雄有憾于《淮南》之"杂"——"博学"有余而"一贯"不足,并从两个方面:"多知"——知识兴趣广博,以及"乍出乍入"——于各家思想贪多务得,又浅尝而辄止,追究《淮南》之"杂"的生成原因。说见扬雄《法言》之《问神》《君子》篇,中华书局1987年版,第163、507页。另,"汪濊博富"原本是葛洪在《抱朴子·钧世》里形容《上林》《羽猎》《二京》《三都》诸赋的"华彩之辞"的,拿来转喻《淮南子》的陈述风格,很是惬当。

第一章 淮南学术与转型时代

在一起,令人眼花缭乱。撰述于转型时代的《淮南子》,"讲论道德,总统仁义",思考与言说,也呈现出似"道"又非道、似"儒"又非儒、似"墨"又非墨、似"法"又非法的"眼花缭乱"。此等眼花缭乱,更由于修《淮南子》的宾客们多种不一的思想文化身份,以及淮南王刘安大起大落的政治命运而变得愈加扑朔迷离。从东汉硕儒许慎、高诱,以至当代的文献学大家,一直都在坚持不懈,用注、解、集解、校释等手段,试图到扑朔迷离中,厘清《淮南子》言说的真相,成就卓著。为厘清《淮南子》的思想真相,奠定了坚实可靠的文献基础。

孟子论及士的人格修养,有"读其《书》,诵其《诗》,不知其人,可乎？是以论其世也。是尚友也"之说。触类旁通,孟子"知人论世"之"尚友"之道,不啻研究古代中国思想学术的金针。本章试图用"知人论世"的方法,"回到事实中去",透过《淮南子》在儒、道、墨、法诸家思想间往复游走的著书方式,解开《淮南子》言说似"道"又非道、似"儒"又非儒、似"墨"又非墨、似"法"又非法的秘密,再现《淮南子》思想和言说的真相。

第一节 政治体制转型:淮南撰述的社会政治背景

汉高以除暴秦为名,"居马上得天下"。得天下后,用怎样的政治体制治天下,是沿袭中央辖统郡县的秦制,还是回归到天子垂拱、诸侯屏障的周制？这一切尚需不断摸索。汉兴以来,中央政权与诸侯国的关系,一度是朝廷中枢焦虑的中心,甚至是伴随着政治体制摸索而出现的"政治焦躁"。而孝文、孝景之世,正处在汉兴以来政治体制转型的关口。

一、政治体制转型中的汉廷与诸侯国

汉高龙起丰沛,提三尺剑,与群雄"逐鹿"。为调动军事盟友及重要将领亡秦灭楚的积极性,许其裂土为王。正是这一笼络措施,使汉高得以超越群雄,"捷足先登"。[①] 正所谓"狡兔尽,走狗烹"。天下甫定,汉高便开始了对异

[①] 参见《史记》王陵论"汉有天下,楚失天下",见司马迁:《史记》卷八《高祖本纪》,中华书局1959年版,第381页。

姓诸侯王有步骤的蠲除。与之同步进行的,是"广强庶孽"——裂土封子弟,令其以诸侯王的身份,镇抚一方,"承卫"朝廷,以填补由于蠲除异姓王而出现的权力空白。汉高五年,刘邦即皇帝位。六年,伪游云梦,以突然袭击的方式,执楚王韩信,夺韩信兵,立弟刘交为楚王,立子刘肥为齐王,韩信降封为淮阴侯。七年,褫夺徙封于代的韩王韩王信的爵位,立兄刘仲为代王(八年失国废为侯)。九年废赵王张敖。十一年,平定赵、代,立子刘恒为代王。平梁王彭越,立子刘恢为梁王,立子刘友为淮阳王。平淮南王英布,立幼子刘长为淮南王。十二年,平燕王卢绾,立子刘建为燕王。汉高在蠲除异姓王的同时分封同姓王的举措,在得"猛士守四方"的现实需要之外,大概是受传统意识"同姓同德,异姓异德"的迷惑。殊不知,就权力争夺的残酷性而言,"兄弟阋于墙",决不亚于异姓战于野。到汉高末年,共有一个异姓诸侯王国和九个同姓诸侯王国。异姓王吴芮辟处长沙,同姓王则扼有关东燕齐吴楚。"卧榻之侧",尽是子弟,汉高似乎可以睡个安稳觉了。但对于汉高事业的继承人来说,则是旧忧甫去,新愁即来。汉高留下的政治遗产是:十个诸侯王国占据了汉家大半江山(39郡),而归属中央直辖的仅有15郡。同姓王中有势力者,也渐显尾大不掉之势。在随后的数十年间,汉文、汉景相继以权谋和武力削藩。在削藩中,"中央政府统一之权威"得以确立。[①] 到汉武帝时,削藩的效果全面呈现:中央权力空前扩张,朝廷控有"汉郡八九十,形错诸侯间,犬牙相临,秉其厄塞地利,强本干,弱枝叶之势,尊卑明而万事各得其所矣"[②]。政府在社会动员和资源调配等方面,具有了绝对的支配地位,政府的施政比以往更为有力量。[③] 而诸侯之地位,则江河日下。驯致所及,基本上被排除在政治生活之外:"惟得衣食税租,不与政事。"[④]

由于如何处置诸侯,事涉国家政治体制。故而,尽管"非刘氏不王"已列在国典,但汉廷处置诸侯的指导思想,一直处于不断地调整之中。楚汉相争之

[①] 钱穆:《秦汉史》,生活·读书·新知三联书店2004年版,第72页。

[②] 司马迁:《史记》卷十七《汉兴以来诸侯王年表》,中华书局1959年版,第803页。

[③] 西汉初年,在"清净无为"的旗帜下,经过数十年的政权斗争,中央政府的权力逐步占据了核心地位,皇帝的权威大大得到了伸张。参见[英]崔瑞德、鲁惟一编:《剑桥中国秦汉史》,中国社会科学出版社1992年版,第148—167页。

[④] 班固:《汉书》卷十四《诸侯王表》,中华书局1962年版,第395页。

日,封异姓为诸侯王是出于对军事盟友及军功之臣的笼络。汉高登基之后,便调整为专封同姓为王,对异姓封侯的资格也严加限制:"非刘氏而王者,若无功上所不置而侯者,天下共诛之"。这一层转换的原因,史书上说是因为"天下初定,骨肉同姓少,故广强庶孽,以镇抚四海,用承卫天子也"①。所谓"骨肉同姓少",是指在镇抚一方的诸侯里,异姓诸侯多,同姓骨肉少。刘邦称帝时,以王的名义镇守一方者,如楚王韩信,梁王彭越,韩王韩王信,长沙王吴芮,淮南王英布,燕王臧荼,赵王张敖,皆是异姓。由此看来,在汉高之初,封国多异姓。中央与诸侯国的关系,乍看类似于周初封建时"策命委质"式的分封关系,实则全无周初分封时那种"酬庸褒德"的真诚。例如,汉王四年,韩信破齐,使人言于汉王刘邦:"齐边楚,权轻,不为假王,恐不能安齐。"②请求刘邦给他个"临时暂署王"的"假王"名义,以便镇齐慑楚。刘邦的第一反应是:"欲击之"。得张良的冷静分析,才强忍怒气,遣张良操印绶立韩信为齐王,以换取韩信继续效力于汉军。由此可见,汉高之初封建诸侯的行为,更多是势不得已的无奈之举和权宜之计,并非真存与诸侯共治天下之心。有学者说,汉初分封异姓诸侯,是形势"逼成"的,汉高"在始封之时,即藏有杀戮之意"③。决非诛心之论,实乃有据之言。故而汉高有后来的夺韩信军、执韩信、逐一翦除异姓王,"广强庶孽"之举。

在西汉之初,"广强庶孽"也确实发挥过"承卫"之功。例如,在诸吕篡汉的紧要关头,同姓诸侯如齐王、楚王配合朝中元老勋旧,挽汉室于既倒。但毫无疑问,他们所表现出来的强大的政治、军事实力,也给朝廷留下了深刻而可怕的印象。只不过当时朝中元老余威尚在,勋旧握有重兵,诸侯尚不敢恣意坐大而已。随着元老勋旧的相继故去,皇权与诸侯王国之间的冲突,迅速浮出水面。从前"广强庶孽,承卫天子"的指导思想亟须修正。于是,文帝时贾谊,景帝之晁错,因应时局之变化,相继提出"削藩"的设想。贾谊上弥隐患于初萌,弱枝以强干的"治安"策。问题提得十分尖锐:"方今之势……天下少安,何也?"回答也直截了当:诸侯连片,拥土自重,治权不全在天子。应对措施设计得也甚是周密,欲求治安,最佳选择是分其力而挫其势:"欲天下之治安,莫若

---

① 司马迁:《史记》卷十七《汉兴以来诸侯王年表》,中华书局1959年版,第803页。
② 司马迁:《史记》卷八《高祖本纪》,中华书局1959年版,第376页。
③ 徐复观:《两汉思想史》第一卷,华东师范大学出版社2004年版,第99页。

众建诸侯而少其力,力少则易使以义,国小则亡邪心。"好在诸侯国初封之王相继谢世,"大国之王幼弱未壮,汉之所置傅相方握其事",此时正是乘势楔入,弱枝强本的大好时机,机不可失。否则,"数年之后,诸侯王大抵皆冠,血气方刚,汉之傅相称病而赐罢,彼自丞尉以上遍置私人……此时而欲为治安,虽尧舜不治"①。晁错的削藩主张,更为激烈。诸侯王尾大不掉,已成国家隐患。推行弱枝强本,或有风险。然蠲此隐患,一劳而永逸。即便有风险,行之也值:"今削之亦反,不削之亦反。削之,其反亟,祸小;不削,反迟,祸大。"②

贾谊、晁错之议,虽不无远见卓识,终因局于就事论事,未能从政治体制上找根源,使得汉中央政权在削藩行动中多少显得有些师出无名。加之当时对立的双方并无悬殊的实力差距,朝廷虽然有削藩之心而暂无削藩之力,贾谊放逐、晁错斩于东市,成为朝廷与诸侯国达成一时妥协的牺牲品,也就自然是意料之中的事了。但削藩已是定局,只是时间有迟早,明眼人心知肚明。

在这个问题上,《淮南子》主张继续维持诸侯王的权力,而且引经据典,说得冠冕堂皇:

> 故天子得道,守在四夷;天子失道,守在诸侯。诸侯得道,守在四邻;诸侯失道,守在四境。故汤处亳七十里,文王处酆百里,皆令行禁止于天下。周之衰也,戎伐凡伯于楚丘以归。故得道则以百里之地令于诸侯,失道则以天下之大畏于冀州。故曰:无恃其不吾夺也,恃吾不可夺。行可夺之道,而非篡弑之行,无益于持天下矣。③

按照这种观念,天子并不比诸侯天然具有多少道义上的优越感和势位上的合法性,相反,诸侯如果有道,"以百里之地令于诸侯"也是天经地义的事情。淮南王刘安在削藩已成定局的时候,发此"宏论",是出于满足恋古情结的知识炫耀,还是包藏有不可告人的政治机心?一时难断。眼见的事实是,这种言论,十分地不合时宜。此等言论的"不合时宜"性,从汉景断然中止黄生、辕固生关于"汤、武受命"的讨论:"食肉不食马肝,不为不知味;言学者无言

---

① 班固:《汉书》卷四十八《贾谊传》,中华书局1962年版,第2233页。
② 司马光著,胡三省注:《资治通鉴》卷十六《汉纪八》,中华书局1956年版,第395页。
③ 张双棣:《淮南子校释》(下)卷二十《泰族训》,北京大学出版社1997年版,第2090页。

汤、武受命,不为愚!"以及汉武用"汤七十里,文王百里,王其勉之",泠然警告河间王刘德热衷"制礼作乐",不难看出。《淮南子》在汉廷担心诸侯坐大,不惜用武力削藩的时候,奢谈汉廷忌讳的话题——"汤武受命",无论是有意还是无心,都会被看作是对中央"削藩"政策的恶意挑战。无事则罢,一旦有事,此举很容易成为酷吏们"深文周纳"的政治把柄。

真正在政体层面为弱枝强本做出理论论证的,当属以弘扬"春秋大一统"为志业的董仲舒。董仲舒从他所秉承的《春秋》公羊学之"春秋大一统"观念出发,认为"号为诸侯者,宜谨视所候奉之天子也"[①],"立义以明尊卑之分,强干弱枝以明大小之职"[②]。在处理诸侯的问题上,董仲舒一反《淮南子》从"道"不从君、以是否"有道"为判断标准的冠冕堂皇却不合时宜的说辞,而为君臣之间确定了尊卑之分、不可逾越的礼制关系,辅之以王者配天、君权神授的观念,从而将自汉初以来的诸侯观做出了强力扭转,为汉廷巩固中央权力、实施大一统的实际需要提供了法理依据。司马迁对此表示认同,把董仲舒这一套"深察名号"的思想载入《史记》,并评论道:诸侯的政治和社会功能应当是"上足以奉贡职,下足以供养祭祀,以蕃辅京师","尊卑明而万事各得其所矣"[③]。至此,在对待诸侯的指导思想上,汉中央政权完成了根本性的转变,并以此方针作为此后处理诸侯问题的行动指南。这种中央与地方的观念变化,伴随着强有力的一系列行政、制度措施的推行,诸侯的地位从汉初的"夸州兼郡,连城数十,宫室百官同制京师",至汉末已成为"生于帷墙之中,不为士民所尊,势与富室亡异"[④]。不过,这些都是《淮南子》成书以后的事了。

二、政治体制转型中诸侯王与门客间关系

中国士史上最光彩的一页,当属战国。韩非子在《五蠹》篇里,曾比较过三代(韩非所谓"上古")、春秋(韩非所谓"中古")、战国(韩非所谓"当今")

---

① 苏舆著,钟哲点校:《春秋繁露义证》卷第十《深察名号》,中华书局1992年版,第286页。
② 苏舆著,钟哲点校:《春秋繁露义证》卷第五《盟会要》,中华书局1992年版,第141页。
③ 司马迁:《史记》卷十七《汉兴以来诸侯王年表》,中华书局1959年版,第803页。
④ 班固:《汉书》卷十四《诸侯王表》,中华书局1962年版,第396页。

文化上表现出的"断裂"性差异:"上古竞于道德,中古逐于智谋,当今争于气力。"①和前代、后世相比,"争于气力"的战国,给但凡有一技之长的士,提供了驰骋才智的广阔空间。七雄中的佼佼者,以礼贤下士自强:"齐愍以技击强,魏惠以武卒奋,秦昭以锐士胜。"②其中,以齐、秦最得士心。齐威王建稷下学宫,"高门大屋",以"上大夫禄"待天下士。天下士纷纷东向,以至于"临淄之途,车毂击,人肩摩,连衽成帷,举袂成幕,挥汗成雨"。③ 秦自惠王起,广纳客卿。天下士纷纷西向。以至于后来人才多得安排不了,不得已采取"逐客"以暂缓天下士西向的流量。④ 各国的贵公子,更以广纳人才来自重。其中,以信陵君魏公子无忌声名最著:"当是时,诸侯以公子贤,多客,不敢加兵谋魏十余年"⑤。而士,则以"传食诸侯"为荣,"合则留,不合则去",朝秦而暮楚,"兴邦""丧邦",在乎一言。"礼贤下士""士为知己者死",是战国时代社会风气的写照。"百家争鸣",则是后世史家对那个时代的美谥。⑥ 那个时代表现出的尊重知识、尊重人才的精神气度,至今仍然让当代研究士与中国文化的学者悠然神往。⑦

　　正如令人悠然神往的"百家争鸣",肇端于"周道衰微,诸侯力政"一样,中国士史上最光彩这一页,也被"秦王扫六合""一四海"的狂风轻轻翻过。这一点,并不难理解。凭一己之才"传食诸侯"的士,对于凭"气力"争天下的雄主而言,不啻一把"双刃剑":士"合则留"。士留,雄主如虎添翼;士"不合则去"。士去,对于雄主来说,意味着"资盗兵而赍敌粮"!士"翻云覆雨"的政治能量,"朝秦暮楚"的游走性格,注定了他们在志在混一天下的雄主里面,难以觅到真正的"知己者",除非他们放弃自由身,强化依附性。靠客卿之力迅速富强起来,富强到"威强乎汤、武,广大乎舜、禹"⑧的"西帝"秦,下令"逐客",

---

① 王先慎:《韩非子集解》卷十九《五蠹》,中华书局1998年版,第445页。
② 班固:《汉书》卷二十三《刑法志》,中华书局1962年版,第1085页。
③ 《战国策·齐策》,何建章注释本,中华书局1990年版,第326页。
④ 参见李斯:《谏逐客疏》,载司马迁:《史记》卷八十七《李斯列传》,中华书局1959年版,第2541—2546页。
⑤ 司马迁:《史记》卷七十七《魏公子列传》,中华书局1959年版,第2377页。
⑥ 班固:《汉书》卷三十《艺文志》,中华书局1962年版,第1746页。
⑦ 余英时:《古代知识阶层的兴起与发展》,见氏著:《士与中国文化》,上海人民出版社2003年版,第1—74页。
⑧ 王先谦:《荀子集解》卷第十一《强国》,中华书局1988年版,第300页。

或许是中了东方诸侯的反间之计;以"帝王术"游说秦王的韩非,指游士为"五大政治蠹虫"之一,无疑正中秦王的心曲。①故而,秦扫六合,四海归一之日,恰是士纵横驰骋时代走向终结之时。此后颁布的以"焚《诗》《书》百家语,学者以吏为师"为内容的《禁挟书律》,无非是要把士从滋生士的土壤中连根拔起,移植到另一种"人造环境"里,重新加以"规训",以便把原本是"双刃剑"的士,打造成只能克敌而不伤己的"单面刀"而已。当然,这是秦始皇的一厢情愿。秦皇"焚书坑儒"的蛮刚文化政策,只能逞威于一时,无法收效于长远。士不可"玩",民不可"愚"。愚民玩士,是自戕机体。那情形,就像千年以后的晚唐诗人章碣,经过秦皇"焚坑"遗址时,幸灾乐祸地描写道:"竹帛烟消帝业虚,关河空锁祖龙居。坑灰未冷山东乱,刘项原来不读书"。

秦汉之际,群雄逐鹿。结客纳士之风,死灰复燃。秦亡汉兴,鉴于"天下初定",汉高为"镇抚四海","广强庶孽",裂土封同姓,给同姓诸侯王以相当的治权,无意间给死灰复燃的结客纳士之风,又添了一把柴。然而,经过"秦王扫六合","诸侯力政"的时代已经一去而不复返了,即便是"广强庶孽"的汉初,诸侯们结客养士,也不敢肆无忌惮。文、景之世,一方面诛杀不被王化的游侠,另一方面打击结客一方的豪猾,不过是杀鸡给猴看。广纳游士的梁孝王刘武、淮南厉王刘长横遭贬抑,厚待宾客的魏其侯窦婴、武安侯田蚡先后被废、诛,无疑是对拥有一定治权的诸侯王的直接警告:招贤纳士,权在朝廷。这一底线不容挑战。触犯了,哪怕有手足之情、甥舅之谊,也在所不惜。薄惩立见实效。到汉武帝时,结客纳士,成了权贵们避之唯恐不及的政治"禁忌"。《史记·卫将军骠骑列传》载录的一则遗事,可见一斑。卫青以赫赫军功,晋位大将军,贵重一时。有好事者劝卫青仿效古时名将,招贤纳士以树声誉。卫青的反应是,"大将军谢曰:'自魏其、武安之厚宾客,天子常切齿。彼亲附士大夫,招贤绌不肖者,人主之柄也。人臣奉法遵职而已,何与招士!"②卫青名将,上阵厮杀,是其本分。虚心招贤,组织一个运筹帷幄的参谋班子;广结死士,打造一支卫国杀敌的忠勇部曲,也是很正常的行为。但卫青却认为,招贤纳士,权在人主,人臣不能僭越。卫青遵职守分,并不奇怪。奇怪的是,按当时认可的观念,为朝廷招贤纳士,乃丞相之本职。

---

① 王先慎:《韩非子集解》卷十九《五蠹》,中华书局1998年版,第442—456页。
② 司马迁:《史记》卷一百一十一《卫将军骠骑列传》,中华书局1959年版,第2946页。

而面对"禁忌",丞相竟然也退避三舍！史载,公孙弘以布衣儒生登庸(此前汉廷规定:非功不侯,非侯不相),以他所受的教育,深知丞相职在"揆理阴阳,选贤任能"。"于是起客馆,开东阁以延贤人,与参谋议。弘身食一肉,脱粟饭,故人宾客仰衣食,奉禄皆以给之,家无所余。"①从"奉法遵职"上说,公孙弘算是一个称职的好丞相。班固把公孙弘尊奉为西汉"政事"的典型,不谓无因。然而,公孙弘以后,"李蔡、严青翟、赵周、石庆、公孙贺、刘屈氂继踵为丞相,自蔡至庆,丞相府客馆丘虚而已,至贺、屈氂时,坏以为马厩、车库、奴婢室矣"②。不是他们不想仿效典型,实乃他们心怀"禁忌"。在"以天下奉一人"的制度下,有几个人胆子能大到为了国家利益而甘冒"天子切齿"的风险呢！丞相备位而已,固然让雄猜之主如汉武之流轻易获得自我满足,但同时也给汉家由盛而衰埋下了伏笔。不过,这已经不在本书的论域之内了。

与此同时,门客与诸侯王之间的关系也逐渐发生了变化。在秦末汉初,门客与主家之间还多少保留着战国之风,如田横拒绝降汉而自刭,其五百门客"亦皆自杀"③。赵相贯高因为少主张敖受辱,竟试图谋杀汉高祖。④ 但毕竟随着大一统的中央集权的形成,门客们的选择空间也就显得十分的逼仄,其相对独立的自由人格精神和生命舒张气息也就几乎荡然无存,而只能要么"学成文武艺,货于帝王家",要么到豪强大户的门下做帮闲的清客,从前"士志乎道","威武不能屈,富贵不能淫,贫贱不能移"的作派和理想,在大一统的时代变成了"倡优畜之"的自怨自艾以及"悲士不遇"的人生悲鸣。"世守天官之职"、"少负不羁之才"而立志"究天人之际,通古今之变,成一家之言"的司马迁的人生命运,仅是其中一个例子。⑤ 这种命运的变化,使得战国时期在精神

---

① 班固:《汉书》卷五十八《公孙弘卜式兒宽传》,中华书局1962年版,第2621页。
② 班固:《汉书》卷五十八《公孙弘卜式兒宽传》,中华书局1962年版,第2623页。
③ 司马迁:《史记》卷九十四《田儋列传》,中华书局1959年版,第2649页。
④ 司马迁:《史记》卷八十九《张耳陈余列传》,中华书局1959年版,第2583—2585页。
⑤ 司马迁因李陵事下狱,"被刑之后,为中书令,尊宠任职",实忍辱以偷生。其《报任安书》云:"文史星历近乎卜祝之间,固主上所戏弄,倡优蓄之。"事见《汉书》卷六十三《司马迁传》。又有《悲士不遇赋》,悲"士生之不辰……谅才韪而世戾……徒有能而不陈"。《悲士不遇赋》被唐人欧阳询摘要录入《艺文类聚》卷三十。"少负不羁之才",颜师古注:"不羁,言其材质高远,不可羁系也。负者,亦言无此事也"。颜注见中华书局标点本《汉书》第2730页。依颜注,"负"乃"辜负"之负,而非"背负"之负。按:"负"——"无此事",并非真"无此事","少负"乃司马迁的自谦之辞。自信之人常自谦,自满之人才自负。

上与主家对等的"士",在新的时代环境里,蜕变成单纯的豢养与被豢养的关系。研究"汉代社会结构"的瞿同祖先生总结说:"随着时间的推移,门客们所要尽的义务变得越来越正规,他们逐渐地成为主人的附庸和扈从。他们之间好像渐渐培养出了一种主—从式的关系。主人变得越来越颐指气使,而门客则变得越来越低声下气。"①梁孝王因细事将邹阳下狱,淮南太子刘迁因个人小事而折辱淮南府重要宾客雷被,门客的地位,和战国时期平原君不惜杀妾以悦士的时代相比,恍如隔世。

另一个有意思的现象是,随着"诸侯力政"时代的结束,汉代诸侯王及富贵豪强门下的宾客,不再像战国四公子时代那样,出于"争于气力"的政治需要,但凡有一技之长,上至绝世高蹈之士,下至鸡鸣狗盗之徒,无不网罗。汉诸侯王对门客的选择,多是以满足诸侯王个人兴趣爱好第一,政治意味甚淡。吴王刘濞、梁孝王刘武出于政治野心,有意收纳死力游说之士,事属例外。例如,《淮南子》作者小淮南王刘安,"为人好读书鼓琴,不喜弋猎狗马驰骋,亦欲以行阴德拊循百姓",故其所招致者,多是文学浮辩方术之士。河间献王刘德,"好儒学,被服造次必于儒者",故其门下士,多是山东诸儒。② 这种变化,一方面表明,由于汉初制度建设方面尚在草创,在人才铨选任用机制上存在疏漏,故而使战国结客养士之风,在汉代诸侯国得以惯性延续。另一方面也反衬出由于大一统政治局势的存在,士的选择空间日趋狭仄的社会现实,他们再也不能像战国时代那样以道骄人,不合则去,朝秦暮楚、无拘无束地流动了,而只能在几个有限的选项中做出自己的去向抉择。

第二节　思想文化转型:淮南撰述的知识基础

王夫之把春秋战国时代称为"古今一大变革之会"③,洵为不易之确论。周幽王十一年即公元前771年,犬戎破镐京,杀周幽王。周室东迁雒邑。中国开始了长达五百年的"周室衰微,礼崩乐坏,诸侯力政,转相征伐"的动荡期。

---

① 瞿同祖:《汉代社会结构》,上海世纪出版集团2007年版,第135页。
② 司马迁:《史记》卷五十九《五宗世家》,中华书局1959年版,第2093页。
③ 王夫之:《读通鉴论·叙论四》,载王夫之:《船山全书》(十),岳麓书社1996年版,第1180页。

周室东迁的一个意想不到的后果,是它引发了一场文化上的"革命"。这场文化上的革命,具体表现为"道术为天下裂"①:"王官流散,学术下移,九流并作,百家争鸣"。为应对"礼崩乐坏",诸子百家基于对社会变化的观察和各自的社会理想,提出各自的思想主张,"以此驰说,取合诸侯"。② 这一时期可以视为先秦学术思想"九流并作,百家争鸣"时期。班固在《汉书·艺文志》里,用"各引一端,崇其所善,相反亦相成也",画龙点睛,描述过这一时期思想发展的大势。百家在"相反"亦"相成"中逐步走向融合。

正如"九流并作"起因于"周室衰微,诸侯力政"一样,"百家争鸣"也随着秦并六国、四海归一戛然而止。经过长时期的"转相征伐",时至战国后期,中国社会由分裂走向统一,已是历史发展的必然趋势,同时也是整个社会普遍的心理需求。与此相适应,在思想发展上,百家也在"殊言而皆务于治"的基础上,走向融合。当然,融合,是缓慢地逐步进行的。台湾学者韦政通,用"过渡"这两个字,给这个"缓慢地逐步进行的"融合过程,画龙点睛。按照韦政通的说法,"'过渡'涵有两个意义:一是先秦多元思想的发展,因日趋于混合、杂交而告结束;一是相应于政治的统一,为统一的思想做准备"③。韦氏用"杂交"这个物种培养里常用的字眼,摹状思想融合,或许词欠雅驯。但其用"混合、变化、统一",即先"混合",再"变化",在"变化"中引多元并立的思想趋于"统一",来说明"过渡时期的思想倾向",倒也颇中情实。

本书想补充的是,在这个"混合、变化、统一"的过程之前,还有一个思想整合的准备期。所谓的"准备期",出现在战国中叶。先秦思想史显示,至晚到战国中期,诸子已经自觉地对当时并立的学术有了一番认真的梳理。试图在梳理中,对各家思想的短长,做出自己独立的分析、认真的体认和有目的的取舍。如庄子在《天下》篇里对于当时各家学术的分析和点评,"虽然,墨子真天下之好也,将求之不得也,虽枯槁不舍也,才士也夫!"④"彭蒙、田骈、慎到不

---

① 陈鼓应:《庄子今注今译》,中华书局1983年版,第856页。
② 班固:《汉书》卷三十《艺文志》,中华书局1962年版,第1746页。
③ 韦政通:《中国思想史》(上),上海书店2003年版,第266页。
④ 陈鼓应:《庄子今注今译》,中华书局1983年版,第864页。

知道。虽然,概乎皆尝有闻也。"①"关尹、老聃乎,古之博大真人哉!""惠施多方,其书五车,其道舛驳,其言也不中。""桓团、公孙龙辩者之徒,饰人之心,易人之意,能胜人之口,不能服人之心,辩者之囿也。"②略早于庄子的孟子,在"承三圣"(大禹、周公、孔子)的同时,对杨、墨两家的思想弱点也有所剔抉,惜乎剔抉略带几分"情绪化":"杨氏为我,是无君也;墨氏兼爱,是无父也。无父无君,是禽兽也"③。这番梳理工作,在战国晚期,见出了正果。众所周知,荀子是先秦思想的集大成者。荀子对百家之"蔽"逐一挑剔:"慎子有见于后,无见于先;老子有见于拙,无见于信;墨子有见于齐,无见于畸;宋子有见于少,无见于多。"④"墨子蔽于用而不知文,宋子蔽于欲而不知得,慎子蔽于法而不知贤,申子蔽于势而不知知,惠子蔽于辞而不知实,庄子蔽于天而不知人。"⑤试图在去各家之"蔽"中,集百家之大成。而"去蔽取长"的思想方法,明显是秉承了庄子《天下》篇的余泽。

尽管战国中期诸子在进行此项工作时,难脱从自家学派立场出发,"自是其所是而彼此相非",不像战国晚期的荀子,身处"水落石出"语境之中,那么全面准确。但他们已经自觉地对当时各家学派的理论观点进行了相当认真的观察、总结和反思。并通过这种评价行为,给当时理论界的各种思想绘制了一幅学术知识"地图"。而这种自觉的学术"地图"绘制,无疑对随后的理论混合、变化、统一,做出了思想准备和知识准备。

百家思想由争鸣走向融通,是一个逐步进行的过程。促成这一进程的动力,是百家在"争鸣"中,对别家思想智慧的发现和吸纳。例如,荀子思想的基本架构,显然凛然保持着儒家风范。但其对礼的理解:"礼者,养也","养人之欲,给人之求"⑥,却在儒家先贤孔孟那里,找不到传承因子。荀子这一思致,应该是在受法家某些思想因子的启发之下形成的。再如,韩非子是立场坚定的法家,其学集"法""术""势"之大成。韩非在弘扬法家的同时,对老子之学

---

① 陈鼓应:《庄子今注今译》,中华书局1983年版,第875页。
② 陈鼓应:《庄子今注今译》,中华书局1983年版,第896页。
③ 杨伯峻:《孟子译注》,中华书局1960年版,第155页。
④ 王先谦:《荀子集解》,中华书局1988年版,第319页。
⑤ 王先谦:《荀子集解》,中华书局1988年版,第392—393页。
⑥ 王先谦:《荀子集解》,中华书局1988年版,第319页。

也别有会心。在《解老》《喻老》中,试图融通道、法,借老子某些思想,给法家推尚的"法、术、势",安置一个形而上的义理依据。这种状况的形成并不是一个偶然现象。

黑格尔有言:"凡是存在的都是合理的"。思想存在也是如此。例如,《吕氏春秋》的作者发现,百家各有所贵:"老耽贵柔,孔子贵仁,墨翟贵廉,关尹贵清,子列子贵虚,陈骈贵齐,阳生贵己,孙膑贵势,王廖贵先,兒良贵后……"① 耐人寻味的是,吕氏把百家"各有所贵",放到"不二"的语境中来言说。吕氏所谓的"不二",是百家所贵,皆是在"得道之一隅"上不二;是百家所贵,在"相反又相成"上不二。也就是说,百家皆是"贵"其所"当贵",以"所贵"名"家"的诸子,都有其存在的合理性,同时也都有其思想上的片面性。因此,在思想融合进程中,试图以某一家学说完成思想上的大一统,既不可能,也不现实。在这种背景之下,可行的选择是:要么以某家学说为主,对其他学说进行取舍式的融合;要么集腋成裘,采取杂糅的做法,进行集合式的总结。做好思想上统一的准备,以因应政治上的统一趋势。按思想发展的一般次第,应该是"集合式总结"在先,因为兼收并蓄相对容易一些;"取舍式融合"在后,因为融会整合要困难得多。当然,思想发展过程,绝对不像昼、夜那样判然分明。经常是"集合"时亦有取舍,为集合而集合的思想家,史不经见②;"融合"时已兼有集合,不集合,到哪里去取舍?在战国晚期到秦汉之际思想的过渡期出现的几部书,如《吕氏春秋》《易传》《礼记》,无一不表现出这种集合、混合与调和、融合的特征。但其间也有区别:《易传》和《礼记》,已经透露出"融会整合"的趋向。正如有论者指出的,"就内容来看,其性质与杂家之书极为近似,它们是既集合又兼融合的,所不同的,是儒家的色调极为显明,虽亦有杂取各家之处,在此例上儒家所占的比重极显著。可以这样说,《易传》《礼记》所表现的混合与调和,大部分是属于儒学内部的"。而《吕氏春秋》则是儒家、道家、法家、阴阳家、农家、兵家等多种学说兼而采之,以集合各家思想之长,兼收而并蓄之为

---

① 许维遹撰,梁运华整理:《吕氏春秋集释》,中华书局2009年版,第467—468页。
② 九流中的"杂家"虽然以"杂"取百家而得名,但"杂取"时已有取舍,并非为集合而集合。即便是后世号称"集注"的著述,也不是逢注必收,而是于众注中舍其义短,取其义长者集而注之。

职志。有论者称之为"最典型的集合式的混合"①,洵为不虚。《吕氏春秋》兼采百家证明,即便是以任法自强的嬴秦,也不可能置身于思想发展大趋势之外。而且这种趋势在秦,也并未随着"不韦迁蜀"而告终。翦除吕不韦的秦皇,作风刚烈,持法任力。然而,作风刚烈的秦皇,可以一声令下,让大地上矗立起一道万里长城;他却无力扼止这种思想上的杂糅、调和的大趋势在秦延续。尽管他后来试图通过"焚书",把百家思想连根铲除。但"焚书"的效果,仅能暂时压制而无法根绝这种趋势。任继愈的研究证明,秦王朝的统治思想中,法家思想虽然占主导地位,但"也混杂有阴阳家、儒家、道家和宗教神学的思想"②。

第三节　淮南撰述的意识形态氛围

这种思想融合的发展趋势,在汉,又表现出一种新的进境。西汉政权是在亡秦的废墟上建立起来的。强盛一时的秦朝,存国却不过二世。毫无疑问,秦"二世速亡",对天下的震撼和冲击是剧烈的。震撼冲击之剧烈,从继秦而兴的汉家"过秦"成风,以及两汉执政者"小心谨畏"的执政家风上,可见一斑。赵翼《二十二史札记》注意到"汉诏多惧词"。③"惧",是惧怕汉家重蹈秦"二世即亡"的覆辙。于是,汉初的思想学术发展,又增加了一层新的社会背景,即它始终是在对于秦"二世速亡"这个巨大历史教训的深刻反思中进行,不论是陆贾对于"马上治天下"的否定,还是贾谊《过秦论》中"仁义不施而攻守之势异也"的总结,其思想基调终究都是对秦政的批判和纠正。这重背景,不仅给汉初思想融通贯注了新动力,同时也给汉初思想融通规定了新方向。汉初禁网疏阔,连废秦《禁挟书律》《妖言令》。与此同时,"改秦之败,大收篇籍,广

---

① 韦政通:《中国思想史》(上),上海书店2003年版,第266页。按:关于《易传》的思想脉络,学界至今仍有争议。例如,陈鼓应认为:"《易传》是以道家哲学为主体而融汇阴阳、儒、墨、法各学派思想而成的作品……《易》《老》《庄》无疑是属于一个思想脉络的典籍"。详见其《老庄新论》第三部分"《易传》与老庄",上海古籍出版社1992年版。
② 任继愈主编:《中国哲学发展史》(秦汉卷),人民出版社1985年版,第78页。
③ 赵翼认为,汉武以后的两汉君主,"虽皆出自继体守文之君,不能有高、武英气,然皆小心谨畏,故多蒙业而安。两汉之衰,但有庸主而无暴君,亦家风使然也"。见(清)赵翼:《二十二史札记》,中国书店1986年版,第26页。

开献书之路"。① 这一系列政策,为思想学术的重获新生并走向繁荣创造了客观条件。

深入反省秦"二世速亡"的政治需求,相对宽松疏阔的社会政治环境,使得在秦朝一度受到压制的诸子思想重新活跃起来,在"过秦"的旗帜之下,各种学说都能够找到自己生存的土壤。并且在继续延续此前杂糅调和趋势的同时,进一步走向目的性更明确的有意识融汇整合。

汉初社会的这种氛围,使得先秦时期学术融合的趋势得以延续,且因为汉廷政权的特殊政治和思想需求而体现出开放性和功利性特征。如汉高时之陆贾,本着"治天下"的目的,既援引《诗》《书》,又讲论"道""德",从社会实际情况出发,"粗述存亡之徵",为汉高总结"秦所以失天下,吾所以得之者何,及古成败之国"的经验教训,积极寻求思想和政治的对接。其所述《新语》,以儒道思想为基干,杂取法、墨、阴阳各家学说,以实用主义态度,"因世而权行,合其致要而有成",力图建构一套适应汉初社会政治现实的治国和为君之道。

再如贾谊"颇通诸子百家之书",其学术思想中道、儒、法、阴阳各家并存。面对汉家政权亟待解决的现实政治问题,贾谊以为"固当改正朔,易服色,法制度,定官名,兴礼乐",试图以先秦儒家礼制思想为中心,杂取诸家学说,建立上下尊卑鲜明的等级社会。此外,贾生对于诸侯王国问题、社会风气问题、匈奴问题乃至太子教育问题的关心,无不体现出浓浓的现实问题导向和强烈的功利色彩。

不惟陆贾、贾谊如此,实际上,在西汉前中期具有代表性的如晁错、董仲舒、司马谈等人身上也无有例外。诸人立说虽侧重各有不同,但其本着"务于治",服务皇权的动机之下思想融通综合的发展倾向却是日趋明朗,直到一个新的符合大一统思想体系的最终形成并得到来自官方的确认为止。

司马谈在《论六家要指》中对于当时思想特尚道家思想特点和功用的描述,更能表现出这种自觉融通的趋势:"道家,使人精神专一,动合无形,赡足万物。其为术也,因阴阳之大顺,采儒墨之善,撮名法之要,与时迁移,应物变化,立俗施事,无所不宜。指约而易操,事少而功多。"②《淮南子》对百家之

---

① 班固:《汉书》卷三十《艺文志》,中华书局1962年版,第1701页。
② 司马迁:《史记》卷一百三十《太史公自序》,中华书局1959年版,第3289页。

言,也持一种有"萃"必聚的包容态度:"百家之言,指奏相反,其合道一体也,譬若丝竹金石之会乐同也,其曲家异而不失于体。"①对于诸子思想必然走向"为天下合",《淮南子》"譬若丝竹"之喻,不仅做出了形象生动的比拟;"指奏相反,其合道一体"的认识,同时还提供了理论上的论证基础。《淮南子》此说,不啻预先道出了《汉书·艺文志》百家思想"相反亦相成"的先声。

汉高起自匹夫,在群雄逐鹿中捷足先登而为天子,这与此前世袭的贵族政权大有不同。从某种意义上来讲,汉高用自己的成功,回答了陈涉的大声质问:"王侯将相,宁有种乎?"但又让这个新王朝的最高统治者,陷入了新的忧患之中。一个偶然的历史机遇,能让刘邦这个编户齐民而得以荣登皇位,对于那些沉伏在民间乃至统治集团内部的"平民野心家"而言,不啻一种暗示和鼓励:"彼取而代之可也!"这不仅表现在如韩王信、英布们的叛乱行动上,社会上对刘氏政权合法性也有质疑,这一点连皇室自己都不否认。蒯通游说韩王信、英布起事反刘,理由就是群雄逐鹿,刘氏不过只是"捷足先登"而已。刘邦死后,吕后谋诛大臣。理由是:"诸将与帝为编户民,今北面为臣,此常怏怏。今乃事少主,非尽族是,天下不安。"②可见,即便是刘氏自身,对自家身份的合法性也不自信。刘氏政权的合法性问题,由此浮出水面。于是在西汉之初的清净无为社会政策的表象之下,始终伴随着的是对于新王朝合法性的寻找。

对于汉王朝合法性的寻找和论证,仅仅依赖对于皇帝身体的想象和神化而带来的"卡里斯玛"效果,显然不能完成;依靠叔孙通们所制定的呈现为表象的尊卑有序的礼仪规范,也不能够完成。它需要聚拢一切可资利用的资源,有机融汇廊庙大传统和民间小传统,设计出一套能够贯穿天地人的、符合大一统时代需要的国家文化意识形态体系。构建这个体系的基本手段,就是整合,如雷弋在其著述中描述的那样,以自下而上的趋同和提升的方式,"将民间的那些分散的思想和学说,通过一种有序的方式有机地吸纳和组织进官方主导的意识形态机制之中,以此来随时补充和滋养官方意识形态肌体"③。

---

① 张双棣:《淮南子校释》(上)卷十一《齐俗训》,北京大学出版社1997年版,第1165页。
② 司马迁:《史记》卷八《高祖本纪》,中华书局1959年版,第392页。
③ 雷弋:《秦汉之际的政治思想和皇权主义》,上海古籍出版社2006年版,第380页。

而从社会的角度来讲,经过文、景之世"无为而治",与民休息,整个国家的经济发展已经恢复到了一个较高的水平,社会也呈现出趋于繁荣景象。但随着经济的复苏和社会的稳定,在文、景之世,军功地主、商贾富豪的贪欲已日渐膨胀,出现了"争于奢侈"的趋势;政治上则是诸侯坐大,中央政权面临着新的挑战。正如贾谊上文帝《陈政事疏》所预言的,平静的表象下面,实际上涌动着层层危机:"可为痛哭者一,可为流涕者二,可为长太息者六,若其它背理而伤道者,难遍以疏举"①。这一严峻警告,让汉文帝悚然而醒,用"分力挫势"制诸侯;让汉景帝横下一条心,武力削藩。然而,和诸侯拥土自重,政令不一相比,如何实现思想上的一统,是更严峻的挑战。汉武帝甫登大位,就意识到这一层挑战之严峻。怵惕之心,在其登基之初发布的"策问"诏里,毫不掩饰地流露出来:"今阴阳错缪,氛气充塞,群生寡遂,黎民未济,廉耻贸乱,贤不肖浑(淆)〔殽〕,未得其真"②,社会如此,那么改弦更张,构建新的文化意识形态也是势在必行。

综合以上两方面事实,可见至《淮南子》问世前,西汉社会正处于一个新的思想文化的大变局之中。这种变局,具体表现为:为了构建一个适应新的时代需要的贯通体系,各种思想都处在焦灼躁动之中,也就是既互相冲突,彼此诘难,又互相吸收,彼此融汇。而政治权力的强势介入,既使得各种学说的发展变化有了一个共同围绕的中心对象;同时也使得各种思想之间彼此冲突和融汇的过程,变得既一波三折,又耐人寻味。例如,年轻的思想家贾谊秉承儒家仁义礼乐思想,把被儒家说成是"天地之节"的"礼",作为他所创想的政治秩序中的主干。有论者称,贾谊把号称"天地之节"的礼,作为"上下共同遵循的规范,以形成共同的精神纽带"③,迎合了急欲获得"奉天承运"认可的政治权力,这个秩序是"定于一尊的大一统的皇权专制的政治形态";但也有学者发现,在贾谊构想的这个政治秩序里,天道与礼、天道与君之间的关联,并不是很紧密。因为贾谊明确表示:"夫立君臣,等上下,使父子有礼,六亲有纪,此非天之所为,人之所设也。"④见仁见智,颇耐寻味。再如,笃信儒家的辕固生

---

① 班固:《汉书》卷四十八《贾谊传》,中华书局1962年版,第2230页。
② 班固:《汉书》卷五十六《董仲舒传》,中华书局1962年版,第2507页。
③ 徐复观:《两汉思想史》第二卷,华东师范大学出版社2004年版,第86页。
④ 贾谊撰,阎振益、钟夏校注:《新书校注》,中华书局2000年版,第92页。

与学黄老之学的黄生,就汤武放伐的正义性问题,激烈争论于汉景帝之前。双方的观点,均有利于皇权合法性的论证,但却又相执不下,最后只好由景帝出来打圆场:"食肉不食马肝,不为不知味;言学者无言汤武受命,不为愚。"①采取"搁置争议"的态度,以息事宁人。一波三折,学者在细事上表现出的固执,和政治权力代表人物在大局上的权变,形成鲜明的对比,亦耐人寻味。辕固生的固执,是出了名的。史称,窦太后好黄老学,辕固生却偏偏"哪壶不开提哪壶",当着太后,非议老子之学为"家人言耳",几乎因此而丧命。更有典型意义的是,武帝之初他当着武帝的面,严厉警告丞相公孙弘:"公孙子!务正学以言,无曲学以阿世!"公孙弘以白衣儒生登庸,其"政事"曾获史家的美誉。公孙弘丞相任上的行止,是否在"曲学阿世"?辕固生执守的所谓"正学",能不能涉世应务?是另外一个问题。但"曲学阿世"之评,"断章取义",恰恰表明了大一统时代中,思想学说对于政治皇权的某种依附态度。当然,从某个角度来讲,也证明了儒学思想,并不像辕固生之流拘守的那么呆板,自有它顺应政治发展需要而权变的弹性空间。正因为儒学会应时权变,才能获得"独尊"的地位。关于这一话题,本书第四章有详细讨论。

至武帝即位之初,丞相卫绾、田蚡相继奏请罢黜黄老、刑名之言。② 接着,董仲舒上"天人三策",建言"独尊儒术"。③ 这表明各种思想在体制之内的密切对话,已有结果,汉家意识形态的建设,已经走完了复合和多元观念融合的进程。以儒家思想为正宗,兼综其他各派思想资源的国家意识形态合法性的最终确定,只欠临门一脚了。

在此思想大背景下出现的《淮南子》,其内容"牢笼天地,博极古今",正表明了各种思想之间的对话和融汇。

本章小结:《淮南子》出现在一个特殊的时代背景之下:其社会政治背景是汉中央政权的诸侯政策和主导观念正进行全新的调整,而学术知识背景则表现为诸子思想彼此之间不断的杂糅和融汇,并且始终贯穿着王朝文化意识形态体系的更新和重构命题。

---

① 司马迁:《史记》卷一百二十一《儒林列传》,中华书局1959年版,第3122页。
② 司马迁:《史记》卷一百二十一《儒林列传》,中华书局1959年版,第3118页。
③ 参见班固:《汉书》卷五十六《董仲舒传》,中华书局1962年版,第2523页。

第二章　刘安的悲喜命运与淮南王国的学术活动

就先秦以来思想发展的总体脉络而言,《淮南子》可以说是战国晚期以来各家思想互相对话、融汇的结晶。在汉代秦兴的大背景下,《淮南子》可以说是西汉意识形态建构活动的一种尝试。由于《淮南子》在融汇、建构过程中,兴趣点与皇权需要之间存在有某些距离,以及《淮南子》在融汇、建构的时候,热衷游走于各家思想之间,且时不时表现出的"强作解事",更由于主其事者淮南王刘安与《淮南子》的众多作者,受"淮南谋反"政治事件牵连,多死于非命,《淮南子》的学术真相,在长时间内并不为人所知。

第一节　刘安与淮南狱

以穷追猛治淮南王刘安"谋反"为中心的"淮南狱",是西汉史上一场牵涉到数千个家庭的命运、坐死者数万人的特大案件。刘安在身披"谋反"之名以前,是备受汉武帝恩宠、热心于汉家文化建设的诸侯王。

自古事业成于辛劳,而骄奢生于富贵。汉家初封的同姓诸侯王,多长于军中,亲历过征战之苦,封王之后,骄横或有,尚不至淫奢。嗣封的诸侯王,落草即享富贵,骄横之外,竞相淫奢。与众多淫逸骄奢的"贵二代""富三代"诸侯王相比,淮南王刘安可以算得上是其中的一个异数。《史记》载淮南王刘安"为人好读书鼓琴,不喜弋猎狗马驰骋,亦欲以行阴德拊循百姓,流誉天下"[①]。这应该和刘安特殊的身世有关。

---

① 司马迁:《史记》卷一百一十八《淮南衡山列传》,中华书局1959年版,第3082页。

第二章 刘安的悲喜命运与淮南王国的学术活动

刘安的身世很特殊,他的一生,可谓大起大落,悲喜交加。

刘安出身高贵。刘安之父淮南厉王刘长是高帝之少子。但这个小儿子,纯粹是刘邦一次无意寻欢的结果。刘长的生母为赵氏女,原本是赵王张敖的美人。汉高八年,刘邦东击韩王信返长安,过赵。赵王敖献赵美人侍驾,赵美人因此得幸,有身。赵王敖闻知,立即移赵美人于别馆,以示对皇家血脉的尊重。九年,赵国相贯高密谋刺杀汉高事发,牵连到赵王张敖。诏收赵王敖家,赵美人因此下狱。赵美人请狱吏代禀汉高,已实得幸有身。盛怒之中的刘邦未加理会。赵美人之弟赵兼求辟阳侯审食其请吕后言于汉高,吕后不肯,审食其也不强争。赵美人遂困于狱中。于狱中生下刘长,随之忿恨自杀。汉高闻知,命吕后收养刘长于宫中。汉高十一年,淮南王英布反,汉高亲往讨灭之,立三岁幼儿刘长为淮南王。或许是由于刘长生母早卒,母家卑微,无势可仗,故而为人所轻。"为人所轻",反而让刘长因祸而得福,得以平安度过吕后秉政、摧残刘氏的时期;同时也让刘长养就了"为人刚"的刚烈性格。高后七年,吕后病故。朝中勋旧乘机尽灭诸吕。事成之后,曾密议过立刘长为天子。终因刘长年幼而放弃,拥立年长的代王赵恒为天子。是为汉文帝。由于经诸吕摧残,刘邦之子中,仅余文帝刘恒与淮南王刘长,故而"淮南王自以为最亲","骄蹇,数不奉法"。为报复审食其"不强争"致使其母冤死狱中,椎杀辟阳侯审食其于朝堂之上。碍于手足情分,文帝宥其过。此又无形中放纵了刘长直情径行的"甚横"之性。据说,"当是时,薄太后及太子诸大臣皆惮厉王"。"厉王以此归国益骄恣,不用汉法,出入称警跸,称制,自为法令,拟于天子"①。最终因为椎杀大臣(辟阳侯审食其)、不守汉法、逾制、内接大臣、外结外邦等罪名,被削去王爵,囚入辎车,县官递解,发配蜀严道。对于如此处理刘长,袁盎曾提醒文帝:刘长有罪,依律削去王爵,理所应当。至于辎车递解,迹近摧辱,似无必要。刘长性刚,或不忍其辱。如此处置,恐生意外。文帝不纳。果然,辎车递解蜀严道途中,行至雍道,刘长难忍摧辱,愤恚绝食而死。刘长绝食而死的凶闻传至汉廷,汉文帝颇有悔意。恩许封刘长三个幼子为侯。并令地方择吉地,以王礼葬刘长。但同时,又给了刘长一个"厉"字的恶谥,让他在阴间也不得自在。算是既

---

① 司马迁:《史记》卷一百一十八《淮南衡山列传》,中华书局 1959 年版,第 3077 页。

尽了私情，又存恤国体了。①

由于诸吕摧残刘氏，社会上还记忆犹新；以至数年之后，民间犹有歌为淮南厉王鸣屈："一尺布，尚可缝；一斗粟，尚可春。兄弟二人不能相容"。据说，文帝闻之，怦然心动。下诏恢复淮南国，裂淮南国故地为三，分别封给淮南厉王刘长的三个儿子，各晋爵为王。刘安于此时被汉廷封为淮南王。当时刘安大约十五六岁，年在初冠，否极泰来，前程似锦。当时的刘安，怎么都想不到，三十年后他会有厄运加身，披"谋反"之名，重蹈其父的覆辙。"父子再亡国，各不终其身，为天下笑"。让人不禁浩叹，刘安身死国除，究竟是命邪，抑或是时邪？

由于刘安谋反，在朝廷已是定谳，故而关于刘安的生平活动，《史记》《汉书》在其传记中，用更多的文字叙述其谋反活动的前前后后，其他的事，无多涉及。《史记》只说刘安"好读书鼓琴，不喜弋猎狗马驰骋，亦欲以行阴德拊循百姓"。《汉书》对于刘安的文才，倒是多有表彰，说刘安"延宾客千余人，为《内篇》"等。又说"时武帝方好艺文，以安属为诸父，辩博善为文辞，甚尊重之。每为报书及赐，常召司马相如等视草乃遣。初，安入朝，献所作《内篇》，新出，上爱秘之。使为《离骚传》，旦受诏，日食时上。又献《颂德》及《长安都国颂》。每宴见，谈说得失及方技赋颂，昏莫然后罢"②。但班固这些记述，似乎更多是在表达汉武帝对于刘安的尊宠之意。这样的描述，更像是在为后面的谋反事件做伏笔，表明汉室对于淮南王刘安已相当优渥，刘安的谋反，实是大逆不道之举。身死国除，咎由自取。但从上面的记载中，也透露出刘安好读书，才思敏捷，有相当高的文学才能，相当浓厚的政治兴趣，以及在自然、人文、神仙方术等诸多方面相当广博的知识追求。

承《史记》《汉书》之余绪，《刘安评传》的作者如此总结刘安的一生："综观刘安一生，有影响的大事有二：一是约集了许多门客并由他主编了一部《淮南子》即《淮南鸿烈》；二是准备发动一次夺取皇位的政治大变乱。"③那场"夺取皇位的政治大变乱"，准确地说，应该是被汉廷指为"谋逆"的事件，引发的

---

① 司马迁：《史记》卷一百一十八《淮南衡山列传》，中华书局1959年版，第3075—3080页。
② 班固：《汉书》卷四十四《淮南衡山济北王传》，中华书局1962年版，第2145页。
③ 王云度：《刘安评传·序》，南京大学出版社1997年版，第1页。

第二章 刘安的悲喜命运与淮南王国的学术活动

后果是严酷的,刘安自杀,"吏因捕太子、王后,围王宫,尽求捕王所与谋反宾客在国中者,索得反具以闻。上下公卿治,所连引与淮南王谋反列侯二千石豪杰数千人,皆以罪轻重受诛"①。毫无疑问,一场株连数千人的大案,牵连的范围之广,广到足以影响到社会的各个阶层。

关于刘安的谋反事件的真相,历来有两种不同意见,一种认为属实,另一种观点则认为是冤案。持前一种观点的人,除认定刘安是蓄意谋叛之外,还试图多方探求刘安谋反的动机及原因,以便让"淮南谋反"事件的因果链,更坚实可信。例如,司马迁评论道:"淮南、衡山亲为骨肉,疆土千里,列为诸侯,不务遵蕃臣职以承辅天子,而专挟邪僻之计,谋为畔逆,仍父子再亡国,各不终其身,为天下笑。此非独王过也,亦其俗薄,臣下渐靡使然也。夫荆楚强勇轻悍,好作乱,乃自古记之矣"②。认为刘安之反除自身之过以外,也与淮南地区民俗"强勇轻悍,好作乱"的浸染有关。③ 东汉王充认为刘安之所以谋反,是为了为其父报仇,"案淮南王刘安,孝武皇帝之时也,父长,以罪迁蜀严道,至雍道死。安嗣为王,恨父徙死,怀反逆之心,招会术人,欲为大事。"④王夫之则认为刘安谋反与刘安好老子阴阳之学,有密切关联:"取安之书而读之,原本老氏之言,而杂之以辩士之游辞。老氏者,挟术以制阴阳之命,而不知其无如阴阳何也。所挟者术,则可以窥见气机盈虚之畔罅,而乘之以逞志。乃既已逆动静之大经,而无如阴阳何矣;则其自以为窥造化而盗其藏、而天下无不可为者,一如婴儿之以挺击贲、育,且自雄也。率其道,使人诞而丧所守,狂逞而不思其居。安是之学,其自杀也,不亦宜乎!"⑤以上诸家,把刘安谋反,或归因于"俗薄"浸染,或归因于"复仇"冲动,或归因于"为挟术所误",字里行间,多多少少都带些为刘安"谋反"回护的言外之意。

在汉廷认定刘安谋反已成定谳之时,对此案提出质疑并因此而同情刘安的声音,也始终存在。例如,与刘安同时代的博士狄山,就以治淮南狱者御史

---

① 司马迁:《史记》卷一百一十八《淮南衡山列传》,中华书局1959年版,第3093页。
② 司马迁:《史记》卷一百一十八《淮南衡山列传》,中华书局1959年版,第3098页。
③ 或许民风"强勇轻悍"的淮南地真不宜裂土封王。汉高祖以淮南封英布,英布"反"。以淮南封刘长,刘长"反"。汉文帝以淮南封刘安,刘安"反"。
④ 黄晖:《论衡校释》,中华书局1990年版,第319—320页。
⑤ 王夫之:《读通鉴论》,中华书局1975年版,第59页。

大夫张汤秉性刻薄,为"诈忠"邀宠而治狱惯用深文周纳为由,建言汉廷复议淮南谋反案,被汉武帝斥为"愚":

> 狄山曰:"臣固愚忠,若御史大夫汤乃诈忠。若汤之治淮南、江都,以深文痛诋诸侯,别疏骨肉,使蕃臣不自安。臣固知汤之为诈忠。"于是上作色曰:"吾使生居一郡,能无使虏入盗乎?"曰:"不能。"曰:"居一县?"对曰:"不能。"复曰:"居一鄣间?"山自度辩穷且下吏,曰:"能。"于是上遣山乘鄣。至月余,匈奴斩山头而去。自是以后,群臣震慑。①

这段记事,一波三折,颇耐寻味。狄山批评张汤在处理淮南、江都之狱时,有"以深文痛诋诸侯,别疏骨肉,使蕃臣不自安"诈忠欺主的嫌疑。但出人意料之外的是,汉武帝对事件本身的是非曲直不感兴趣,却对狄山批评张汤反应十分强烈。这场为刘安辩诬的事件,最终以把辩诬者发落到战线前沿,让"匈奴斩山头而去","群臣震慑"而告一段落。这件事足以暗示出,淮南大狱因为酷吏张汤治狱之严酷、株连范围之广,在当时便在社会上引起舆情纷纷。而武帝以不由分说的强硬态度,运用皇权的力量,把持不同意见者发落到前线,借刀杀人,杀鸡儆猴,让"群臣震慑"。试图在"震慑"之威中,尽快平息事件所引起的不良影响。由此可见,淮南之狱应该大有隐情。

钱穆重弹狄山的老调,称"所谓淮南谋反状,半出影响,半出罗织"。不过,他不像狄山,矛头指向酷吏政治,而是归因于汉武帝猜忌之心理,以及在"朝廷威信毅力"威慑之下淮南之臣希风承旨、落井下石的习气:"淮南以文学照耀一世,早为武帝所忌。而其时朝廷威信毅力,中央集权统一之势已定。诸王国更不如文景时,一有风声动摇,其臣纷纷自投汉廷,谋为免身计。"②徐复观承之,径谓"武帝表面对这位多才好学的叔父'甚尊重之',而内心特为忌毒。左右承其意旨,便诬构成一大冤狱"③。此等"诛心"式的议论,由于把矛头直指汉武,听来甚是爽快。然而,作为以治史著称的方家,处理如"淮南狱"这样的汉代史上的大事件,不从盘根错节的社会深层探因果,而简单地归因于汉武帝的猜忌之心,是邪非邪,似需核按。

汉廷处置淮南谋反一事,是一件震动朝野的大事。当时司马迁年纪尚

---

① 司马迁:《史记》卷一百二十二《酷吏列传》,中华书局1959年版,第3141页。
② 钱穆:《秦汉史》,生活·读书·新知三联书店2004年版,第81页。
③ 徐复观:《两汉思想史》第一卷,华东师范大学出版社2004年版,第109页。

第二章 刘安的悲喜命运与淮南王国的学术活动

轻,未能目睹其实,著《史记》时,只能依赖朝廷定谳;但对于其中许多传言,应该有所耳闻。《史记》中关于此事的记载,称淮南王刘安自封王之始便"时时怨望厉王死,时欲畔逆,未有因也",似乎淮南谋反是经过长时期预谋,迟早要发生的事件。这一陈述立场,应该是得自官方文书。《史记》在对淮南谋反事件的陈述中,也留下一些令人猜详的疑点。例如,刘安与田蚡密语事。既是"密语",语密则不传六耳。当事者两人,田蚡已辞世多时,刘安也自杀身亡,治狱者缘何得知?又如,淮南狱得以定谳,关键性的突破点有两个:一是淮南王孙刘建牵连淮南太子刘迁;二是伍被告密。淮南王家庭失和,长子不害与太子刘迁,"兄弟阋于墙",明载于《史记》。不害之子王孙建与淮南太子刘迁夙有矛盾,也为治狱者所周知。刘建的证词,能否采信?伍被告密,是揭发事实,还是出于如钱穆说的"自投汉廷,谋为免身计"?再如,主治淮南狱者为张汤。张汤因治狱以深文周纳为能事,而名列《史记·酷吏列传》之首。谳辞有无深文周纳?此等疑点,在《史记》关于淮南狱的叙事中,随处可见。尤其是"非独王过也"一语,似乎在暗示,淮南"谋反",另有隐情。

本书以为,淮南一案的关节点,并不在于刘安有没有试图谋反之心,而在于汉廷治淮南狱时,是不是在"有罪推定"。从史书的记载看,汉廷对淮南王谋反一案的定谳,充满了主观臆断,如"时时怨望厉王死,时欲畔逆,未有因也""王心以为"等等,"有罪推定"之迹甚显。这样的"有罪推定",并非仅仅出于治狱者定谳的需要,而是由来已久。汉廷自知处置淮南厉王刘长,情理有亏。虽然有裂淮南故土分封刘安等三王以奉淮南厉王祀,用厚恤来平舆情之举;但是,担心三王怨望,对刘安等心存芥蒂,乃是汉廷自始至终都难于平复的心理阴影。这一点,从刘安等封王之日,贾谊就提醒汉文帝注意:"怨仇之子,不可贵也",以及日后邹阳提醒汉文帝注意"三淮南之心思坟墓"①中,可以推断。加之刘安全无机心,广延宾客,树大招风;淮南国家庭失和、事发不断;子弟仆奴也多有不法,给人口实;而刘安在处理子弟仆奴多为不法上,犹豫迟疑,疑似放纵,②无形中又加剧了汉廷的这种成见。再加上汉家从"广强庶孽"那

---

① 班固:《汉书》卷五十一《贾邹枚路传》,中华书局1962年版,第2338页。
② 司马迁:《史记》卷一百一十八《淮南衡山列传》,中华书局1959年版,第3083页。

天起,汉廷与诸侯,就夙有纠葛。① 故而,汉廷之与淮南王刘安,表面上偲偲和和,雍雍穆穆,实则成见日积日深。一旦事到临头,淮南王身死国除的命运必然降临。从某种意义上可以说,淮南狱是汉家政治体制从"广强庶孽,以镇抚四海"向中央集权转型催生出的最后一个伴生物。

至于有学者认为淮南事件的爆发,根子在刘安撰《淮南子》,在思想上向汉武帝独尊儒术做出公然挑战。依本书看来,此说泰半属于推论。② 然而,此说虽事属推论,"赋诗断章",或有可取。就刘安而言,或许确无谋反之意。如果真像史书说的,刘安"时时怨望厉王死,时欲畔逆",只是"未有因也",那么,刘安享国的几十年里,汉廷并非风平浪静,何患无"因"？假如刘安真想谋反,七国之乱正是其火中取栗的大好时机。但七国叛乱之时,刘安未采取相应行动。汉景平定七国之后,各诸侯国铩羽折翼,军事实力锐减。朝廷派一中尉莅国,就足以在诸侯国内引起震慑。③ 有条件时,不去利用;没机会时,偏举大事,于情于理,皆难想象。故而,本书认为,刘安对朝廷的威胁,实不在武力谋反,而在文化炫耀。作为诸侯王之中少有的勤学善思的刘氏代表,刘安大概有一种为刘氏王朝塑造新的意识形态的意图。在《淮南子·要略训》中,刘安公开宣称"若刘氏之书,观天地之象,通古今之论;权事而立制,度形而施宜;原道之心,合三王之风,以储与扈冶,玄眇之中,精摇靡览,弃其畛挈,斟其淑静,以统天下,理万物,应变化,通殊类。非循一迹之路,守一隅之指,拘系牵连之物,而不与世推移也"。④ "夫作为书论者,所以纪纲道德,经纬人事,上考之天,下揆之地,中通诸理。虽未能抽引玄妙之中

---

① 汉高晚年,衣锦还乡,尽欢于亲戚故旧。念兄刘仲失国废为侯,封刘仲之子刘濞为吴王。刘濞有勇力——"高帝召濞相之,谓曰:'若状有反相。'心独悔,业已拜,因拊其背,告曰:'汉后五十年东南有乱者,岂若邪？然天下同姓为一家也,慎无反！'濞顿首曰:'不敢。'"详见司马迁:《史记》卷一百零六《吴王濞列传》,中华书局1959年版,第2821页。

② 刘安上"新成"的《淮南内篇》,时在刘安朝贺汉武即位。而独尊儒术,始于董仲舒上"天人三策"。董仲舒对策的时间,《汉书》系在汉武即位之年,《资治通鉴》系在汉武即位后的第六年。《淮南子》成书之后,汉家始有"独尊儒术"之举。可见"挑战"说事属推论。

③ 例如汉廷派一中尉莅淮南国,淮南王安与太子密谋应对之策许久。视中尉脸色而作取舍。司马迁:《史记》卷一百一十八《淮南衡山列传》,中华书局1959年版,第2083—2084页。

④ 张双棣:《淮南子校释》(下)卷二十一《要略》,北京大学出版社1997年版,第2151—2152页。

第二章 刘安的悲喜命运与淮南王国的学术活动

才,繁然足以观始终矣。"①在这样自信张扬的说辞背后,不难想见,在刘安的心目中,构建这样一套宏大的理论体系,为汉家王朝开万世太平,应该是他义不容辞的责任。刘安虽然觉得他此举是义不容辞,但在更留心汉家思想文化建设的汉武帝看来,刘安或有"挑战"朝廷之意。故而,钱穆把淮南大狱仅仅归因于汉武帝猜忌之心,有把复杂的问题简单化之嫌;但其从"淮南、河间,皆以王国讲文学,流誉驾中朝",探究汉武帝猜忌心萌生之源,言犹可取。对于志在建设一个大一统政治体制的汉武帝而言,他并不希望在自己的精神世界以及王朝的意识形态话语中,出现这样一位具有魅力的"文化国师",裂土一方,誉驾中朝。任其炫耀,只会造成君权的分裂。而君权分裂,是比单纯的政治分裂更为可怕的事。因此,汉中央政权对于淮南王国的翦灭,其目的并不仅仅在于单纯的政治上的削藩和大一统,更是企图以强力手段摧毁淮南王国可能与朝廷分庭抗礼的学术文化中心,实现思想文化上的大一统。从汉武即位之初的"策问"诏看,汉武在登基之初,对于构建新的王朝意识形态,就持一种积极态度。从汉武对淮南狱大事张扬——不惜牵连"列侯二千石豪杰","上下公卿治。皆以罪轻重受诛"——的处理方式看,汉武确实有限制淮南学术在朝廷的影响的戒心。

如此看来,有学者用"皇权与王权对抗下的悲剧",②给淮南事件定性,和老辈学人仅把淮南事件归因于汉武帝个人的猜忌之心相比,要显得高屋建瓴一些。整个淮南狱案件的处理过程,也折射出了朝臣与诸侯王之间关系的变化。从"晁错为御史大夫,使吏案袁盎受吴王财物,抵罪,诏赦以为庶人"③的具体案例可以看出,汉廷对公卿大臣与诸侯王之间的关系,是非常敏感的,并在律法上有严格的制度规定。而在实际的政治生活中,朝臣与诸侯王国交往的密疏程度,折射着皇权的集中程度。如汉兴之初,天下初定,诸侯王颇有势力,坐镇一方,威仪侔于天子。朝臣多有倾力相接者,包括天子身边的密近之臣。身为"侍中"的中大夫贲赫,为交结淮南王英布,不惜屈身下意,事英布之姬:"布所幸姬疾,请就医,医家与中大夫贲赫对门,姬数如医家。贲赫自以为

---

① 张双棣:《淮南子校释》卷二十一《要略》,北京大学出版社1997年版,第2123页。
② 陈静:《自由与秩序的困惑》,云南大学出版社2004年版,第119页。
③ 司马迁:《史记》卷一百零一《袁盎晁错列传》,中华书局1959年版,第2742页。

侍中，乃厚馈遗，从姬饮医家。姬侍王，从容语次，誉赫长者也"①，就是一个典型的例证。而在诸吕乱政之际，刘氏皇权命如悬丝，太尉周勃、丞相陈平也与齐王相呼应，借诸侯之力，重新安汉。随着皇帝权力的逐步集中强化，汉廷禁止廷臣私自结交诸侯的规定也日加严厉。在皇权与王权冲突之际，作为斗争之间的第三方势力，廷臣也就更多倾向于皇权。就淮南大狱而言，"密语受金"之事，是实有还是谣传，②姑置不论；刘安与太尉田蚡关系密切，却是众所周知的事实。朝臣对田蚡与刘安私相交结一事先后态度的变化，最能折射皇权集中的程度。史称，武帝登基之初：

建元二年，淮南王入朝。素善武安侯，武安侯时为太尉，乃逆王霸上，与王语曰："方今上无太子，大王亲高皇帝孙，行仁义，天下莫不闻。即宫车一日晏驾，非大王当谁立者！"淮南王大喜，厚遗武安侯金财物③。

按汉家制度，诸侯入京朝天子，迎来送往，自有职司，不劳"三公"。田蚡远迎霸上，决非公差，乃尽私交。但那时，汉武初即位，窦太后尚在。窦氏素喜干政，又颇有势力④，权力尚未集于皇帝一身，此事无人追究。待到刘安以谋反之罪而身死国除之日，权力已集中到汉武一人。朝臣如公孙弘、张汤、减宣等对刘安与田蚡的关系，穷追不舍，广为牵连。汉武也不惜"扩大化"。例如严助，本是深得武帝信任的腹心之臣。虽风传严助与刘安有私交，"上薄其罪，欲勿诛"。得张汤一句提醒："助出入禁门，腹心之臣，而外与诸侯交私如此，不诛，后不可治"⑤，武帝幡然心动，严助立即弃市。其他凡被指为与刘安有牵连的列侯二千石豪杰数千人，无一幸免。⑥ 不能怪汉武生性残酷，也不能怪廷臣迎合上意。"残酷"，是集中皇权必然要付出的代价；"迎合"，则是皇权

---

① 司马迁：《史记》卷九十一《黥布列传》，中华书局1959年版，第2603页。
② "密语受金"事，虽明载于《史记》《汉书》，但有颇多疑点。例如，汉武初即位，年富力强，何愁无后？田蚡以"方今上无太子……宫车一日晏驾，非大王当谁立"取悦刘安，违背常理。即便汉武有不测，汉景有十三王，就"行仁义"而言，十三王中河间献王刘德，声名侔于刘安，"当立者"无论怎么轮，也轮不到刘安。即此一点，足见"密语"事，当属事后谣言。
③ 司马迁：《史记》卷一百一十八《淮南衡山列传》，中华书局1959年版，第3082页。
④ 司马迁：《史记》卷一百零七《魏其武安侯列传》，中华书局1959年版，第2839—2846页。
⑤ 司马迁：《史记》卷一百二十二《酷吏列传》，中华书局1959年版，第3139页。
⑥ 司马迁：《史记》卷一百一十八《淮南衡山列传》，中华书局1959年版，第3093页。

集中必然要引发的结果。

第二节　淮南国的学术活动

一、西汉前期诸藩国文化学术概况

西汉之初,天下初定,民心思安。迫于客观情势,汉廷一方面"广强庶孽,以镇抚四海";另一方面则以清净无为为本,倾力于社会民生元气的恢复,文化建设并未提上议事日程。而作为朝廷柱石的开国元老勋旧,多系鼓刀屠狗卖缯之徒,其文化素质及政治视野,本来就十分有限,对文化建设兴趣无多;加之暴秦蔑视文化之风,在汉犹存,刘邦迷信气力,以辱戏儒者为乐,粗口大言"乃公居马上得之,安事《诗》《书》",堪为例证。[1] 故而,他们不仅对文化建设无兴趣,反而对留心文化建设的儒生文士,怀有发自本能的蔑视。[2] 绛灌之流排拒贾谊——"洛阳之人,年少初学,专欲擅权,纷乱诸事",仅是其中一例。此时,各诸侯王出于镇抚一方的实际需要,积极招贤选能。于是,结客纳士在诸侯国成为风气。其中虽不乏虚邀浮名者,但也"颇有倾心养士,致意于文术者"[3]。诸侯王们承绪战国招致宾客之风,从事文化学术活动,形成了几个颇能与中央政权分庭抗礼[4]的学术活动中心,如楚元王刘交之楚国、吴王刘濞之吴国、梁孝王刘武之梁国、献王刘德之河间国以及刘安之淮南国。

楚元王刘交,"好书,多材艺",在诸同姓王中最有文化根底。史称刘交是"高祖同父少弟也"。少时"尝与鲁穆生、白生、申公俱受《诗》于浮丘伯"。秦皇"焚书",各自散去。汉高六年,废楚王韩信,立刘交为楚王。刘交封爵为王以后,克绍旧业。史称"元王既至楚,以穆生、白生、申公为中大夫。高后时,

---

[1] 班固:《汉书》卷四十三《郦陆朱刘叔孙传》,中华书局1962年版,第2113页。

[2] 参赵翼《廿二史札记》对前、后汉开国君臣气象不同的比较。见赵翼:《廿二史札记》,中国书店1986年版,第21—22页。

[3] 鲁迅:《汉文学史纲要》,载《鲁迅全集》第九卷,人民文学出版社1981年版,第395页。

[4] 在汉文"不喜儒"、汉景"好刑名"时,刘交的楚国、刘德的河间国积极恢复儒学。可见,诸侯国之学术活动与朝廷"分庭抗礼"。参见班固:《汉书》卷八十八《儒林传》,中华书局1962年版。

浮丘伯在长安,元王遣子郢客与申公俱卒业。文帝时,闻申公为《诗》最精,以为博士。元王好《诗》,诸子皆读《诗》,申公始为《诗》传,号《鲁诗》。元王亦次之《诗》传,号曰《元王诗》,世或有之"①。在楚元王刘交的倡导和影响之下,楚国成了当时研《诗》的学术活动中心。其中申公所传"鲁诗",文帝时就列在学官,供朝廷博士弟子员修习。以楚元王刘交为中心的文化圈子,对西汉文化建设的贡献主要在经学。

吴王刘濞,"高帝兄仲之子也"。封国占尽地利。"会孝惠、高后时天下初定,郡国诸侯各务自拊循其民。吴有豫章郡铜山,即招致天下亡命者盗铸钱,东煮海水为盐,以故无赋,国用饶足。"刘濞财大气粗,结客纳士,游刃有余。刘濞人虽粗鲁,却能"岁时存问茂材,赏赐闾里"②。故而,高才之士,争游其国。史称:"汉兴,高祖王兄子濞于吴,招致天下之娱游子弟,枚乘、邹阳、严夫子之徒兴于文、景之际。"③吴王濞招致的四方之士,虽然鱼龙混杂,但闻名于世的,却是如邹阳、严忌、枚乘等"皆以文辩著名"者。可见吴王宾客,是以文辞见长而闻名于世的。惜乎未能长久。在刘濞权欲膨胀、心怀不轨之时,这些文士曾上书劝谏,然而吴王不为所动,于是"邹阳、枚乘、严忌知吴不可说,皆去之梁,从孝王游"④。在平定七国之乱中,吴王被诛,这一文化活动中心虽然烟消云散了,但它却给后起的梁园文学发展输入了新的生力军。

梁孝王刘武,是汉景之胞弟,"太后少子,爱之,赏赐不可胜道",少年即封大国。"招延四方豪杰,自山东游士莫不至"⑤。足见其得人之盛。梁孝王网罗之士,多是如"齐人羊胜、公孙诡、邹阳之属"善为辞赋的文士。西汉辞赋大家司马相如,在名动汉廷以前,也曾为梁园宾客。葛洪《西京杂记》卷四载:"梁孝王游于忘忧之馆,集诸游士,各使为赋"⑥,分别有枚乘的《柳赋》、路乔如的《鹤赋》、公孙诡的《文鹿赋》、邹阳的《酒赋》、公孙乘的《月赋》、羊胜的《屏风赋》以及邹阳替代韩安国完成的《几赋》。一次游乐活动竟有七篇赋作,

---

① 班固:《汉书》卷三十六《楚元王传》,中华书局1962年版,第1922页。
② 司马迁:《史记》卷一百零六《吴王濞列传》,中华书局1959年版,第2823页。
③ 班固:《汉书》卷二十八《地理志》,中华书局1962年版,第1668页。
④ 班固:《汉书》卷五十一《贾邹枚路传》,中华书局1962年版,第2343页。
⑤ 班固:《汉书》卷四十七《文三王传》,中华书局1962年版,第2208页。
⑥ 葛洪:《西京杂记》卷四,三秦出版社2006年版,第178页。

足以见孝王门客文学活动之盛况,故而鲁迅先生《汉文学史纲要》里说:"天下文学之盛,当时盖未有如梁者也。"①就促进西汉文学发达而言,以梁孝王为中心的文化圈子,功莫大焉。

河间献王刘德是孝景帝之子,汉武帝的异母兄弟。孝景前二年,割河间郡封刘德。刘德非常热心先秦学术典籍的搜集和整理,并且卓有成就。史称刘德在河间国,"修学好古,实事求是。从民得善书,必为好写与之,留其真,加金帛赐以招之。繇是四方道术之人不远千里,或有先祖旧书,多奉以奏献王者,故得书多,与汉朝等"②。"献王所得书皆古文先秦旧书,《周官》、《尚书》、《礼》、《礼记》、《孟子》、《老子》之属,皆经传说记,七十子之徒所论"。在先秦学术中,刘德最倾心儒术,并亲自躬行,"修礼乐,被服儒术,造次必于儒者"。因此很得儒士之心,"山东诸儒多从而游"。在郡国中,热心儒术者或有,如刘交的楚国;但兴学传经,河间国最先:"其学举六艺,立《毛氏诗》、《左氏春秋》博士"。古文经学如《毛诗》《左氏传》《周礼》《礼记》,赖此而得存。刘德死后得"献"字美谥,就是对他这一层文化贡献的褒奖。刘德对汉廷礼乐制度的建设完善,兴趣也甚为浓厚,《汉书·礼乐志》中说"河间献王有雅材,亦以为治道非礼乐不成,因献所集雅乐。天子下大乐官,常存肄之,岁时以备数,然不常御,常御及郊庙皆非雅声。然诗乐施于后嗣,犹得有所祖述"③。"武帝时,河间献王好儒,与毛生等共采《周官》及诸子言乐事,以作《乐记》,献八佾之舞,与制氏不远。"《景十三王传》中也说:"武帝时,献王来朝,献雅乐,对三雍宫及诏策所问三十余事。其对推道术而言,得事之中,文约指明。"刘德对汉家礼乐制度建设关心之切,竟然达到让汉武帝怀疑他是否别有用心的程度。④ 又刘德对于宾客亦相当优遇,《西京杂记》卷四中说"河间王德筑日华宫,置客馆二十余区,以待学士。自奉养不逾宾客"⑤。其礼士如此。

---

① 鲁迅:《汉文学史纲要》,载《鲁迅全集》第九卷,人民文学出版社1981年版,第396页。
② 班固:《汉书》卷五十三《景十三王传》,中华书局1962年版,第2410页。
③ 班固:《汉书》卷二十二《礼乐志》,中华书局1962年版,第1070页。
④ 裴骃集解:"孝武帝时,献王朝,被服造次必于仁义。问以五策,献王辄对无穷。孝武帝艴然难之,谓献王曰:'汤以七十里,文王百里,王其勉之。'王知其意,归即纵酒听乐,因以终。"见司马迁:《史记》卷五十九《五宗世家》,中华书局1959年版,第2094页。
⑤ 葛洪:《西京杂记》卷四,三秦出版社2006年版,第194页。

以上四诸侯王国在西汉前期均为影响一时之文化中心，兴趣点也各有侧重。大致而言，吴王刘濞之吴国、梁孝王之梁国，乃文人才士的活动中心，在武帝招纳文学之前，是西汉辞赋、散文创作的中心地带。而楚元王刘交之楚国、献王刘德之河间国跟前者有所区别，两者的重心在于对学术经典，尤其是先秦儒学经典的搜集整理和传承。加之楚元王、河间献王自身学术素养较高，故而对于思想文化礼乐制度，特别是儒家文化的恢复和发展，颇有贡献，开汉家崇经尊儒之先河。淮南国的学术活动，则另有特点。

二、淮南国的学术活动及其特点

同以上四个诸侯王国相比较，淮南王国的学术活动，另有自己的一些特点。相对而言，以淮南王刘安为核心而形成的淮南学术活动中心，在诸藩国之中，历时最长，大约延续了三十多年；范围最广，文学之士，儒、道之士，先秦诸子之士，乃至神仙、养生、炼金之术士，靡不网罗；成就最高，有以《淮南子》为代表的一系列著述传世。究其原因，应该在于，淮南王刘安既为博雅善文之人，享国时间又比较长，而淮南王国又为先秦楚国故地，经济条件相对优越，也为王国文化发展提供了雄厚保障。

刘安才高八斗，以"辩博善为文辞"独蒙汉武帝的特别尊宠。尊宠到"每为报书及赐，常召司马相如等视草乃遣"的程度。可见，刘安的文辞造诣多么不同凡响。此外，刘安还有相当广博的知识修养。史称："初，安入朝，献所作《内篇》，新出，上爱秘之。使为《离骚传》，旦受诏，日食时上。又献《颂德》及《长安都国颂》。每宴见，谈说得失及方技赋颂，昏莫然后罢"。[①] 刘安及其宾客对楚辞的传播，贡献尤大。"《国风》好色而不淫，《小雅》怨诽而不乱，若《离骚》者，可谓兼之矣。……其文约，其辞微，其称文小而其指极大，举类迩而见义远。其志挈……其行廉……濯淖污泥之中，蝉蜕于浊秽，以浮游尘埃之外，不获世之滋垢，皭然泥而不滓者也。推其志也，虽与日月争光可也。"刘安及其宾客为《离骚传》，借传统旧知识的通道，让和"诗三百"同类不同调的《离骚》，在后"诗三百"时代，获得顺畅接受。《汉书》说，得刘安及其宾客之力，"世传《楚辞》"。今人赵逵夫先生在其《屈骚探幽》中，径称刘安是先秦楚辞

---

① 班固：《汉书》卷四十四《淮南衡山济北王传》，中华书局1962年版，第2145页。

的第一个整理、研究者。刘安不仅率先称赏《离骚》，同时还是个高产的辞赋作手，《汉书·艺文志》著录有"《淮南王赋》八十二篇"。而在民间社会中间，刘安的地位也颇为有趣，除了从八公成仙的故事之外，也有传说刘安是一位美食家，有《淮南王食经》，并将豆腐的发明专利授予他。这应该是在刘安通养生之道上的附会之说。

刘安个人既善属文，又多才艺，因此，文人游士多往归之。而刘安对游士也颇为大度，多方招徕，精心呵护。史称：淮南寿春，乃战国楚国的故都，"而淮南王安亦都寿春，招宾客著书。而吴有严助、朱买臣，贵显汉朝，文辞并发，故世传《楚辞》……初淮南王异国中民家有女者，以待游士而妻之，故至今多女而少男"①。在"淮南王异国中民家有女者"句下，晋灼注曰："有女者见优异"。就是说，淮南王特别优待国内生女的民户。而刘安之所以"异国中民家有女者"，是为解决八方来淮游士的配偶问题。对于游士宾客刘安甚至考虑到了他们的终身婚姻大事，以致引起了淮南地区人口性别结构的变化。这种招徕宾客的条件实在优越，其能"招致宾客方术之士数千人"也就不足为奇了。

淮南王国的学术活动持续时间既长，涉及范围又广，故其传世著述也最为丰富。《汉书·艺文志》著录的淮南传世著述有："《淮南道训》二篇。淮南王安聘明《易》者九人，号九师说"，属易学；"《淮南内》二十一篇。王安。《淮南外》三十三篇"，属子部杂家类；"《淮南王赋》八十二篇，《淮南王群臣赋》四十四篇，《淮南歌诗》四篇"，属文学辞赋类；"《淮南杂子星》十九卷"，属天文术数类。② 另外，《汉书·严助传》载"闽越复兴兵击南越。南越守天子约，不敢擅发兵，而上书以闻。上多其义，大为发兴，遣两将军将兵诛闽越。淮南王安上书谏止"。传中存有淮南王刘安《谏伐南越书》一道，应属于政论文。《汉书·楚元王传》传楚元王玄孙刘向时说："上（按：汉宣帝）复兴神仙方术之事，而淮南有《枕中鸿宝苑秘书》。书言神仙使鬼物为金之术，及邹衍重道延命方，世人莫见，而更生（即刘向）父德武帝时治淮南狱得其书。更生幼而读诵，以为奇，献之，言黄金可成。上令典尚方铸作事，费甚多，方不验。"③则淮南

---

① 班固：《汉书》卷二十八《地理志》，中华书局1962年版，第1668页。
② 班固：《汉书》卷三十《艺文志》，中华书局1962年版，第1747、1763页。
③ 班固：《汉书》卷三十六《楚元王传》，中华书局1962年版，第1928—1929页。

《枕中鸿宝苑秘书》应为言神仙黄白之术方面的著述。此书应是淮南"《外书》多种"里的一种。《汉书·艺文志》总结已著录的兵权谋家著述时，说"省伊尹、太公、《管子》、《孙卿子》、《鹖冠子》、《苏子》、蒯通、陆贾，淮南王二百五十九种，出《司马法》入礼也"。则淮南著述中，还有讨论兵学方面的专门著述。只不过淮南论兵著述，属"出《司马法》入礼"的"二百五十九种"里的一种，和纯言布阵设伏权谋的《孙子兵法》等不一路，未便著录进《艺文志》兵家而已。《汉书·艺文志》言及乐，称"凡《乐》六家，百六十五篇。出淮南、刘向等《琴颂》七篇"。此处《琴颂》七篇之中，也应有若干篇出自淮南。另外，《文选》张景阳《七命诗》李善注、陶渊明《归去来辞》李善注，分别提到"淮南王《庄子略要》""淮南子《庄子后解》"。李善说，有关这两部书的信息，他是从西晋司马彪《庄子注》中看到的。从书名看，《庄子略要》应是淮南王刘安给《庄子》一书撰写的总序性的文字，或《庄子》篇目题解之类的文字。《庄子后解》则是淮南宾客撰写的《庄子》注。则淮南著述中，还有庄子研究方面的专门著作。《隋书·经籍志》《新唐书·艺文志》等后世史书中，还著录有诸如《淮南变化术》《淮南王食经》《淮南王养蚕经》《淮南八公相鹤经》等书目，已有学者指出，此类著述，多是后人的伪托。让笔者感兴趣的，尚不在此类著述的真伪；而在伪托者不托名别人，偏偏托名"淮南"，而在此类托名"淮南"的著述，竟让史家信以为真。这件事足以证明，淮南王刘安不仅以"知识广博"驰名当时，而且以"知识广博"垂范后世。

　　从史乘著录及典籍提及的淮南著述看，淮南学术涉及范围颇广，大致有以下几个方面：其一，学术思想类。从此类著述中，可以发现其受道家思想的影响非常深刻，并表现出了某些道家新变的端倪。例如，淮南祖述道家，申《老》的同时，还致力于述《庄》，有专门的《庄子》研究著述，如《庄子略要》《庄子后解》。而"述《庄》"乃魏晋时道家研究新风气。又如，淮南祖述道家，在神仙养生延年等方面也有专门研究，此乃后世道教关注的话题。其二，文学艺术类，主要是辞赋和音乐创作，这点同梁国、吴国乃至其后的汉武帝，颇有相通之处。其三，则为一些与日常生活密切相关的知识，如炼金、和药之术等，以及对经验以外世界的玄想，如天文五行等。这些著述，应该和淮南王刘安绰"有余裕"的生活态度有关。"有余裕"，是健全之人的生活态度。生活"有余裕"的人，才会对有用的知识、"无用"的玄想都兴趣盎然。由此可见，淮南学术的旨趣是相当的"杂":严肃的学术研究活动,和闲适的文学娱乐唱和并行不悖,对经验世界实用知识的探究,与经验暂时未能达到的陌生世界的恣意玄想兼容并包,这些特点都是其他诸侯王国所不具有的。

　　学者多有从纵向的角度出发,考察同样表现出杂糅特点的《吕氏春秋》与《淮南子》之间的关系,以见融通杂糅实乃《吕氏春秋》以来学术思想发展的大趋势。但对于《淮南子》的考察,还应当从横向出发,将其放置在淮南学术活动所处的政治、地域、文化环境中进行定位。从淮南王国的众多著述文章(篇目)内容来看,与《吕氏春秋》非常重视农业生产不同,淮南王国的著述之中,少有谈及农学者。即便是原本与农事活动密切相关的《天文训》《地理训》,玄想成分也远远多于实用知识探究。这大概与刘安的诸侯王心态、淮南宾客的社会身份、淮南地域的经济生产环境有密切关系。刘安虽然号称"镇抚四海,承卫天子"的诸侯王,实际上,平定七国之后,朝廷中枢大事,诸侯王并无多少机会参与。朝廷也不欢迎诸侯王参与。积极参与,反招猜忌。故而,在养尊处优之余,刘安移"有为"之心,为"无用"之事,自在情理之中。故而刘安对于朝廷大事,少有如贾谊、晁错辈长叹息流涕者,非不能也,势不许也。这种心态对其学术活动,不能不产生微妙影响,具体反映为对于纯粹知识学术的整理、对于神仙方士养生黄白之术的热衷,而对于国计民生问题则少有涉及。因此,可以认为刘安对于辞赋学术的兴趣,更多是一种个人爱好,体现的是皇室贵族们悠游终日的生活方式和"玩票"性质。按本书对刘安的理解,"玩票"本身,甚值玩味。与其说刘安是在"玩票",毋宁说刘安是在"转移情绪":在"玩票"中求得精神补偿。刘安的宾客,多博辩善文之徒,而少质朴之士,也为促成此种心态,提供了条件。以这种心态做学术,自然有其消极的一面,但也有其优势。以这种学术和文化心理从事著述的优点在于,能够以较为平和的状态,以自由的方式来表达自身的理想。因此淮南国的学术活动,带有鲜明的类似于为如今学界所艳羡的"知识分子气质":在不论与庙堂还是与民间的关系上,均保持了一定的距离,从而扮演了旁观者甚至无关者的角色。这应该是基于刘安以这种心态做学术可能引发的积极效果而作出的判断。至于在此种心态下产生的相关著述社会效果如何,则属于另一个层面上讨论的问题了。

第三节 《淮南子》的作者问题

自号"鸿烈"的《淮南子》，初名《内篇》。《汉书·淮南衡山济北王传》里说，《内篇》是淮南王刘安"延宾客千余人"所"为"。关于《淮南子》的作者，一般的说法是淮南王刘安及其宾客。不过，这个说法过于笼统。淮南王刘安"招致宾客方术之士数千人"，"英隽数百"，不可能数千、百人都参与到这一工作之中。故而，这个说法虽然获得了普遍的认可，但始终难以尽惬人意。于是，爬梳相关资料，尽可能相对准确地确定参与著述《淮南子》的具体作者的范围，便成了《淮南子》研究中的一大问题。东汉末年人高诱，最先涉入这一论题。高诱《淮南鸿烈解叙》里说："安为辩达，善属文。……天下方术之士[1]，多往归焉。于是遂与苏飞、李尚、左吴、田由、雷被、毛被、伍被、晋昌等八人，及诸儒大山、小山之徒，共讲论道德、总统仁义，而著此书。……号曰鸿烈"。[2] 依高诱的说法，《淮南子》每一篇的作者，虽然难以一一确指，但参与此书编著的作者，却能相对明确，即此书是由刘安本人与苏飞等"八人"以及大山、小山等儒生共同完成的。高诱之说，有何依据？不得而知。由于高诱自言，他有关《淮南子》的知识，受自卢植；卢植受自马融。马融是东汉知识渊博的硕儒，故而高诱之说，很容易获得采信。不过，本书认为，对于高诱之说，应有进一步的展开分析。

刘向校书秘阁时以及在班固所撰的《汉书·艺文志》中，把当时称作《内篇》、后世称作《淮南子》的那部著作的著作权，归在淮南王刘安名下。然而，对此可以做两种解读：(1)淮南王刘安是《淮南子》的策划人、组织者、资助方。假如没有刘安的积极策划、有效组织和强力资助，就不可能有《淮南子》这部著述，故名归刘安；(2)淮南王刘安不仅是《淮南子》的策划人、组织者、资助方，而且参与了《淮南子》的具体著述，故名归刘安。胡适在《中国中古思想史长编》里，论及"淮南王书"时取第(2)种解读："淮南王是很能作文辞的，故他

---

[1] "方术之士"很容易让人误解为"方士"。例如，徐复观论《淮南》就在"方士"意义上使用过"方术之士"。其实，高诱"方术之士"，指通晓某一方面学问的士，和"方士"是两个完全不同的概念。

[2] 张双棣：《淮南子校释》，北京大学出版社1997年版，第2页。

第二章 刘安的悲喜命运与淮南王国的学术活动

的书虽有宾客的帮助,我们不能说其书没有他自己的手笔。"[1]刘安的生平传记,已经证明了他在文学赋颂、政论文章、神仙方术、音乐等多方面广有才能。刘安既博学辩达,同时又有"流名誉"的愿望。因此从主观方面说,刘安有驰骋才能,著书以流誉的动机。而其裂土一方诸侯王的身份,也使他完全有余裕发起并主持此项王作,并且能够在财力、物力、人力上提供足够支持的同时,就他感兴趣的某些问题,小试身手。因而从客观方面说,刘安有发挥优势、著书以流誉的条件。在《要略》篇,口口声声称《淮南子》为"刘氏之书",此语非亲与此事且又有皇族身份之人不能道也。有人遂认为《淮南子》之《要略》篇就出自刘安之手。因为其内容更像是著述完成之后,主持者所写的后记。刘安策划、组织并具体参与了《淮南子》的修撰,是《淮南子》的作者之一,应该没有疑问。因此,本书在这里要讨论的,是与修《淮南子》的其他作者。

刘安之外,参与《淮南子》著述的其他作者,必须同时具备三个条件:(1)须是刘安十分信赖的密近之人;(2)须具有相当丰厚的某一方面的知识;(3)须具有一定的文字表达功夫。让我们先用这三条,考核高诱名单里的人物。

在高诱罗列的与修《淮南子》的宾客名单之中,左吴、雷被、伍被,在史书中均有提及。《汉书》还专为伍被立传,传称淮南宾客中"英隽数百,(伍)被为之冠"。认为伍被是刘安的"谋主"。传称刘安有心谋逆,伍被一再劝告刘安不要起兵。可见伍被是一位思深虑周之士。一般而言,受道家思想熏陶过的人士,懂得"福伏祸依",多思深虑周。又称淮南谋反事发,伍被为淮南谋主,按律当诛,伍被上书,汉武帝以"伍被雅辞多引汉之美,欲勿诛"。伍被之辞令,竟然打动了身边并不缺少文学侍从之臣的汉武帝,差点死里逃生。这也表明,他在文学辞赋方面,确实具有相当才能。伍被身为刘安的"谋主",确实思深虑周,善为辞令,为淮南"数百英隽"之"冠"。高诱"八人"名单中的伍被,参与了《淮南子》的写作班子,甚至是刘安撰述《淮南子》的主要助手,应该是很有可能的。

《史记》中说,刘安谋叛前夕,"王日夜与伍被、左吴等案舆地图,部署兵所从入"。《汉书》中说,伍被反对刘安起兵,刘安以"左吴、赵贤、朱骄如皆以为

---

[1] 胡适:《淮南王书》,载胡适:《中国中古思想史长编》,华东师范大学出版社1996年版,第121页。

有福,什事九成"为由,拒绝考虑。可见左吴是刘安深为信赖的军事谋主。《淮南子》中的《兵略训》,或出自左吴等人之手。左吴与修《淮南子》,应无异议。至于雷被,是点燃"淮南谋反"案导火线的主要人物之一:

> （淮南）太子学用剑,自以为人莫及,闻郎中雷被巧,召与戏。被一再辞让,误中太子。太子怒,被恐。此时有欲从军者辄诣长安,被即愿奋击匈奴。太子数恶被,王使郎中令斥免,欲以禁后。元朔五年,被遂亡之长安,上书自明。事下廷尉、河南。①

这里说雷被"巧"于剑击,似乎雷被主要是以使剑灵活,善于搏击,而成为淮南宾客,博得刘安青睐的。但雷被很可能也是与修《淮南子》的作者。雷被与修《淮南子》的可能性,从雷被以"被"为名,可以推知,在高诱提到的八人名单中,竟有三人,即伍被、雷被和毛被,皆同名为"被"。淮南宾客数千,有三人同名,本不足怪;但与修《淮南子》的八人名单中,有三人同以"被"为名,就惹人注目了。它让人不由得想到《汉书》里说过的"能为《楚辞》九江被公"。《汉书》卷六十四王褒传称,"宣帝时修武帝故事,讲论六艺群书,博尽奇异之好,征能为《楚辞》九江被公,召见诵读"②,此处"能为《楚辞》九江被公",竟是何人? 留学西北大学的日本人川津康弘,在其博士论文里引述过日本学者楠山春树的一个判断:"九江被公"并非专指一人,乃是对九江学楚辞或模仿楚辞作赋的集团的称呼。③ 如此说成立,那么,九江郡乃战国楚的故土,有世传楚辞、唤作"被公"或"被"的集团。而九江郡乃淮南国的封疆。刘安"谋反"事发,淮南国除,故地重新恢复九江郡建置。以理推之,在淮南国时代,应该已经有后来称为"被公"世代相传摹写、诵读楚辞的文人团体或研写中心。伍被、毛被、雷被,同以"被"为名,应该是来自这一文学团体的文人,伍、雷、毛是姓,而"被"则是社会对这一团体中人的集体称呼。史称,"初,安入朝,献所作《内篇》,新出,上爱秘之。使为《离骚传》,旦受诏,日食时上"。为《离骚传》速度之快,非稔熟楚辞者莫能为。《离骚传》应该主要出自三"被"之手。刘安

---

① 班固:《汉书》卷四十四《淮南衡山济北王传》,中华书局1962年版,第2147页。
② 班固:《汉书》卷六十四《严助吾丘主父徐严终王贾传》,中华书局1962年版,第2821页。
③ [日]楠山春树:《中国古典新书·淮南子》,转引自[日]川津康弘:《淮南子认识论研究》,西北大学博士学位论文,2008年。

晋京朝武帝时，三"被"应随侍左右。刘安此次晋京朝，携带的重要贺礼是"新出"的《淮南内》。三"被"随行，或许是以备武帝存问《淮南内》？如此看来，三"被"与修《淮南子》，宜无疑义。至若高诱"八人"名单中的苏飞、李尚、田由、晋昌，文献无征。暂无其他材料证实，只能姑妄信之，以俟核考。

本来就不大容易厘清的《淮南子》作者问题，由于唐司马贞的一个说法，更加治丝益棼。司马贞《史记索隐》中，在《淮南衡山列传》下有这么一条："淮南要略云：安养士数千，高才者八人，苏非、李尚、左吴、陈由、伍被、毛周、雷被、晋昌，号曰'八公'也。"①淮南宾客中"号曰'八公'"的"高才者八人苏非"等，与高诱《解叙》说的与刘安"讲论道德，总统仁义，著书号为'鸿烈'"的"苏飞等八人"，人数相等。但称谓既别，《解叙》曰"八人"，司马贞曰"八公"；姓名也有异。"八人"里的苏飞在"八公"里作苏非，田由作陈由。想来或许是古人用字重音，"飞""非"音同，而"非"字易写而"飞"字难书，故而用笔画结构简单易写的"非"，替代笔画结构繁复难书的"飞"？战国齐国的始祖是陈公子完。陈完春秋时入齐避难，改姓为"田"，故"田""陈"可以互代。"八人"里的毛被在"八公"里作毛周，则除了"周""被"义近，其因难寻。司马贞《索隐》说"八公"之说取自淮南《要略》。但《淮南子》的《要略》篇中，根本就没有提到过"苏非……"这几个人的名字，更无"八公"之号。高诱《解叙》中，才详列了"苏飞……等八人"。因此，司马贞很可能把高诱的《解叙》，误当作《淮南子》的《要略》了。更值得注意的是，司马贞不仅罗列淮南数千宾客中"高才者八人，苏非……"等，还说此"高才者八人"，"号曰'八公'"。"八公"这个称谓，在司马贞以前，托名刘向的《列仙传》②、葛洪的《神仙传》，称述刘安服药升仙时使用过。"八公"，是刘安学道成仙传说中的关键人物。而刘安服药升仙，是汉代广为流传的一种传说。

关于刘安的人生结局，在汉代还流行有另一种传说：称刘安并非死于非命，而是学道成仙，举家升天。文字记载，首见托名刘向的《列仙传》。这个传

---

① "淮南王……阴结宾客"句下司马贞索隐。见司马迁：《史记》卷一百一十八《淮南衡山列传》，中华书局1959年版，第3082页。
② 《列仙传》署名刘向。《书录解题》称《列仙传》行文大不类西汉文，断为托名刘向。《东观余论》称《列仙传》乃东汉人手笔。结合《论衡·通虚》，《列仙传》在王充著书时已广为流行。《列仙传》应成书于谶纬盛行的西汉末或东汉初。

说,还载入了"儒书"。东汉王充《论衡·道虚》篇中说:"儒书言:淮南王学道……举家升天,畜产皆仙,犬吠于天上,鸡鸣于云中。"①按儒门风范:"子不语:怪、力、乱、神"。"儒书"载"怪、力、乱、神",乍看匪夷所思。细思,也事出有因。西汉后期,乱象环生。刘氏政权的合法性,再度受到质疑。不过,这次质疑,是从汉家推尚的"天人感应"的语境里生发出来的。伴随而起的,是以喜言怪异的"齐学"为根底、怪怪奇奇的纬书、谶语的流行。儒生渐次"方士"化,试图借谶纬的力量,帮助刘氏重获"天命"。② 这一思想变异,载诸两《汉书》。20世纪40年代,史学大家顾颉刚,对此一问题,做过典范研究,见其《秦汉的方士与儒生》。在"齐学"盛行的大环境中,把刘安充满血腥的人生厄运,想象成"学道成仙"之圆满结局,以慰人心,顺理成章。刘安学道成仙,本来只是个悬诸口头的传说。渐次衍化成了信史,当然是惑于"怪力乱神"和笃信服食飞升的人才会去相信的"信史"。《列仙传》的作者,把它当作信史,载入《列仙传》,并托名刘向。托名刘向,想来是因为刘向以知识杂博著称,曾一度迷信谶纬。③ 笃信服食飞升的葛洪④,把它当作信史,载入《神仙传》。《神仙传》中说,刘安喜好神仙方术,于是"有八公诣门"。门人考校八人本领,"于是(八公)振衣整容,立成童幼之状"。后来,刘安蒙谋反之屈,八公"乃取鼎煮药,使王服之,骨肉近三百余人,同日升天,鸡犬舐药器者,亦同飞去。八公与王驻马于山石上,但留人马踪迹,不知所在"。还说,汉武帝听说此事之后,"帝大懊恨,命诛伍被。自此广招方士,亦求度世之药,竟不得"⑤。这个记载将史实和成仙故事相结合,有始有终,有声有色。尤其是把刘安得八公之助,一人得道,鸡犬升天的传说,安置在汉武晚年惑于长生不老的奇想,"广招方士,亦求度

---

① 黄晖:《论衡校释》,中华书局1990年版,第317页。
② 参见班固:《汉书》卷七十五《眭两夏侯京翼李传》,中华书局1962年版,第3179—3194页。
③ 刘向是楚元王的玄孙,家世守儒风,起家谏议大夫,仕途几起几落,是宗室中维护皇权、反对外戚的中坚力量。刘向知识博洽,曾奉成帝诏率人校书秘阁,编就我国第一部皇家藏书目录《七略》。向本名更生,改名为向,据说是为了因应某一条谶语。托名刘向,可能还和刘向编过一部《列女传》有关。
④ 葛洪是个复杂人物。笃信飞升只是其一面。参《管锥编》(二)"太平广记"五论《抱朴子》与《神仙传》,载钱锺书:《管锥编》,生活·读书·新知三联书店2007年版,第985页。
⑤ 葛洪:《神仙传·淮南王》,内蒙古人民出版社2003年版,第115页。

世之药,竟不得"的大背景下,更加引人入胜。司马贞"号曰'八公'"之"八公"称谓,应取材于《列仙传》《神仙传》里的刘安传。但《列仙传》《神仙传》刘安传里的"八公",并不是高诱《解叙》中的"八人",也不是司马贞所谓的八位"高才者",而是八位通神仙变化之术的另有姓名的仙人,他们分别是"文五常、武七德、枝百英、寿千龄、叶万椿、鸣九皋、修三田、岑一峰",这一串"姓名",更像是仙号,同司马贞"号曰'八公'"的"高才者"苏非、伍被、左吴、雷被等八人毫不相干。八公不仅与"号曰'八公'"的八位"高才者"毫不相干,在《神仙传》中,八公还曾阻止刘安惩罚"号曰'八公'"中的告密者伍被的念头。说伍被告密,乃是上天为斩断刘安"尘劳"①的有意设计:"伍被人臣,而诬其主,天必诛之,王可去矣。此亦天遣王耳,君无此事,日复一日,人间岂可舍哉?"在《太平广记》卷四关于此事的记载中,八公还引"号曰'八公'"中的左吴同刘安一道飞升,"安即以左吴、王眷、傅生等五人,至玄洲,便遣还"。"遣还"设计,想来是为了让他们回去,给汉武帝报信,把汉武帝也牵扯到故事中去,从而给故事平添一些现实色彩以及可信度。据说,汉武帝听说此事之后,"大懊恨,乃叹曰'使朕得为淮南王者,视天下如脱屣耳'。遂便招募贤士,亦冀遇八公,不能得"。汉武之余恨悠长,足以让此故事余音绕梁。追究下去,很有意思。不过,这已不在本书论列范围之内了。

高诱在《淮南鸿烈解叙》中列出了淮南王宾客中与修《淮南子》的八个人的名字,但并没有"八公"这样的称呼。而《神仙传》中的"八公",是导引刘安得道升天的八位仙人,并未与修《淮南子》。"八人""八公",强求其同,在同是淮南王刘安身边最亲近的人以外,也仅仅是人数上的巧合。不知道从什么时候起,《解叙》里面提到的与修《淮南子》的八个人的人名,开始同《列仙传》《神仙传》里的"八公"挂搭到一起了。或许高诱《解叙》中的"八人",是按托名刘向《列仙传》中的"八公"之数,填充出来的?抑或是葛洪《神仙传》中的"八公"的仙号,是受高诱《解叙》"八人"的启发而想象出来的?或许是司马贞误把《解叙》中与修《淮南子》的"八人",当成是"八公"?或者竟是为了在文字上和"明《易》者九人,号称'九师'"之"九师"配对儿,才号"高才者八人"为"八公"?不管怎么说,自司马贞《史记索隐》中用"八公"统称淮南数千宾

---

① "尘劳""打尘劳"是宋元"新道家"(全真教)经常使用的概念。这里是借用。

客中"高才者八人"之后,"八公"就成了高诱《解叙》中与修《淮南子》的八个人的代称。例如,清代钱塘《淮南天文训补注自序》中说:"夫以淮南王之博辩善文辞,为武帝所尊重,复得四方宾客如'九师'、'八公'者,广采群籍,作为是书,固已极魁玮奇丽之观"①,即认定"八公"就是《淮南子》的作者了。鲁迅《汉文学史纲要》述及《淮南子》,亦曰:"其书盖与诸游士讲论,掇拾旧文而成。其诸游士著者,则为苏飞、李尚、左吴、田由、雷被、毛被、伍被、晋昌等八人,是曰八公"②。

这给本来就不清晰的《淮南子》的作者,又罩上了一层新的迷雾。宋人洪迈很可能已经预感到,原本是《神仙传》中的人物"八公",可能会混淆与修《淮南子》的作者之真相。(从上引钱塘、鲁迅之说看,洪迈的预见,在后世还真发生了。)故而,洪迈在《容斋随笔·续笔》中,对于"八公"称谓的来源,有意悬置《列仙传》《神仙传》,提出另一种看法:"寿春有八公山,王安延致宾客方术之处,传记不见姓名,而高诱《叙》以为苏飞、李尚、左吴、田由、雷被、毛被、伍被、晋昌等八人。"③洪迈说,"八公"得名于寿春八公山。淮南国都寿春。寿春有八公山。八公山乃淮南王延致宾客,论道说德之处。洪迈用八公山,把司马贞"号曰八公"的淮南数千宾客中"高才者八人",和高诱《解叙》中说的淮南宾客中与刘安"共论道德"、同著《淮南子》的"八人"勾连起来。言下之意是《淮南子》乃刘安与宾客中"高才者"共同所为。与修《淮南子》的"高才",究竟有谁?"传记不见姓名",高诱说是"苏飞"等"八人"。至于和刘安共修《淮南子》的宾客人数,是否恰如高诱说的仅止于"八"?名字,是否就像高诱说的真叫"苏飞、李尚、左吴、田由、雷被、毛被、伍被、晋昌"?在没有发现新材料之前,只能姑妄听之。洪迈这个态度,是既严肃又严谨的。本书前面对"八人"所作的辨析,无非是想证明高诱之说,有可以采信之处,但也不能盲从。

高诱在《淮南解叙》中还谈到"及诸儒大山、小山之徒,共讲论道德、总统仁义,而著此书"。《淮南子》中,儒家思想明显可见。《淮南子》的作者群中有儒生的加入,应该是不成问题的。大山之徒有何述作,难得其实;小山之徒的

---

① 刘文典:《淮南鸿烈集解》,中华书局1989年版,第766页。

② 鲁迅:《汉文学史纲要》,载《鲁迅全集》(第九卷),人民文学出版社1981年版,第396页。

③ 洪迈:《容斋随笔》,上海古籍出版社1978年版,第297页。

著述,则被选入《文选》。《文选》卷三十二有"刘安《招隐士》一首",并附王逸序曰"《招隐士》者,淮南小山之所作也。小山之徒,闵伤屈原身虽沈没,名德显闻,与隐处山泽无异。故作招隐士之赋,以彰其志也"[1]。《招隐士》的作者,《文选》标为刘安,王逸说是淮南小山。王逸是东汉著名的楚辞专家,有《楚辞章句》传世,距《招隐士》写作年代又近,王逸的说法,更值得采信。从文章的主题和陈述口气看,《招隐士》,大概是小山之徒为刘安招徕宾客的作品。儒家有"学而优则仕""不仕,无义"之说,"招隐",符合儒者身份。高诱说"大山、小山"这样的儒生与修了《淮南子》,应该是可信的。不过,与修《淮南子》的儒生,应该不止于大山、小山。《淮南子》以"素王"称孔子。以"素王"称孔子,乃《春秋》公羊家的家风。《淮南子》所称引的《春秋》,皆出《春秋公羊传》。《修务训》重实践,《精神训》讲"天人同构",《览冥训》讲"天人感应",以及对历史进行总体陈述时流露出的"张三世"气息,都能见到公羊学痕迹。可证刘安身边,有专习《春秋》公羊学的儒生,并参与了《淮南子》的修撰,只是不得其名而已。或许竟在"大山、小山之徒"或"苏飞、李尚、田由、晋昌"之中?

基于上述原因,高诱《解叙》所列与修《淮南子》的八人名单中,伍被、左吴、雷被、毛被、诸儒大山、小山之徒,参与了《淮南子》的写作,应无异议。但高诱的"八人"名单,或不完备。

例如,前文所引钱塘《淮南天文训补注自序》中,述及与修《淮南子》的作者,还提到"九师"。关于"九师",《汉书·艺文志》中著录的《易》学著述中,有"《淮南道训》二篇"。题下标明作者乃"淮南王安聘明《易》者九人,号九师说"[2]。"九师"之《易》说,魏晋《周易》注家尚有征引,称"九师说"。高诱《淮南鸿烈解叙》与修《淮南子》的名单里,没有"九师"。但"九师"既通晓《易》学,又有《淮南道训》二篇;而《淮南子》中引《易》之处甚多,在思想上也有明显的《易》学痕迹。那么,明《易》的"九师",也应该参与了《淮南子》相关文字的写作。但"九师"究竟为何人,在本书作者所涉猎的有限范围之内,文献无征。本书只好付诸阙如,以俟博览文献的方家了。

前文曾经言及,据《文选》张景阳《七命》诗、陶渊明《归去来辞》李善注,

---

[1] 萧统编,李善注:《文选》四《骚上》,上海古籍出版社1986年版,第1555页。
[2] 班固:《汉书》卷三十《艺文志》,中华书局1962年版,第1703页。

淮南子的思想世界

李善提到，西晋司马彪《庄子注》曾征引过淮南子《庄子后解》和淮南王《庄子略要》。《庄子后解》宜是淮南宾客给《庄子》作的注，《庄子略要》宜是淮南王及宾客给《庄子》作的题解或总序。刘安门下，有专门研究《庄子》的人才。而《淮南子》述《庄》之处甚多。这些人物，也应该加入《淮南子》作者名单之中。这些人物，或许就在高诱名单里"苏飞、李尚、陈由、晋昌"之中？也并非全无可能。

在淮南王刘安的宾客之中，还有一批通晓"神仙方术"的方伎之士。高诱《淮南鸿烈解叙》虽然说到"天下方术之士，多往归焉"，但高诱说的"天下方术之士"，和通晓神仙黄白之术的方伎之士，并不是一个概念。本书在前文注释中强调过这一点。但从《淮南子》全书的内容来看，除《天文训》《地理训》一些地方略带一点"方士"气之外，谈及神仙黄白之术的文字并不多。徐复观推断说"方术之士，没有参与这《内二十一篇》的著作。可能在《内二十一篇》完成后，亦即是在他们一整套的政治理想表达完成后，才由方术之士，继续写《外书》《中篇》"①。假如徐复观所谓"方术之士"实指"神仙黄白方伎之士"的话，本书认为此说有道理。方伎之士，应该是《淮南万毕术》《淮南变化术》《枕中鸿宝苑秘书》这些《外书》的作者。前文提到《汉书·楚元王列传》附刘向传有云：刘向汉宣帝时擢为谏议大夫，时汉宣帝"复兴神仙方术之事，而淮南有《枕中鸿宝苑秘书》，书言神仙使鬼物为金之术，及邹衍重道延命方，世人莫见，而更生（刘向的本名）父德（楚元王的重孙）武帝时治淮南狱得其书。更生幼而读诵，以为奇，献之，言黄金可成。上令典尚方铸作事，费甚多，方不验"②。从《汉书》对《枕中鸿宝苑秘书》的描述看，被称作"外书"的这些书的内容，应该是鼎药延命、修仙养生、黄金冶炼的技术指南，这些也确实与方士们的专业很对口。本书想补充的是，淮南宾客中的"神仙黄白方伎之士"虽然没有直接参与《淮南子》的修撰，却通过影响刘安个人信仰的曲折方式，在《淮南子》的某些篇章——例如《淮南子》对人的"个体位置"的规划上，留下了自己的身影。对此问题，本书第三章将有论述。

从以上的分析来看，关于《淮南子》作者，可以认为，刘安本人主持了《淮

---

① 徐复观：《两汉思想史》第二卷，华东师范大学出版社 2004 年版，第 111 页。
② 班固：《汉书》卷三十六《楚元王传》，中华书局 1962 年版，第 1928—1929 页。

南子》的编撰,并参加了部分撰写工作。高诱"八人"名单中的伍被等三"被"、左吴,及"诸儒大山、小山之徒",应该也是作者之一。与修《淮南子》的"诸儒"中,除"大山、小山"之外,还应该包括习"公羊学"的学者。至于"八公",带有鲜明的神仙色彩,与刘安的关系,固然很亲密,但是"号曰八公"之人是否与修《淮南子》,伍被、雷被、左吴之外,尚待进一步的考察。而明《易》之"九师",应该添加进《淮南子》作者的名单之中。而《淮南(庄子)后解》《庄子要略》的作者,假如不在高诱"八人"名单之内,也应该添加进《淮南子》作者名单之中。方伎之士,则没有参加。综合以上说法,只能得出一个依然含混的答案:《淮南子》是淮南王刘安和他的宾客中的高才者合作的结果。

本章小结:其一,汉武帝对于淮南王国的蕲灭,并不仅是政治意义上的大一统,更表现出以强权手段保证大一统文化建设的企图;其二,西汉初年诸侯王国的文艺学术活动相对繁荣,而其中淮南王国表现出"杂"的特点,其学术研究活动和文学辞赋唱和兼而有之,并行不悖,并表现出鲜明的地域文化特点,因此对于《淮南子》的考察应当结合淮南王国的整体学术特征来进行;其三,关于《淮南子》一书的作者,相关资料记载语焉不详,且存有矛盾之处。因此只能笼统地认为它是淮南王刘安与众"高才"宾客合作的结果,在现有的条件下,或许这样的表述更为准确。

第三章 "考验乎老、庄之术"：
《淮南子》与道家

《淮南子》一书由淮南王刘安率宾客中的"高才者"共同编撰而成。书既出于众人之手，而众人各有所贵，众多"高才者"在思想学术上，各有师承；再加上主其事者刘安，又有不守一隅、不循一迹、讲论道德、总统仁义、贯通人物、考天揳地、究天地之理、接人间之事、备帝王之道的"贪多而求全"的著述野心①，因而，《淮南子》的内容伤于"芜杂"，是可以预见的。例如，扬雄就有憾于《淮南》杂乎杂。班固在编纂《汉书·艺文志》时，就把《淮南子》列在"杂家"。② 在一个以综合融汇为志业的思想时代里，出现这样一部著述，并不令人意外。甚至说它是"历史发展的必然产物"，也不为过。

不过，《要略》虽然自夸《淮南子》之撰，"非循一迹之路，（不）守一隅之指"。实际上，和《淮南子》所祖述的其他诸子相比，《淮南子》对于先秦道家，最是心仪。在《淮南子》的接受史上，也有一个共识，即《淮南子》内容固然显得"芜杂"，但"芜杂"表象之下，自有条贯"芜杂"的"血脉"。所谓"血脉"，指《淮南子》对道家"无为"之道的尊崇。《淮南子》取道家思想为"血脉"，用道家之"道"来条贯它所涉及的各个论域：一应言说，皆"考验乎老、庄之术"。在本书看来，这和《淮南子》诞生于文、景之世有关。众所周知，文、景之世的思想时尚，就是尊尚主清净无为的黄老之学。

---

① 张双棣：《淮南子校释》卷二十一《要略》，北京大学出版社1997年版，第2123页。
② 也有人觉得用"芜杂"摩状《淮南子》，难惬于心。例如梁启超，宁用"渊府"来形容《淮南子》。当然，大"渊"博深，"府"库阔大，然而，其间鱼龙混杂，其内八方贡物雍陈，也是事实。梁启超舍"芜杂"而用"渊府"，想来是要剥去《淮南子》"芜杂"之表象，彰显《淮南子》"博大又条贯"的真实。梁氏之说，见下文征引。

第三章 "考验乎老、庄之术":《淮南子》与道家

自《淮南子》问世以来,就有不少学者认为《淮南子》就是体现道家思想的著作。今所见《淮南子》较早注本的作者、东汉建安时代人高诱,在《淮南鸿烈解叙》中首发《淮南子》的思想品格"近老归道"之论:"其旨近老子,淡泊无为,蹈虚守静……其义也著,其文也富,物事之类,无所不载,然其大较,归之于道号曰'鸿烈','鸿',大也,'烈',明也,以为大明道之言也。故学者不论《淮南》,则不知大道之深也。"① 读书常独具只眼的王夫之,在其《读〈通鉴〉论》中,也称《淮南子》"原本老氏之旨"。② 近代著名学者梁启超,至谓"《淮南鸿烈》为西汉道家言之渊府""其书博大而又条贯,汉人著述中第一流也"。③ 胡适则称:"道家集古代思想大成,而淮南书又集道家的大成。道家兼收并蓄,但其中心思想终是那自然无为而无不为的'道'。"④ 刘文典在《淮南鸿烈集解》中指出"《淮南王书》博及古今,总统仁义,牢笼天地,弹压山川,诚眇义之渊丛,嘉言之林府,太史公所谓'因阴阳之大顺,采儒墨之善,撮名法之要'者也"⑤。刘文典所谓"太史公",指著《论六家要旨》的老太史公司马谈。"太史公所谓"云云,原是司马谈对道家要旨的概括,刘文典挪用过来,直接称赏《淮南子》,尤可见其对高诱"近老归道"之说的认同。各家在《淮南子》"近老归道"的认识上,递相祖述高诱,可证高诱之言不虚。在本书看来,高诱用"其旨近老子"——"然其大较,归之于道",勾画《淮南子》思想品格,下字讲究,分寸拿捏得相当严谨。⑥

---

① 张双棣:《淮南子校释》,北京大学出版社1997年版,第2页。按:关于《淮南子》的贯穿思想,道家说之外,有杂家说。本书作者从"道家说"。主"道家说"者,又有老庄道家、黄老道家、"新道家"说等不同的说法。本书主要讨论《淮南子》与先秦道家之间的关系,除本原高诱"近老归道"而略作发挥之外,对《淮南子》祖述的"道家"的具体归属,不做过多的讨论。
② 王夫之:《读通鉴论》,中华书局1975年版,第59页。
③ 梁启超:《中国近三百年学术史》,载朱维铮校注:《梁启超论清学史二种》,复旦大学出版社1985年版,第369页。
④ 胡适:《中国中古思想史长编》,华东师范大学出版社1996年版,第126页。
⑤ 张双棣:《淮南子校释》,北京大学出版社1997年版,第2页。
⑥ 据前贤的统计结果分析,就引述的密度而言,《淮南子》述庄密于引老。结合淮南王有《庄子要略》、淮南子有《庄子后解》,可见《淮南子》有"近老"而"亲庄"的一面。在"贵尚黄老"——"老"是"法术化"了的《老子》——的时代,"近老"的同时能"亲庄",甚值注意。尽管如"风起于青萍之末",此事却关涉到道家思想发展史上的一个大环节:从汉家尊

淮南子的思想世界

　　《淮南子》对道家著述,广有引述。《淮南子》中引述过的道家著作,见于《汉书·艺文志》著录的,有《老子》《庄子》《管子》《列子》《黄帝四经》《文子》等。《老子》语简,仅八十一章五千余言。有学者统计,《淮南子》竟引用了六十余处。② 而《淮南子》中的《道应训》,采用历史故事、寓言传说等衍释道家之旨,在手段上,浑似韩非子《喻老》的翻版。不同之处仅在:《道应训》衍释的范围,在衍"老"的同时也释"庄";同时也不像功利心切的韩非《喻老》,总是牵着《老子》强往法、术、势上搭罢了。而《原道训》,则如同杨树达所指出的:"此篇全衍老子之旨,故以《原道》名篇。"③至若《庄子》之书,根据刘文典、王叔岷等先生的考证,全书三十三篇,几乎被《淮南子》引述殆尽,未被《淮南子》引述的,仅有《说剑》《渔夫》两篇而已。④ 而据余明光先生的考证,《黄帝四经》中被《淮南子》间接引用计有十一处;至于《文子》,是《淮南子》中引用次数最多的道家著作。⑤ 此足见在《淮南子》的思想构架中,道家思想实发挥着条贯"芜杂"的理论基础之用。《淮南子》把采自道家的"道",确立为通贯《淮南子》的中心概念。围绕这个中心,《淮南子》触类而长之,把不同的论域,条贯在一起。从这个意义上,本书认为,《淮南子》"外文芜杂"之"表",终难掩其"内义脉注"之"里"。⑥ 至于《淮南子》"取道家思想为'血脉',用道家之'道'来条贯它所涉及的各个论域"实现得是否圆满,那就要看《淮南子》作者们具体的思想修为了。

尚的"黄、老"之道(法术化的道),向魏晋尊尚的"庄、老"之道(本体之道、人生之道)位移。高诱"其旨近老子,然其大较,归之于道"分寸严谨,原因就在这里。而高诱之所以能达此严谨,和东汉晚期的大环境有关。东汉晚期,士人在"党锢"挫折中,重新发现孟子、庄子堪为精神谈友。党人赵歧,在避难北海时注《孟》,处士仲长统在《乐志论》《述志诗》中述《庄》,即是此"大环境"里的小浪花。仲长统"述《庄》",参见《后汉书·王符仲长统传》。

② 漆子扬:《刘安与淮南子》,西北师范大学博士学位论文,2005年。
③ 杨树达:《淮南子证闻》,上海古籍出版社1985年版,第5页。
④ 顺便说,——核按《淮南子》对《庄子》的征引,倒是进窥《庄子》最初版本真实面目的途径。
⑤ 马庆洲:《淮南子研究》,北京大学博士学位论文,2001年。按:《文子》同《淮南子》的关系非常复杂,其文本内容有十之五六与《淮南子》大致相同。因此两者孰先孰后、关系如何,一直争论甚多。
⑥ "外文""内义"的概念,借自《文心雕龙》。刘勰把文章的最高境界,定位为"外文绮交,内义脉注"。见范文澜:《文心雕龙校注》,人民文学出版社1958年版,第571页。

第三章 "考验乎老、庄之术":《淮南子》与道家

本章将从《淮南子》对"太上之道"的理解,对"为政之道"的设计,对"个体位置"的规划等三个方面,对《淮南子》与先秦道家思想之间的关系进行全面梳理,以验证《淮南子》"取道家思想为'血脉',用道家之'道'来条贯它所涉及的各个论域"之撰述方针,实现得是否圆满?如果实现得不圆满,毛病又出在哪里?

第一节 "太上之道":从实体到实用

冯友兰在谈及《淮南子》时说:"盖中国早期之哲学家,皆多较注意于人事,故中国哲学中之宇宙论至汉初始有较完整之规模"。并夸《淮南子》在"讲宇宙发生方面,比以前的哲学家较为详细"。[1] 中国古代哲学中的宇宙论,是否"至汉初始有较完整之规模",姑且不论,[2]但汉代人具有比前人更为强烈的关注宇宙的意识,却是事实。汉人关注宇宙的出发点,旨在探究"范围天地之化而不过,曲尽万物而不遗"的宇宙之理或曰"天地之道",探究"天地之道"同社会、同人事的隐秘关联。换句话说,汉人和他们"多较注意于人事"的前辈一样,也是怀着对于人生的无穷关心,去"究天人之际,察古今之变"的。只不过和他们的前辈相比,汉人用以"气化"为根底、以阴阳五行为中心概念的宇宙生成论来条贯自然——人事的企图,更惹人注目罢了。《淮南子》也莫能例外,试图以"上考之天,下揆之地,中通诸理"的方式,去探究自然、人事。

这种思考方式的形成,有其内、外两方面的原因。

从社会对于理论需求的外因的角度来讲,从"三家分晋"到"秦扫六合",

---

[1] 冯友兰:《中国哲学史》(上),华东师范大学出版社2000年版,第291页。
[2] 汉初涉及宇宙论的著述,有《易传》《淮南子》。按本书作者知识所及,哲学中的宇宙论论域,包括探究"天地万物从哪里来"的"宇宙发生学",探究"天地万物归本何处"的"宇宙本体论"。汉人宇宙论的视野,多在演绎天地万物从哪里来的"宇宙发生学",和早期之哲学家例如老子相比,或许"详细"一些,例如,用"气"上达形上之道、下贯形下之器;但"详细",也只是详细在"三生万物"那一段,论规模,与《老子》无别。且《淮南子》未尽脱形而下思考的局限,思维的抽象度,尚不及老子。而局限于"六合之内"的经验,难言"六合之外"的终极之理。至魏晋,玄学才"统宗会元",重返《老子》,穷究天地万物归本于何,在形而上层面,建立起"宇宙本体论"。在"完整"性上,汉人的宇宙论,远逊于玄学。因而,"中国哲学中之宇宙论至汉初始有较完整之规模"之说,近真而亦有可商。

经过两百几十年诸侯之间的"转相征伐",天下大一统的理想已经实现。大一统的天下,必然要求天下的思想学术,再也不能停滞于"道术将为天下裂"①,而应当进而转向"为天下合"。因此,必然要求思想学术,积极寻觅一个能"条贯一切"的核心概念,推动思考转向一种带有综合性、能超脱具体的"整体"式的思考方式。并以这种方式,去"条贯性"地思考他们处身的自然—人事世界,以成就一个他们一心想成就的能通贯天、地、人的理论体系,完成思想"为天下合"之任。

从思想学术自身融合的内因的角度来讲,只有从诸子百家"各持道之一隅",辩说形而下论题论争的窠臼中摆脱出来,才有可能溯源归本,觅得本书称之为"能条贯一切"、具有本源性的"核心概念"。寻得"具有本源性的'核心概念'",才有可能条贯性地思考社会、人事、物理、心性。在既有的思想资源里,道家有"道"、儒家有"天"有"礼"、墨家有"天志"、法家有"法",都带有一定的"条贯一切"性。然而,墨家之"天志",鬼神之气甚浓;法家之"法"虽号称"经天纬地",儒家之"礼"虽号称"天地之节",但究其实,都不过是在如庄子所谓的"先王经世之志"那个层面上说事儿,连"六合之内"都涵盖不了,更遑论从"六合之外"去审视"六合之内"了。故而难惬汉人沿波讨源、溯源归本之心。在既有资源里,唯有道家之"道"、儒家之"天"②,才具有既超越"六合之内"又条贯于"六合"之中的品格。这就决定了汉家思想之融汇综合,具体表现为兼综儒、道为主,撮采其他为辅的品格。这一趋势,在司马谈《论六家要指》中,体现得最为明朗。

由此可见,先秦学术发展到西汉之初,最后形成兼综儒、道,撮采其他的思想格局,实属于思想发展的必然。就中国思想发展而言,这一格局的出现,利

---

① 陈鼓应:《庄子今注今译》,中华书局1983年版,第856页。
② "天",原本是殷人的信仰。在殷人的信仰里,"天"和"帝"(祖宗神)一样,都是冥冥中操控人间事务、具有一定的"形上"性的实体。周初开始觉醒的人文精神,动摇了殷人"天"的信仰,"天"渐次被形下化为"四时行焉"的自然之天。然而,"天"形上那一面,并没有被完全扬弃,而是以另一种面目,保存在周文之中。例如,儒家之学是人文精神觉醒的产物。儒家之"天"形下色彩颇浓,但也有超越性的一面。例如,《诗》中"有物有则""于穆不已"之天,《论语》中"天道""天将以夫子为木铎""天未丧斯文""五十而知天命""天厌之"之天,荀子《天论》中"不为尧存,不为桀亡"之天,皆具超越性。只不过孔子不大言说"天"超越性的一面罢了。

弊互见。仅就本章的论旨而言,在这一格局中,道家"形上"之"道",遭到"形下"化;儒家"形下"色彩颇浓的"天",被完全"形上"化。以儒家之"天"为基干来条贯一切的宇宙论建设,在董仲舒的《春秋繁露》那里完成了定型。而《淮南子》则用道家之"道"条贯一切,并在承继老庄"道"论的基础上,进行了新的阐发。不过,本章要着重指出的是:由于主、客观两方面的原因,《淮南子》对道家思想的"新阐发",未必全都符合道家的思致。在对道家之"道"之"道体"以及"创生之德"的理解和阐发上,表现得最突出。

一、"道":宇宙本根

道家以贵"道"崇"德"而名"家"。① 但"道",却是道家最基本、最核心的"第一序"概念。在先秦道家如老子、庄子那里,道既是"先天地生""独立而不改"的唯一的、真实的形上实体,又具有"周行而不殆,可以为天下母"的创生之德,同时还是一切人时时、处处都要效法、遵循的生存之"宝":"道者万物之奥,善人之宝""治大国,若烹小鲜。以'道'莅天下……德交归焉""不'道'早已"。② 从老子开始,道家就赋予"道"以宇宙本根的地位:"有物混成,先天地生。寂兮寥兮,独立不改,周行而不殆,可以为天地母。吾不知其名,强字之曰道,强为之名曰大。"③在老子那里,宇宙——时间、空间:天地万物存在和运动的先验条件,以及天地万物生成的过程,是道创生之德发显展露的过程:"道生一,一生二,二生三,三生万物。万物负阴而抱阳,冲气以为和。"④在老子看来,"道"不仅仅是创生宇宙的本根,同时还是宇宙创生的本原。而庄子,在宇宙"本根"与"创生"问题上,也持大致相类的看法,《大宗师》说:"夫道,有情有信,无为无形;可传而不可受,可得而不可见;自本自根,未有天地,自古以固存;神鬼神帝,生天生地;在太极之上而不为高,在六极之下而不为深,先天地生而不为久,长于上古而不为老……"⑤ "道"既存在于天地之外,"自本自

---

① 帛本《老子》分"德经""道经"两部分,最能见道家贵"道"而崇"德"。
② 陈鼓应:《老子注译及评价》第六十二章、第六十章、第三十章,中华书局1984年版,第303、298、188页。
③ 陈鼓应:《老子注译及评价》第二十五章,中华书局1984年版,第163页。
④ 陈鼓应:《老子注译及评价》第四十二章,中华书局1984年版,第232页。
⑤ 陈鼓应:《庄子今注今译》,中华书局1983年版,第181页。

根""自古以固存",同时又能"生天生地",同样具有本根性和创生性的双重特点。

不过,《庄子》和《老子》之间也有区别。在《老子》那里,"道"通过创生宇宙,并在宇宙内"周行而不殆",显现自己"独立不改"的宇宙"本根"性。但这个"可以为天下母",生"宇"生"宙"、生"阴"生"阳",并让阴、阳"和"而为"冲气",从而衍生出天地万物的"道",虽然"周行而不殆",却是个以"夷"(视之无色)、"希"(听之无声)、"微"(抟之无形)为体段的形上实体,它不是"六合之内"任何物件可以比拟、可以说明的。老子说,包括他"强字之曰'道'"的那个"道"(取象于"周行"即大路)、他"强为之名曰'大'"的那个"大"(太,取象于"玄牝"即老祖宗),都是不得已而求其次、只能"意会"而不可以"名"求的"强字""强名"。故而,老子为了让人"观"道之"徼",即让人了解他那个"道"的体段("容"),"常有",即时常会小心选择一些万有世界里的物理事相,例如"天长地久""辐毂挺植""虚谷柔水"等,去描述"夷""希""微"之道体;①为了让人"观"道之"妙",即让人真切体贴他那个"道"的"玄而又玄"性,同时又坚持"常无"——"为道日损,损之又损",即一层层剥去"强为之容"的物理事相,直到无物可剥为止,让人在玄想里,在对"无"——老氏"无,名天地之始;有,名天地之母"之"无",有"'道'除了是他自身之外,什么都不是"的意思——的品味中,体验道真。故而,《老子》里虽不乏具象描述道体的文字,但这些描述,不仅十分节制,而且目的明确:具象描述,是为了让人进入抽象的堂奥,和他一起去认识道真。庄子则有所不同。庄子也贵道崇德,并以"道"为"大宗师"。但庄子所贵的"道",主要是老子之道在"六合之内""周行而不殆"那一面,对老子之道在"六合之外""独立而不改"那一面,采取"存而不论"的立场:只认可六合之外有这么一个"独立而不改"的形上实体;至若进一步追问这个"独立而不改"的形上实体,究竟是"莫之为"还是"或之使";等等,庄子认为,回答这些追问,既非人的思维能力所能达;不回答这些问题,对他所焦虑的中心——人的存在困境——的

---

① 按:老子的"认知观念"很别致。他既坚持"道可道,非常道;名可名,非常名",同时又承认:"自古及今,其名不去,以阅众甫。吾何以知众甫之状哉?以此。"参见陈鼓应:《老子注译及评价》第一章、第二十一章,中华书局1984年版,第53、148页。

第三章 "考验乎老、庄之术":《淮南子》与道家

思考,也毫无影响。① 故而,庄子只要求自己,把"道"之"独立而不改"性,用一般人都能接受的日常语言,以"博喻"的方式描述出来,让人人都理解他为什么要把"道"尊奉为"大宗师",就心满意足了。剩下的工夫,庄子全都花在"道"在六合之内如何"周行而不殆",以及"周行而不殆"之"道"对人的存在有何意义的探究上。试图在探究中,给人规划出"像'人'那样"去存在的前景。

可以这么说,老、庄作为道家最有影响力的两大宗师,在"贵道崇德"问题上,各有所尚。老子是"观'化'入'妙'"主义者:老氏贵"道",总是坚持由"德"一步一步往上溯,例如"人法地,地法天,天法道,道法自然";面对"并作"的"万物","致虚守静—观复归根—复命—知常"——"知常容,容乃公,公乃全,全乃天,天乃道,道乃久,没身不殆",一直溯到"无",见到道真,才心安理得。② 庄子是"观'化'重'德'"主义者:庄生崇"德",功力多花在到"有"的世界里,探寻什么才是"人"之"德",人之"德"缘何不能"充符",以及如何才能让人人"德充符"、入"逍遥"。庄子和老子的这一层区别,在古今道家思想研究者中,要数严复看得最清楚。庄子在《大宗师》第三节,从"夫道"至"长于上古而不为老",用数百字的篇幅,排比铺张,尽情恣意地描述了道的"独立而不改"性。《庄子》注家多认为:"'夫道'至'长于上古而不为老'一段,承老子之'道'义,有其深意"。严复却冷冷地说:"'夫道'以下数百言,皆赞颂道妙之词,然是《庄》文最无内心处,不必深加研究"。③ "最无内心处"云者,是说庄子这段"赞颂道妙之词",只是顺承老子,此外别无新的心得也;"不必深加研究"云者,是说庄子思想的深刻动人处,在此之外也。由此决定了同是道家宗师的老、庄,对"道"各有会心,各有不同的言说意向,各有不同的言说风格。具体说:老氏"常无",以淘洗澄清的风格,引人认识"玄而又玄"的道真;庄生"常有",以恣肆铺张的风格,教人受用"道"的惠馈。

《淮南子》"近老而归于道"。对道家之"道",多有描述。且看其《原道

---

① 参见《齐物论》《则阳》等篇。陈鼓应:《庄子今注今译》,中华书局1983年版。
② 陈鼓应:《老子注译及评价》第二十五章、第十六章,中华书局1984年版,第163、124页。
③ 《庄子》内篇《大宗师》第三节注[五]引,见陈鼓应:《庄子今注今译》,中华书局1983年版,第182页。

训》中的描述：

> 夫道者，覆天载地，廓四方，柝八极；高不可际，深不可测；包裹天地，禀授无形；原流泉浡，冲而徐盈；混混滑滑，浊而徐清。故植之而塞于天地，横之而弥于四海，施之无穷而无所朝夕；舒之幎于六合，卷之不盈于一握。约而能张，幽而能明；弱而能强，柔而能刚；横四维而含阴阳，纮宇宙而章三光；甚淖而滒，甚纤而微；山以之高，渊以之深；兽以之走，鸟以之飞；日月以之明，星历以之行；麟以之游，凤以之翔。
>
> 夫太上之道，生万物而不有，成化像而弗宰。跂行喙息，蠕飞蝡动，待而后生，莫之知德；待之后死，莫之能怨。得以利者不能誉，用而败者不能非；收聚畜积而不加富，布施禀授而不益贫；旋县而不可究，纤微而不可勤；累之而不高，堕之而不下；益之而不众，损之而不寡；斫之而不薄，杀之而不残；凿之而不深，填之而不浅。忽兮怳兮，不可为象兮；怳兮忽兮，用不屈兮；幽兮冥兮，应无形兮；遂兮洞兮，不虚动兮；与刚柔卷舒兮，与阴阳俛仰兮。

杨树达说得不错，《原道训》"全衍老子之旨"。但《原道训》衍老的方式，却全无老子一贯"节制"的风致，在排比铺张上，倒和庄子有一比。

这种带有明显的汉赋之丰富想象和排比铺张特点的描述，从其出发点上来讲，是为了强化对于那个兼具本体性质和创生功能的"道"的理解。然而，把带有高度抽象性质的"道"和大量经验性的具象想象联系起来，固然可以强化对"道"的感知度，但同时也在某种程度上降低了老子之道的思辨性质，从而把老子以"无"为体、不可以"名"状、不可以"形"求的"道"，变成了有"状"可感、有"象"可知的"有"。《淮南子》采用这种方式去"原道"，很可能陷入把"非常道"误认作"常道"而不自知的危险。有学者把这一现象，说成是"汉人不长于抽象思维，这是思想上的一种堕退"："淮南宾客中的道家们，不惯于说纯抽象的思考，必将由老子所建立的形上概念，在具体事物上做想象性的描述，其成为非抽象非具体的奇特状态；在这种地方，可以看出他们的笨拙。"[①]《淮南子》述"道"，确实有些"笨拙"：仅知具象描述，不识"调适上遂"。有时甚至"笨拙"到南辕北辙而不自知的程度。至于能否把"淮

[①] 徐复观：《两汉思想史》第二卷，华东师范大学出版社2001年版，第133页。

第三章 "考验乎老、庄之术":《淮南子》与道家

南宾客中的道家们,不惯于说纯抽象的思考",放大成"汉人不长于抽象思维,这是思想上的堕退",似可细商。《淮南子》对于"道"的理解,虽然秉承了老庄的观念,承认道是一个本源性的终极存在。但是在对它的理解上,确实缺少老庄的玄思风致和对抽象思考的自觉。老子强调,尽管"道"是真实的存在,但对于"道"的命名,却是一件很困难的事。因为"道"是"先天地生"的"混成"底物。这个"混成"底物,"无状之状,无物之象,是谓惚恍。迎之不见其首,随之不见其后"①。它只能在玄想中被体会,无法用六合之内的任何经验事物去描述。用经验事实描述出来的"道",都不是"常道"。庄子延续了老子的这个思路,《知北游》中关于"道在屎溺"的著名寓言,以"正言若反"的吊诡方式,回应了老子"道可道,非常道;名可名,非常名"之旨。但是《淮南子》在"原道"时,却选用"覆天载地",弥贯于四海,舒张于六合,"约而能张,幽而能明;弱而能强,柔而能刚"这些在经验世界里才可以想象的物理事相,去描述超验性的道,认错了路头,南辕而北辙。表面上看,似乎是增强了"道"的感知度;实际上,却大大削弱了道家之"道"的超验玄想品格。很容易引发误把经验世界里的"非常道",认作"常道"而不自知的后果。

劳思光把《淮南子》论道,南辕北辙而不自知,归因于汉代持道家之说者,"自身未能于'自我'之'超越性'有所解悟",是否说中了问题的要害,似可再商。但他说"自西汉以下,汉代人心目中之'道家'之学,并非'以超离之静观为归宿'之哲学,而为一组形上观念与技术观念之混合体"。② 在本书看来,却很是精当而形象。说他"精当",是因为他一语中的,轻松道出了汉人心目中的"道家"之学,与真正的道家之学之间的差异。说他"形象",是说他用"形上观念与技术观念之混合",活龙活现地摩状出汉人持守的"道家之学"的思想真相。本书想补充的是,导致汉人把"技术""形上"不同质的观念混在一起的原因,在"自身未能于'自我'之'超越性'有所解悟"之外,或许主要还在汉人应用心切,再加上忽视了老、庄论道,各有所重?无论如何,结果都是:当汉人把"技术观念"与"形上观念"相混合时,在一定程度上使得原本超越性的"道"带上了实用主义的色彩,使其从实体走向了实用,也使得汉人心目中的

---

① 陈鼓应:《老子注译及评价》第十四章,中华书局1984年版,第114页。
② 劳思光:《新编中国哲学史》(二),广西师范大学出版社2005年版,第91页。

道家之学,与先秦时期的老庄道家之学,颇有不同。

老、庄论道,虽然各有所重,就他们对社会政治的态度来讲,老子采取的是若即若离、不即不离、进退自若的态度。而庄子作为"人间世"主义者,对于社会政治保持完全疏离的态度,更加关注在纷乱的社会之中个体心灵秩序的安排和对于俗世的超越,向往心灵转化,神游于"藐姑射山"。老辈学人钱穆,曾这样比较过老、庄之间的不同:"庄子书中之圣人,亦是淡其心,漠其气,以观察天道者,由于圣人之心之淡漠,而遂见天道之淡漠。然淡漠可称为无心。却不是不仁。更非存心有所去取欲有得。老子书中之圣人便不然,彼乃心下有私,静观天道以有所去取而善有所得者。故老子书中之圣人,则更非淡漠,而是不仁。"①钱穆用老、庄书中的"圣人"是"有私",还是"无心",作为老、庄的思想分野。老、庄对社会现实政治,持一种超越立场,"淡漠"处之,不像儒家那么热衷执着,确是事实。本书想强调的是,西汉初年心仪道家之学的人们,在此一问题上,却少有老庄风范,多见儒家规矩。他们大多是从实用主义的立场出发,热衷于从他们心仪的"道家"之学中,发现当下就能用得上的方法,援为他们涉世应务之"技术观念"。司马谈《论六家要旨》,对道家评价最高:"道家使人精神专一,动合无形,赡足万物。其为术也,因阴阳之大顺,采儒墨之善,撮名法之要,与时迁移,应物变化,立俗施事,无所不宜,指约而易操,事少而功多。"②他所发现的道家的动人处,尚不在老庄超越性的玄思,而是"其为术也"的一面,强调它"立俗施事,无所不宜,指约而易操,事少而功多"的实用功能。而《淮南子》在这一点上也莫能例外,《要略》篇云:"刘氏之书"讲论道德、总统仁义,目的只有一个,那就是"以统天下,理万物,应变化,通殊类",足以表明《淮南子》崇尚道家的实用主义目的。

至于为什么汉代会出现"汉代人心目中之'道家'之学,并非'以超离之静观为归宿'之哲学,而为一组形上观念与技术观念之混合体"这种接受状况,劳思光归因于"此实由于秦火之后,各家典籍散佚,学统断绝,故先秦各家学说之本旨,皆每不能为汉人所了解"。③ 此说有一定的道理。例如,据《汉书·艺文志》的著录,汉代流行的《庄子》为五十二篇。而郭象却发现,五十二篇

---

① 钱穆:《庄老通辨》,生活·读书·新知三联书店2002年版,第116页。
② 司马迁:《史记》卷一百三十《太史公自序》,中华书局1959年版,第3289页。
③ 劳思光:《新编中国哲学史》(二),广西师范大学出版社2005年版,第13页。

《庄子》中,"一曲之士,妄窜奇说,若《阏奕》《意修》之首,《危言》《游凫》《子胥》之篇,诸多巧杂,十有其三"。"妄窜"之"奇说","或似《山海(经)》,或类(占)梦书",皆未能得《庄子》之大体。① 故而,郭象注《庄》,就删去"五十二篇《庄子》"里"十有其三"的"妄窜奇说"部分,仅取其中三十三篇,以存《庄子》之"真"。② 此例可证劳思光之说有一定的道理。但劳思光之说略显简单。"焚书"重创过百家思想的传承,虽然是事实但很难想象秦皇仅用"一把火"就能"断绝"掉"学统"。"秦火"之后,秦宫不是还存有《诗》《书》百家语,供博士修习使用吗?以本书的观点,更重要的原因恐怕在于学术发展自身以及思想环境的变化。秦汉之际学术融合的趋势以及大一统社会的形成,促使学术发展必然走向能够贯通天地人的理论体系建设,以完成对于新的时代的重新论证,以便用来指导现实生活。而学派自身之间的争鸣,也并不是为了单纯的思辨求知,而是对现实社会进行梳理和安顿,正如《淮南子》所总结的"百家殊言而皆务于治"。这样一来,包括道家学说在内的各家理论,最终都经由当下需求而进行适当改造。单就道家而言,道家之"道",既有"独立而不改"的一面,又有"周行而不殆"的一面。把握住道"周行而不殆"的规律,当然可以作为具有指导性的"技术观念",用于包括政治在内的实践。实际上,在道家思想的经验基础里,不也有"小国寡民,民老死不相往来"之类的社会政治经验吗?

二、气:宇宙演化的内在驱动力

先秦思想世界的基本图像,一般被描述为"九流并作""百家争鸣"。"九

---

① 陆德明:《经典释文·序录》引,中华书局1983年版,第17页。
② 如《庄子》《管子》《墨子》一类的以"某子"命名的先秦"子书",多是"累积"而成的某一学派思想的汇集。鲁迅《且介亭杂文续编·中国新文学大系〈小说二集〉序》里说,"文学派别不是豆荚,包含在里面的,始终都是豆。大约集成时本已各自不同,后来又各有种种变化"。以"某子"名义汇集起来的学派思想,也近乎此。踵事增华、变本加厉之"窜",未必尽"妄"。郭象乃"中朝"玄学"名士",故而以"畅玄"的三十三篇为《庄子》之'真'"。"三十三篇"是否就是《庄子》文本之"真",还须进一步考量。虽然如此,劳思光必以"'以超离之静观为归宿'之哲学"始是"'道家'之学",仍有简单化之嫌。把"汉人不解诸子之本旨",归因于"秦火",更属徒见表象,未得其实。

流"之"九",数兼虚实①;"百家"之"百",则泰半是虚指。"九流"与"百家"之间,从《汉书·艺文志》的著录看,应该是"九流"衍出"百家","百家"汇为"九流"。九流百家里,最突出者,莫过儒、道、墨、法。儒、道、墨、法里,最重要者,莫过儒与道。墨家钜子墨翟,先学儒。发现儒家之说难惬人意之后,才"背周道而行夏政"。法家健将韩非,借老氏之义理,释法家之所尚。法家所尚之"法""术""势",才从行动升华成思想。《易传》的作者,把精神世界划分成三层:"有天道焉,有人道焉,有地道焉。"②用《易传》这个划分,检视儒、道两家的精神旨趣:儒家只关心"人道","夫子言天道与性不可得而闻",全部心思都花在完善社会状况和完善人的状况上。道家则以儒家仅仅关心"人道"为不足,进窥"天地之道",决心发天地之秘,探万物之奥,以见天地之纯,以成人类之德。

先秦诸子中,唯道家最关注"世界从何而来""世界归本何处"的大问题。对于"世界归本何处"的问题,《老子》给出的答案,很是简洁明快:"天下万物生于'有','有'生于'无'"。对于"世界从何而来"的问题,《老子》给出的答案,要相对复杂得多:"道生一,一生二,二生三,三生万物。万物负阴而抱阳,冲气以为和。"③从逻辑上说,"世界从何而来",应该是从"世界归本何处"演绎出来的。因为只有刨根问底,真正弄清楚了"世界之'本'究竟在何处"之后,才有可能由本及末,有条不紊地回答"世界从何而来"。如果是这样的话,那么,《老子》实际上把"道"创生的历程,分成三节:"无"是一节,"无生有"是一节,"有生天下万物"是一节。"道生一",属于"无"那一节;"一生二,二生三",属于"无生有"那一节;"三生万物。万物负阴而抱阳,冲气以为和",属于"有生天下万物"那一节。在《老子》书中,"道"就是"一",就是"无"。所以,属于"无"那一节的"道生一"的"生",只是个不需要任何中

---

① 在中国古人的观念中,"九"不仅仅是个数。《易》家言"九",有"大而盈盛"之意。见《周易正义》"乾卦上九"疏、《象》曰。就《汉书·艺文志》著录而言,"九流"之"九",是个实数。然班固叙诸子曰:"诸子十家,可观者九家而已"。"十"为"小成之数",则"九流"之"九",实指"可观者九家"之外,尚有近乎"小成"之意。

② 王弼注,孔颖达疏:《周易》卷八《系辞》下,《十三经注疏》(标点本),北京大学出版社1999年版,第318页。

③ 陈鼓应:《老子注译及评价》第四十章、第四十二章,中华书局1984年版,第223、232页。

第三章 "考验乎老、庄之术":《淮南子》与道家

介的"自生"。"一生二,二生三"属于"无生有"那一节。"二"和"三",就是"有"的具体内涵。而"二",乃是作为天地万物存在与运动之"先验条件"的宇宙时空,以及玄理思辨所立的诸如"有无相生,难易相成,长短相形,高下相倾"之类的两两相反相成的范畴。"三",也不是个具体数字,而是表"多样"的抽象概念。所以,"一生二,二生三"那个"生",也只是个"依理当有"的意思,而不是日常语言里"生产""产生"的生。"一生二,二生三"之生,既然是"依理当有",那么,"无生有"当然也不需要任何中介。或者说,"道生一,一生二,二生三"——"无生有",是形上之"道"的逻辑展开,是形上之"道"的自我实现。"三生万物""有生天下万物"就不同了。"天下万物"是形下之器。"三生万物""有生天下万物"之"生",就不再是"道"的自我实现了,而是"道"通过某个中介让"天下万物"去"自化"。这个"中介",抽象地说,就是阴、阳;具象一点说,就是"气"。所以,《老子》用"万物负阴而抱阳,冲气以为和",去描述"三生万物"。基于以上分析,可以把老氏之"道"的创生历程,进一步归并成两段:道"独立而不改"地自我实现的"道生一,一生二,二生三",是一段;道通过某个中介"周行而不殆"地让天下万物"自化"的"三生万物",是一段。当然,在《老子》中,"道生一,一生二,二生三,三生万物",是浑然一体的。本书把原本是浑然一体的老氏之"道"的创生,"分成三节""并为两段",只是为了更深入地理解和更准确地表述老氏之"道"的创生,而进行的分析和切割。前文在比较老、庄时,本书提出过一个观点:"老子是观'化'入'妙'主义者"。由于老子是观"化"入"妙"主义者,故而,《老子》五千言,对道"独立而不改"地自我实现之"妙",着墨最多;对道之"周行而不殆"之"化",丢下一句"三生万物。万物负阴而抱阳,冲气以为和"之后,立即转过身去,直入人世,反反复复讨论起如何使"物自化"来。对"万物负阴而抱阳,冲气以为和",并没有展开论证。

和"观'化'入'妙'"主义者老子不同,庄子观"化"重"德"。"观'化'重'德'"主义者庄子,承《老子》"三生万物"之余绪,对老氏未去展开的"万物负阴而抱阳,冲气以为和",多有论述。明确提出"通天下者一气耳"的命题:六合之内,物有存亡、人有生死,"推而行之"者,是"气";抽象掉具体的乍存乍亡之物、乍生乍死之人,在六合之内"往来不穷"者,唯有"气"。"气"是构成天下万物的元质;"气"的聚散,决定着物的存亡、人的

死生。① 明确提出"形之大者天地,气之大者阴阳"②,"阴阳相照相盖相治",相反相成,是天地万物之化的"纪",即万物之化的总纲维、总规律。"三生万物"的过程,就是阴阳"交通成和"的过程。明确提出"万物皆种""种有机","万物皆出于机,皆入于机"③,万物"自物"的"独化"论:在"三生万物"中,"阴阳交通成和","道"散入万物,内化成为万物之"德"。从此,就不再是"物物者",而是万物各自之"德",决定着天下万物在各自的种属内持续衍化。而庄子之所以对"万物负阴而抱阳,冲气以为和"予以更多的关注,和庄子"六合之外,存而不论"的道论立场有关。庄子在《则阳》篇发表过一个观点:"道不可有,有不可无。道之为名,所假而行"。说的是,从学理上说,"道可道,非常道",论"道"不可以执于有形。执于有形,不做超越性思考,就认识不了道体。但对于思考"道"、言说"道"的人来说,"有"又"不可无"。这里的"有",指六合之内的经验事实,以及人对它们的一一编码——"名"。为什么"有不可无"?因为"道"只是个"常名"——高度抽象的概念,所指之实——"道"的宇宙本根性质、创生世界的作用、规范人类活动的意义,"所假而行",即借助于("所假")天地万物的"如是存在"性,也就是天地万物之"德"而被感知和认识。让天地万物"如是存在"的"道",却藏匿在六合之外的"夷、希、微"中。藏匿在"夷、希、微"中的道体,既然视之无色、闻之无声、抟之无形,那么,语不如默:与其去争论"如是存在"之世界,究竟是"或之使"还是"莫之为",不如把谁也说不清的"六合之外"的问题"存而不论",到"道"之"所假"——"如是存在"的天地万物之中,具体探究"道"是如何"周行而不殆"的,更实在、更受用。而在"如是存在"之世界里,恒在的是"阴阳相照,雌雄片(泮,即分)合"。于是,庄子有"通天下者一气耳"之观,有"阴阳交通成和"之论,有物各"独化"之说。

综上所述,道家之道的创生历程,可以分成性质不同的两段。观"化"入

---

① 《庄子》外篇《知北游》,见陈鼓应:《庄子今注今译》,中华书局1983年版,第559页。按《易·系辞传》:"推之行之谓'通',往来不穷之谓'通'"。
② 《庄子》杂篇《则阳》,见陈鼓应:《庄子今注今译》,中华书局1983年版,第693页。
③ 《庄子》外篇《至乐》,见陈鼓应:《庄子今注今译》,中华书局1983年版,第460页。按:庄子书中未使用过"独化"概念。"独化"是郭象注《庄》时对庄子对"万物之化"总认识的概括。本书认为,物皆"独化",颇得庄学精神。

第三章 "考验乎老、庄之术":《淮南子》与道家

"妙"的老子,和"六合之外,存而不论"的庄子,对这两段,各有不同的关注重心,各有不同的言说方式。这是汉人接受道家思想的背景。

在《淮南子》中,对"气"化生万物的一面,大事伸张:

(1)天地未形,冯冯翼翼,洞洞灟灟,故曰太始。道始于虚廓,虚廓生宇宙,宇宙生气,气有涯垠,清阳者薄靡而为天,重浊者凝滞而为地,清妙之合专易,重浊之凝竭难,故天先成而地后定。天地之袭精为阴阳,阴阳之专精为四时,四时之散精力万物。积阳之热气生火,火气之精者为日;积阴之寒气为水,水气之精者为月。日月之淫为精者为星辰。(《天文训》)

(2)明者,吐气者也,是故火曰外景;幽者,含气者也,是故水曰内景。吐气者施,含气者化,是故阳施阴化。天之偏气,怒者为风;地之含气,和者为露,阴阳相薄,感而为雷,激而为霆,乱而为雾。阳气胜则散而为雨露,阴气盛则凝而为霜雪。毛羽者,飞行之类也,故属于阳;介蜂者,蛰伏之类也,故属于阴。日者,阳之主也……月者,阴之宗也。是以月虚而鱼脑减,月死而蠃蜷膲,火上荨,水下流,故鸟飞而高,鱼动而下,物类相动,本标相应……虎啸而谷风至,龙举而景云属,麒麟斗而日月食,鲸鱼死而彗星出……四时者,天之吏也;日月者,天之使也;星辰者,天之期也;虹霓彗星者,天之忌也。(《天文训》)

(3)所谓有始者:繁愤未发,萌兆牙蘖,未有形埒垠堮,无无蠕蠕,将欲生兴,而未成物类,有未始有有始者:天气始下,地气始上,阴阳错合,相与优游,竞畅于宇宙之间,被德含和,缤纷茏苁,欲与物接而未成兆朕。有未始有夫未始有有始者:天含和而未降,地怀气而未扬,虚无寂寞,萧条霄霓,无有仿佛,气遂而大通冥冥者也。(《俶真训》)

(4)古未有天地之时,惟像无形,窈窈冥冥,芒芠漠闵,澒濛鸿洞,莫知其门。有二神混生,经天营地;孔乎莫知其所终极,滔乎莫知其所止息;于是乃别为阴阳,离为八极;刚柔相成,万物乃形;烦气为虫,精气为人。(《精神训》)

(5)至阴飂飂,至阳赫赫,两者交接成和,而万物生焉。众雄无雌,又何化而能造乎?所谓不言之辩,不道之道也。(《览冥训》)

引文(1)录自《天文训》。引文(1)中"道始于虚廓",张双棣《淮南子校

释》引"王引之云:当作'太始生虚廓'"。张双棣并补充说:"《御览》引此作'道始生虚霩'。'太'已误作'道',而'生'字尚不误。"①张双棣校释引王引之之说,确而可从。在这里,《天文训》提出了一个宇宙演化模式,其中有"太始""虚廓""宇宙""气"等几个重要概念。这几个概念分别具有什么样的内容?彼此之间到底具有什么样的关联?《天文训》云:"天地未形,冯冯翼翼,洞洞灟灟,故曰太始"。则"太始"是对"天地未形"时"冯翼洞灟"之象的抽象概括。"天地未形"之前,是个什么状态?《老子》说:天地未形之前,存在一个"先天地生""强字之曰道"的"混成"之"物"。那么,"太始"应该是老氏之"道"的代名。《天文训》在传写过程中,把"太始生虚廓"改写成"道始生虚廓",不可谓无因。"太始"既是老氏之"道"的代名,那么,"虚廓",宜是《老子》"道生一"那个"一"的摩状:天地宇宙尚未剖判之前无形无象无声无臭的混沌未分状态。依高诱注:"宇,四方上下也;宙,往来古今也"。那么,"宇宙",应是《老子》"一生二"那个"二":天地万物存在的"先验条件":时间和空间。不难看出,在这里,《淮南子》是在用具象的语言:"太始生虚廓,虚廓生宇宙,宇宙生气",演释老子对"道"创生之德的抽象思考:"道生一,一生二,二生三,三生万物"。

不过,这里出现了一个甚值重视但普遭忽视的问题。

在《老子》那里,是用"寂兮寥兮"定性那个"先天地生"的"混成"之"物"的。也就是说,在《老子》那里,天地未形,"寂寂寥寥",视之无色、闻之无声、抟之无形。而不是如《淮南子》说的那样"洞洞灟灟"。按高诱注:"洞,读挺捅之'捅'。灟,读以铁头斫地之'镯'也。持杆挺捅,视之"有色";挥锄斫地,闻之"有声",和"寂兮寥兮"恰好相反。不仅和老子背反,细较起来,"冯翼洞灟",也"貌"不得"天地未形"。对于用"冯翼"去说"天地未形",屈原在《天问》中早已发出质疑:"冯翼何象,何以识之?"王逸注曰:"言天地既分,阴阳运转,冯冯翼翼,何以识知其形象乎?"由此可知,"冯冯翼翼"是对"阴阳运转"的摩状。不过"阴阳运转",已是"天地既分"以后的事了,用它说不得"天地未形"。屈原用"冯翼"发问,王逸注以"冯冯翼翼",或许王逸注《天问》时想起了《淮南子》?借《天问》"冯翼何象",暗射《淮南子》"天地未形,冯冯翼翼,洞

---

① 张双棣:《淮南子校释》卷三《天文训》,北京大学出版社1997年版,第247页。

第三章 "考验乎老、庄之术":《淮南子》与道家

洞洞灟灟,谓之太始"之不确?① 观"化"而入于"妙"的老子,在《老子》中陈述他对"道"创生之德的思考,井然有序:"道生一,一生二,二生三",是"道"按自身逻辑,在"寂兮寥兮"中,"独立而不改"地有序展开,无须其他任何东西作中介。待到"三生万物"之后,才有"阴阳""冲气"参与。《老子》第二十五章有云:"有物混成,先天地生,寂兮寥兮,独立而不改,周行而不殆,可以为天下母。吾不知其名,强字之曰'道',强为之名曰'大'。大曰逝,逝曰远,远曰反"。第五十一章有云:"道生之,德蓄之,物形之,势成之"。可见"三生万物"之后,万物去"道"日远。万物如何"负阴而抱阳,冲气以为和",除了从归根结底的意义上说是"道"在"周行而不殆"之外,完全由万物之"德"来决定。《天文训》虽然说"宇宙生气",但从"天地未形,冯冯翼翼,洞洞灟灟,故曰'太始'"看,《天文训》实有把"气"通贯到"宇宙""虚廓",乃至"太始"的企图。故而,本书认为,需要对古今《淮南子》"旨近《老子》,大较归之于道"之共识,作些补充:《淮南子》所"归"之道,不纯是老子、道家之"道",其间掺杂有《易传》"一阴一阳之谓道"之"道"。"掺杂",是由于《淮南子》作者学脉不清而不自知呢?还是为了修正老氏之"道"而有意为之? 当下难于说清。当下能说清的是,《淮南子》此说,稀里糊涂地改写了老子之"道"的性质,稀里糊涂地改写了老子思想的面貌:把"道"一元论者老子,改写成"气"一元论者。

如果在"阐释学"范围内就事论事,《淮南子》按自己的"接受视野"改写老子思想,尽管"其旨近老而归道"却稀里糊涂地远"老"而悖"道"又不自知,仍然是可以理解的"接受常规"。但值得注意的是,《淮南子》这个稀里糊涂的改写,竟操纵了后世对老氏之"道"创生之德的理解。后世注《老》者,竟用"气浑沌未分"注老子"道生一"那个"一",用"气分阴阳"注老子"一生二"那个"二",用"阴、阳、冲气"注老子"二生三"那个"三"。例见陈鼓应《老子注译及评介》第四十二章注所征引的苏辙、吕吉甫、任继愈、冯友兰等前贤往哲之说。② 这些前贤往哲沿《淮南子》"稀里糊涂"的理解,用"气"去通贯《老子》

---

① 高诱《淮南鸿烈解叙》言他年轻时师从卢植,受《淮南》"句读,确举大义",而卢植师从马融,《后汉书·马融传》言马融有《淮南》注,可知诵读《淮南子》,已是后汉学校教授的科目。《天问》多问天文,《天文训》应是王逸注《天问》时的参考书之一。王逸注《天问》时,借《天问》暗射《淮南》"天文训",完全有可能。

② 陈鼓应:《老子注译及评价》,中华书局1984年版,第232—235页。

"道生一,一生二,二生三"时,似乎完全忘记了在《老子》那里,"万物负阴而抱阳,冲气以为和"只是到"三生万物"以后才有的事,和"生一、生二、生三"无关。此一问题,前贤时彦至今似未觉察,故而本书以为有郑重揭出之必要。

"宇宙生气,气有涯垠"以下,以"气"的"薄靡/凝滞"为线索,说天地万物、日月星辰的形成。有几分类乎古希腊留基伯"原子论"的风致,但远不及"原子论"缜密可观。冯友兰夸《淮南子》"在讲宇宙发生方面,比以前的哲学家较详细",可能主要是依《天文训》立论的。就《天文训》本节而言,《淮南子》在讲宇宙发生方面,似乎"比以前的哲学家较详细"一些。但平心而论,《淮南子》的"详细"里面,除了"以'气'的'薄靡/凝滞'为线索"说宇宙演化之外,其他的并不值得夸赏。为什么这么说呢?因为和以前的哲学家,例如老子、庄子以及《易传》的作者相比,《淮南子》讲宇宙发生、宇宙演化方面的思致,有"炫耀知识"①之心,缺"哲学思辨"之意,经常在经验、超验之间盲目游走。例如,"积阳之热气生火,火气之精者为日;积阴之寒气为水,水气之精者为月";等等。故而,《淮南子》的"详细"里面,多是徒夸耳而难惬心。讲起宇宙发生,远不及《老子》"道生一,一生二,二生三,三生万物。万物负阴而抱阳,冲气以为和"严整有序。讲起宇宙演化,远不及《庄子》"通天下者一气耳""阴阳,气之大者""阴阳交通成和",《易传》"天地氤氲,万物化淳"爽目醒心。但《淮南子》"气"贯"一""二""三"的理论立场,还是清晰可见的。

从引文(2)中可以感到,《淮南子》已经有了"气分阴阳"的认识,并集中关注"阴阳相薄"的作用,也察识到阴阳运动的某些规律:阳动("吐")阴静("含")、"阳施阴化"。并在"气分阴阳"的架构内,按"阴盛""阳盛",对自然界的万事万物进行了"属阴""属阳"的总归类。试图用"物类相动(感),本标(末)相应",证天地万物处在阴阳交感的大化之中。和《老子》仅言"万物负阴而抱阳"、《庄子》仅言"通天下者一气耳""阴阳交通成和"相比,《淮南子》似乎要详细一些。然《天文训》这一段,陈言多而己见少,"杂取"多而"条贯"少。《大戴礼·天圆篇》有"明者,吐气者也,是故外景。幽者,含气者也,是故内景"。《易传·乾文言》述及"同气相求"时,有云:"水流湿,火就燥,云从

---

① 所谓"知识",也仅是书本知识。"炫耀知识",实如鲁迅《汉文学史纲要》论及《淮南子》时所说的"掇拾归文"。

第三章 "考验乎老、庄之术":《淮南子》与道家

龙,风从虎"。《易·睽·象曰》有"火动而上,泽动而下"。《易·系辞传》有"刚柔相摩,八卦相荡,鼓之以雷霆,润之以风雨"。从《天文训》"主幽主明,内景外景""阴阳相薄,感而为雷""火上荨,水下流""物类相动""虎啸而谷风至,龙举而景云属"等看,《淮南子》的"详细",也不过是在演绎道家"三生万物。万物负阴而抱阳"时,杂取《大戴礼》《易传》而并陈之,再排比一些并不可靠的"实证"而已。并且在"杂取"时,生吞活剥之迹多,理解贯通之意寡。例如,在人目力所及的天文视域内,日月丽天,是最惹人注目的天象。日落月升,别出昼夜,分出幽明。在当时的思维水平上,以日为"阳宗",以月为"阴宗",即把日、月作为阴、阳的符号,完全可以理解。而当时的思维,例如《易传》,已经清楚地意识到符号仅仅是"符号","立象"只是为了"尽意",至于对符号所取之"象",切不可以据为典要。①《淮南子》则不然。在《天文训》中,把"阴"直接等同于月,把"阳"直接等同于日,用"春夏则群兽除,月虚则鱼脑减"说"物类相动""阴阳相薄",纯是生吞活剥。"生吞活剥"尚属细事,沿"生吞活剥"再往前走一步,问题就严重了。由于对"杂取"于他人的观念缺乏理解贯通,把"符号"等同于"实体",必将导致把已被老、庄"哲学"化、已被荀子"自然"化了的"天",重新"神格"化。《天文训》的作者,已经迈出了这一步。"四时者,天之吏也;日月者,天之使也;星辰者,天之期也;虹霓彗星者,天之忌也"。而有"吏"有"使"有"期"有"忌"之"天",全悖道家"哲学"化了的"无为"之"天";在有意志、有目的上,倒和董仲舒条贯自然、人事、物理、心性之"天",相差无几。这印证了本书前面提出的一个观点:战国中期开始的思想融合趋势,发展到汉初,呈现出综合儒道、撮采其他的格局。而综合儒道,具体表现为:把道家之"道"形下化,以便政治实用;把儒家带经验色彩的"天"超验化,给儒家设计的伦常政治一个超验的义理基础。

引文(3)录自《俶真训》。关于《俶真训》的论域,古今《淮南子》注家有两种不同的理解。两种理解,都能在《俶真训》文本中找到依据。高诱注云:"俶,始也。真,实也。说道之实始于无有,化育于有,故曰俶真,因以题篇"。依高注,《俶真训》是讨论道家之"道"创生之德的。《俶真训》开头的几段文字,确实是在演绎《老子》"道生一,一生二,二生三,三生万物"之旨。对于高

---

① 《周易》,王弼注本,北京大学出版社 1999 年版,第293、315 页。

注,今人杨树达有不同的看法:"'真'字《说文》训'仙人变形而登天',盖战国燕齐方士之说盛行以后始有此字,故六经无此字,而始见于庄子之书。庄生称老子为'博大真人'(见《天下》篇),又谓'尔已反其真,而我犹为人'(见《大宗师》篇),其他屡称不一称。《淮南》此篇全衍《庄子》之旨,故以《俶真》名篇,《俶真》犹首篇之名《原道》也。高注训'真'为'实',非其义也"。杨树达之说,见其《淮南子证闻》。在《庄子》里,"真"经常与"礼"对文。按庄子的理解,"礼",是世俗社会给人设置的戕害人性的公共规范;而"真",则是庄子最贵尚的、人应该致力复归的、人的"自然不可移易"之性。"真人",是庄子最贵尚的理想人格。一个礼俗社会中的人,假如能"不拘于俗",常"葆"其"真",那么,他虽然生在红尘世界里,却浑似"变形登天"的"仙人"一样,享大"逍遥"。按杨树达的说法,《俶真训》是讨论人如何返真、葆真的。《俶真训》什九以上的文字,皆属于撮抄《庄子》书中"齐物"葆真、"间世"葆真、"养生"葆真、"斋心"葆真、"去欲"葆真、"顺化"葆真、"处和"葆真等而发挥之的文字,可证杨树达的理解不虚。值得注意的是,讨论"葆真"问题的《俶真训》,却从"有始也者,有未始有有始也者,有未始有夫未始有始也者。有有也者,有无也者,有未始有无也者,有未始有夫未始有无也者"起笔。《俶真训》里这一串读起来很是拗口的文字,摘自《庄子·齐物论》。① 在《齐物论》语境里,庄子用这一串读来拗口的文字,设置了一个"二律背反"的情境:宇宙是无限的,所谓"无限",就是无"始"无"终"、无"内"无"外";生活在有限世界里的人,为了把宇宙"无限"纳入思维和言说,又得给它设置一个"无始"之"始"。然而,"无始之始",也是"始"。有"始",就不再是"无限",而是"有限"了。但这个"无始"之"始",是积极思维"无限"时必须设置的。否则,就无法思维"无限"、言说"无限"。例如,《老子》说"万物生于有,有生于无",宇宙"始"于以"无"为体的"道"。有"道"作基始,老子言说起宇宙创生来,井然有序;言说起"归根反本"来,确然有处。既然思维在逻辑上设置了一个"无始"之"始",那么就不能再追问这个"'无始'之'始'"的"始"。因为这样的追问,对积极思维毫无意义,只会把思维引入黑格尔所谓的"恶无限"的陷阱。庄子设置这个"二律背反",是为了给他"道不可'有','有'不可无。道之为名,所假而行""六合

---

① 《庄子》内篇《齐物论》,见陈鼓应:《庄子今注今译》,中华书局1983年版,第71页。

第三章 "考验乎老、庄之术"：《淮南子》与道家

之外存而不论"的立场提供逻辑合法性。《俶真训》作者把这一串读来拗口的文字，从《齐物论》中摘取出来，移入完全陌生的语境，让它扮演"葆真"之"大本"的角色。《俶真训》有云："古之真人，立天地之本，中至优游，抱德炀和"，始能"解构人间之事"，不"以物烦其性命"。言下之意是：立乎"大本"，始可"葆真"；离开"大本"，拘"俗"丧"真"。《俶真训》这一思致，假如舍去他认定的"大本"竟是何物不计，倒是带有几分庄子"葆真"的风范。但这还不是本书要关注的。本书关注的是，"有未始有有始者""有未始有夫未始有有始者"云云，在《齐物论》中，实际上是庄子当笑话讲、那些陷入"恶无限"中不能自拔的"笨人"在思维中提出的、无须回答的"疯、傻"问题。《俶真训》把它们拿过来，作为"葆真"的"大本"，就必须对本来是"笨人"提出来的、根本就不需要回答的"疯、傻"问题，强作解事，作出一本正经的回答。给原本是当作笑谈的、既拗口又虚渺的"未始有有始者""未始有夫未始有有始者"，填充进实实在在的内容。填充物，就是《易》家、五行家"抽象又具象"的"气"。《俶真训》把"有始""有未始有有始者""有未始有夫未始有有始者"等等，一本正经地理解成宇宙和宇宙万物在演化过程之中的不同阶段，并给每个阶段都填充上带有物质色彩的"气"："未始有有始者"，是"天气始下，地气始上，阴阳错合，相与优游"；"未始有夫未始有有始者"，是"天含和而未降，地怀气而未扬"。最终，"气"不仅通贯于"六合之内"，同时还通贯到"六合之外"："气遂而大通冥冥者也"。《淮南子》算是把老氏形上实存之"道"，彻底形下物质化了。《管子》《庄子》《易传》，把宇宙内天地万物的基始，定位在"至大无外，至小无内"的"气"，并认定宇宙内的天地万物，从归根结底意义上说，是一"气"之化，是一个带唯物论色彩的好思想。但《俶真训》复述这一思想时，格外笨拙。例如，《俶真训》用"天气、地气阴阳错合"说"未始有有始者"，既然已经有了"阴阳"，何谈"未始有有始者"？例如，《俶真训》用"天含和""地怀气"，说"未始有夫未始有有始者"，既然"气"前面还有个"含和"的"天"、"怀气"的"地"，那么，"气"就不是"第一性"的。"气"既然不是"第一性"的，何谈"气遂而大通冥冥者也"？《俶真训》说"未始有有始者""未始有夫未始有有始者"，始终不能忘怀"天地"，不是措辞不精、表述不当，而是思想混乱、思维不畅。语言表述不当，从来都是思维混乱不畅的表征。不在超越性思维中，从"归根结底"意义上穷究宇宙之"始"，而是强作解事，用经验世界里才有效的"有子必

有母,有果必有因",去回答超越性思维才能回答的问题,"牛唇不对马嘴",怎能不笨拙得破绽百出!这不禁让人想到,为什么以"历史唯物主义和辩证唯物主义"名"家"的马克思,宁可与"聪明的唯心主义者"为邻,也不屑于与"愚蠢的唯物主义者"为伍了。《淮南子》"天地万物乃一'气'之化"的认识立场,应该得到尊重;但《淮南子》试图用这一立场去改写道家,及其论证这一立场时,时时表现出的"强作解事"式的笨拙,也应该认真剔抉。

引文(4)录自《精神训》第一段。此段从"古未有天地之时"说起,谈到"窈窈冥冥"的一元之"气",如何"别为阴阳";阴阳如何在"刚柔相成"中,"离"(散)而为天地,"成"而"形"万物;在"形万物"时,又如何"烦气为虫,精气为人"。《精神训》开篇所述,不出"天地万物人,莫非一气之化"的规模。《精神训》为什么要从头说起,以"古未有天地之时"开篇?想来是为了引出最后那一句:"烦气为虫,精气为人"。"烦气"就是故书中说的"杂气""浊气","精气"就是故书中说的"纯气""清气"。"烦气为虫,精气为人",《精神训》从禀气不同上,把人和动物从本质上区分开来。在"气化"论论域之内,"烦气""精气"总归都是"气",也就是说,人和动物都是一"气"之化,都是天予之"形",区别仅仅在"禀气"的"精"与"烦"。"精气为人",人"精"在哪儿?人"精"就精在,天只赋"虫"以形,而天在赋"人"以形的同时,还赋人以"精神",让人成为"钟五行之秀气"的"有心之器",成为与"道"与"天"与"地"并列的"域中四大"之一!这样,水到渠成,开篇自然而然地转入《精神训》的正题。《精神训》虽然以"精神"名篇,讨论的却是"精神"与"形骸"及"形、神"的关系。这一问题,曾经是《庄子》关注的中心。故而,《精神训》免不了渔猎《庄子》、撮采他书,以求《精神训》博而多观。与本节论旨有关者,本书以为,《精神训》最可观者有两处:(1)在"通天下者一气耳","气"合"天、人"的思想架构内,以"人有四肢、五藏、九窍、三百六十六节",配"天有四时、五行、九解、三百六十六日",以"人有取、与、喜、怒",配"天有风、雨、寒、暑"。在这里,能够发现,刘安及其宾客和董仲舒,虽然"所贵"各别,但他们不仅分享着同一个知识资源,在思想方法上也遥相呼应。同时还能发现,《淮南子》对"气通冥冥"的热衷,只要有机会,就不忌重复,津津乐道;以及《淮南子》在言说"气通冥冥"时,一再表现出的机械、笨拙。(2)以"血气"为根基,构建起一个以"气志"为"使侯",以"九窍"为"户牖",兼摄生理—心理的精神活动图式。此一图式,甚有思致,惜乎《精神训》囿于"去欲"葆真的说教,未能痛快淋漓地展开。

引文(5)录自《览冥训》。"览"者,览观探究;"冥"者,"玄妙深微"。《览冥训》说,最让他感到"玄妙深微"而萌生览观探究之心的现象,是一般人都认为是"知不能论,辩不能解"的,世间诸如"东风至而酒湛溢""鲸鱼死而彗星出"一类"物类之相应"现象。"物类之相应"现象,也引起董仲舒的高度关注。董氏在《春秋繁露》中辟有专篇《同类相动》,其中也以"东风至而酒湛溢"为例,证"阳益阳而阴益阴"之理。引文(5)即是《览冥训》作者对"物类相应"现象之本质的揭示。照例,和《淮南子》其他地方一样,《览冥训》揭示出来的"本质",并非全都来自《览冥训》作者"览冥"沉思之所得,更多是来自书本里前人的成说,具体说,来自《庄子·田子方》:"孔子见老聃,老聃新沐,方将被发而乾,慹然似非人。孔子便而侍之,少焉见,曰:'……向者先生形体掘若槁木,似遗物离人而立独也。'老聃曰:'吾游心于物之初。'孔子曰:'何谓邪?'曰'……至阴肃肃,至阳赫赫,肃肃出乎天,赫赫发乎地,两者交通成和而物生焉,或为之纪而莫见其形……'"①在《田子方》中,"至阴肃肃"云云,是老聃"遗物—离人—立独""游心于物之初"之所见。老聃强调,阴阳"两者交通成和而物生焉",仅是他"游心于物之初"所见之"粗",他发现更玄妙的是,应该有个东西在默默地起作用,让阴阳"如此这般"地"交通成和而物生",只是"莫见其形"罢了。这个"或为之纪而莫见其形"的东西,不言而喻,就是老氏之"道"。《田子方》"孔子见老聃"虽然是一则寓言,但寓言中的老聃,在"阴阳交通成和而物生焉"之后,随即补充说"或为之纪而莫见其形",却颇肖老子"观'化'入'妙'"的风致。《览冥训》作者把老聃"游心于物之初"之所见,移用于揭示现实界诸如"东风至而酒湛溢""鲸鱼死而彗星出"一类"物类相应"的秘密:"阴阳交接"实乃"物类相应"的"不言之辩,不道之道",即由于万物皆"阴阳交接"而成,所以"东风至而酒湛溢""鲸鱼死而彗星出"一类"物类相应",是不容置疑的事实。应用心切,弯子转得过猛,思虑不及董仲舒《同类相动》绵密。但对"通天下者一气耳"观念的热衷,却

---

① 《庄子》外篇《田子方》,见陈鼓应:《庄子今注今译》,中华书局1983年版,第539页。

远远超过了董仲舒。

从以上对《淮南子》中关于"气"的相关描述的分析中,可以得出:

一、《淮南子》认定,"气"乃万物化生之源。"气"之所以能化生万物,原因在于气分阴阳,阳气、阴气各有其外在的表现形态。阴阳之气在互相"交接"的过程中,构成了自然界的种种变化。气是推动世间万物运动变化的内在驱动力。这样,《淮南子》以气、气的变化运动为枢纽和途径,把天、地、人有机地组织到了一起。无形之中,在老庄那里比"气"更具本源性的"道"在宇宙创生、万物演化中"或为之纪而不见其形"的作用,被悄悄地弱化了;而在老庄那里仅是"道"之用的"气",在宇宙创生、万物演化中的地位,被大大抬高了。

二、《淮南子》认定:"阴阳交接成和而物生"。气作为一种连续运动性的物质,可以分为阴阳。阴阳两种气的上下流转和相互激荡,于自然界,可以解释天地万物四时的变化;于人,可以解释为形体和精神的产生与变化。而阴阳之气之间的"和",即两者之间的平衡与互动,是构成和促使天地人生成演化的动因。"和"作为气运动的理想状态,表现为对立面的和谐平衡,更表现为"气"在运动过程中时时处处表现出的"恰好如是"。"气"的运动并不具有目的性,但"气"运动的结果,却是自然而然地合目的。故而《泰族训》说:"天致其高,地致其厚,月照其夜,日照其昼,阴阳化,列星朗,非其道而物自然。故阴服四时,非生万物也,雨露时降,非养草木也;神明接,阴阳和,而万物生矣"。由于天地万物与人共处于阴阳之化中,故而,天地万物与人之间,必然存在着"物类相应"的关联。因为有"物类相应"之观念,故而《泰族训》说"故天之且风,草木未动而鸟已翔矣;其且雨也,阴曀未集而鱼已矣:以阴阳之气相动也"①。故而《本经训》衍而广之曰:"天地之合和,阴阳之陶化万物,皆乘一气者也。是故上下离心,气乃上蒸,君臣不和,五谷不为"②,当阴阳之气失和的时候,就会引起自然和人事的相应变化。《原道训》还强调,每一种物体内部也都通贯阴阳之气,如果这种阴阳之间的平衡被打破,同样会造成难以预料的后果,"今夫徙树者,失其阴阳之性,则莫不枯槁"③。

---

① 张双棣:《淮南子校释》(下)卷二十《泰族训》,北京大学出版社1997年版,第2035页。
② 张双棣:《淮南子校释》(上)卷八《本经训》,北京大学出版社1997年版,第819页。
③ 张双棣:《淮南子校释》(上)卷一《原道训》,北京大学出版社1997年版,第48页。

第三章 "考验乎老、庄之术":《淮南子》与道家

阴阳是如何成"和"的?"阴阳无为,故能和;道以优游,故能化"。故而《本经训》说欲求社会之"和",莫若体法阴阳之"无为","优游"成"化":"法阴阳者,德与天地参,明与日月并,精与鬼神总,戴圆履方,抱表怀绳,内能治身,外能得人,发号施令,天下莫不从风"①。

三、《淮南子》对"气"的描述中,最堪注意者,乃在尽管尚"阳"主"动"的《易》学,是刘安与淮南宾客撰述《淮南子》的知识背景之一,但《淮南子》述及阴阳化生,强调阴阳二气之间的关系,是一个相对均衡的关系,二者之间并无主次、尊卑之分。尽管它也说道:"吐气者施,含气者化,是故阳施阴化。""日者,阳之主也……月者,阴之宗也。"但"阳施阴化"仅仅是对"阴阳交接成和"的描述,并不存在孰主孰次、孰尊孰卑的问题。从《览冥训》"众雄无雌,又何化而能造乎?"分明可以感到,《淮南子》只认"阴阳交接成和",不仅无意在阴阳间分主次,还对尊"雄"卑"雌"、贵"阳"贱"阴"的企图,提出学理上的严峻质疑。而"贵阳而贱阴",是董仲舒的"阴阳"观。

我们可以将《淮南子》的这种倾向,与和刘安并世而生、年代略晚的董仲舒《春秋繁露》中的相关论述,做一简单比较。董仲舒的"天—人"论,有取于阴阳五行之说。在董生的论证中,将阴阳之间的关系,按照儒家的伦常观念,进行了重新改造,把原本属于自然的阴阳"道德"化。如"阴,刑气也;阳,德气也"②。"阳,天之德,阴,天之刑也。阳气暖而阴气寒,阳气予而阴气夺,阳气仁而阴气戾,阳气宽而阴气急,阳气爱而阴气恶,阳气生而阴气杀,是故阳常居实位而行于盛,阴常居空位而行于末,天之好仁而近,恶戾之变而远,大德而小刑之意也,先经而后权,贵阳而贱阴也。"③董仲舒"贵阳而贱阴",是在为他所谓的"君为臣纲,父为子纲,夫为妻纲"的伦常秩序寻找超验依据,同时也是在为儒家所主张的"德主刑辅"的主张张目。在董仲舒那里,"天"在被人格化的同时也被神格化了。阴、阳是有意志之"天"手中的抟弄物;本来是无为而动的自然现象,成了"天"显示自己意志的中介,"天"成了儒家之仁义道德的载体。

---

① 张双棣:《淮南子校释》(上)卷八《本经训》,北京大学出版社1997年版,第849页。
② 苏舆著,钟哲点校:《春秋繁露义证》卷第十一《王道通三》,中华书局1992年版,第331页。
③ 苏舆著,钟哲点校:《春秋繁露义证》卷第十一《阳尊阴卑》,中华书局1992年版,第327页。

而在《淮南子》的作者们的眼中,在化生宇宙万物的过程中,阴阳之气发挥着同等的作用。尽管化生的具体过程中,阴、阳各有偏胜:"阳气胜则散而为雨露,阴气盛则凝而为霜雪""毛羽者,飞行之类也,故属于阳;介鳞者,蛰伏之类也,故属于阴。"①但在《淮南子》那里,不论是"阳气盛",还是"阴气盛",都是"阴阳交接成和"过程中的合理样态。从这种比较之中,我们也可以看出道家的宇宙观和儒家式的宇宙观在某一方面的差异所在。

第二节 "无为而无不为":为政之道

道家之"道"最基本的品格,是"无为而无不为"。"道"既"无为而无不为",当然可以施之于治国理民。老氏曾向"侯王"推销过他那个"无为"之道的治国理民之效。《老子》有云:"道常无为而无不为。侯王若能守之,万物将自化""不道早已"②"爱国治民,能无为乎?"若能,则"治大国,若烹小鲜。以道莅天下……众德归焉"。③ 中国政治思想史把道家的治国理想概括为"无为而治"。

道家在论及"无为而治"时,所谓的"无为",是专就人主而言的。"无为",就是要求人主在理民治国的时候,循"道"而行,任民自治。道家倡导的"无为而治",具体说,就是"我无为而民自化",即要求握有权力的人主,在治国理民的时候,"守道真""因自然",除此而外,别无所为,给"民"留足"自化"的最大空间。政治思想史显示,以"无为"为稳妥易施的治国大道,不仅仅只是道家对"人主"的期许;"无为而治",同样也是儒家、法家树立的治国标格。不过,由于儒、法两家对"无为"各有自己不同的理解,故而他们所期待的"无为而治",和道家期待的"无为而治"迥然有别。

例如,"三代"是儒家心目中的大治之世,尧舜是儒家最敬重的有道圣君。《论语》有云:"子曰:'无为而治者其舜也欤?'"④由此可见,儒家心目中的

---

① 张双棣:《淮南子校释》(上)卷三《天文训》,北京大学出版社 1997 年版,第 246 页。
② 陈鼓应:《老子注译及评价》第三十七章、第五十五章,中华书局 1984 年版,第 209、276 页。
③ 陈鼓应:《老子注译及评价》第六十章,中华书局 1984 年版,第 298 页。
④ 杨伯峻:《论语译注》,杨伯峻译注:《论语》第十五《卫灵公》,中华书局 1980 年版,第 162 页。

第三章 "考验乎老、庄之术":《淮南子》与道家

"圣"君,也是"圣"能达到"无为而治"之境界。但儒家心目中的"无为而治",是唯"德"(仁义道德)是尚,"至诚无息",别无他为。例如,行"仁政"是儒家所推尚的最佳理民方式,《荀子·解蔽》说:"故仁者之道也,无为也。"①仁心"无为",才能确保"仁政"畅通。孟子有云:"(是故)诚者,天之道也;思诚者,人之道也"。"仁,人之安宅也;义,人之正路也"。② 所谓仁心"无为",用孟子的话说,就是"居仁由义","诚之"不已,除此之外,别无所为。故而,《礼记·中庸》说:"(故知)君子诚之为贵。诚者……成己……成物……合内外之道也。故时措之宜也。至诚无息……如此者,不见而章,不动而变,无为而成。"③由此可见,儒家向往的"无为而治",就是要求人主"居仁由义",以"至诚"之心,"合内外之道",在"成己"中"成物"。法家之治国,强调法、术、势三者综合运用,重操作,讲实效。法家心目中的"无为",就是唯"法"是从,法术势"一"而不二;法家追求的"无为而治",就是大小臣工,在遵法守职之外,别无所为。韩非辩"八奸"、析"十过"、明"亡征"、揭"安术",横说竖说,无非求一个"臣守职而君垂拱"。

可以这样来界定道家"无为而治"与儒、法两家"无为而治"的分野:道家的"无为而治",是以"无为"之心,行"有为"之事。儒、法两家的"无为而治",实际上是以"有为"之心,求"无为"之效。

研究《淮南子》治道思想的学者戴黍,曾用"道""德""术"来概括儒、道、法在"无为而治"上的分野:"概括而言,先秦儒家所说的'无为'偏重于'治之德',关注的是君主道德楷模的树立和影响;先秦道家所重的是'治之道',关注的是'循道而行'的内在合理性;先秦法家所重的是'治之术',关注的是切实的为治效率。"④戴黍之说,大体可从。本书想补充的是,《老子》第三十八章有云:"(故)失'道'而后'德',失'德'而后仁,失仁而后义,失义而后礼"。⑤ 据此,可以条理出一种关系:有"道"者必有"德",而有"德"者不必有

---

① 王先谦:《荀子集解》,中华书局1988年版,第404页。
② 杨伯峻:《论语译注》,杨伯峻译注:《孟子》卷七《离娄上》,中华书局1960年版,第172—173页。
③ 杨天宇:《礼记译注》第三十一《中庸》,上海古籍出版社2004年版,第706页。
④ 戴黍:《〈淮南子〉治道思想研究》,中山大学出版社2005年版,第156页。
⑤ 《老子·三十八章》,见陈鼓应:《老子注译及评价》,中华书局1984年版,第212页。

"道";有"德"者必有"术",而有"术"者不必有"德"。例如,儒家以"仁义"为"为政"之"德",道家却斥责儒家之"仁义"背"道"而驰,治国无"道"。法家治国,持"法"任"术",儒家却斥责法家"仁义不施",治国无"德"。把这层关系落实到"为政"之道上,可以说,当道家期许"人主"以"无为"之"道"治国时,实已涵盖了要求"人主"要有"为'无为'"之"德"、要有"为'无为'"之"术"。道家思想在汉初之所以能脱颖而出,成为汉初的思想时尚,就因为道家所主之"清静无为"的"为政"之道里,既有"为政"之"德",又有"为政"之"术",有儒、法为"治"之所有,无儒、法为"治"之所无,施之于政,立见"与民休息"、理"乱"成"治"之效。曹参以"无为"之道治齐,"齐大治",给汉廷树立了样板。文、景以"节俭"为"德"、以"静"施政,青史留名。

先秦道家期许的"无为而治",集中见于老氏之书。《老子》说:"道常无为而无不为,侯王若能守之,万物将自化"。"使我介然有知,行于大道,唯施是畏。""修之于身,其德乃真;修之于家,其德乃余;修之于乡,其德乃长;修之于邦,其德乃丰;修之于天下,其德乃普"。① "故圣人云'我无为,而民自化;我好静,而民自正;我无事,而民自富;我无欲,而民自朴'。"② "无为而无不为。取天下常以无事,及其有事,不足以取天下。"③ "天下之至柔,驰骋天下之至坚。无有入无间,吾是以知无为之有益。"④ "是以圣人处无为之事,行不言之教"⑤。上引《老子》所云,一方面证实:道家的"治之道",源自"道常无为而无不为";另一方面也验证了本书前文的论断:当道家期许"人主"以"无为"之"道"治国时,实已涵盖了要求"人主"必须有"为'无为'"之"德"。例如"修之于身,真德乃真……修之于天下,其德乃普""我无为,而民自化……"云云。实已涵盖了要求"人主"必须有"为'无为'"之"术",例如"以天下之至柔,驰骋天下之至坚""处无为之事,行不言之教"云云。于是,老氏之"道",在追问"世界归本何处""天地如何生成"之外,还有两条进路:(1)把老氏的"无为"

---

① 《老子》三十七、五十三、五十四章,见陈鼓应:《老子注译及评价》,中华书局1984年版,第209、268、273页。
② 《老子·五十七章》,见陈鼓应:《老子注译及评价》,中华书局1984年版,第284页。
③ 《老子·四十八章》,见陈鼓应:《老子注译及评价》,中华书局1984年版,第250页。
④ 《老子·四十三章》,见陈鼓应:《老子注译及评价》,中华书局1984年版,第237页。
⑤ 《老子·二章》,见陈鼓应:《老子注译及评价》,中华书局1984年版,第64页。

之道"修之于身","无为"可以转化成人全"德"葆"真"之"则";(2)把老氏的"无为"之道"修"之于邦国天下,"无为"可以衍生出治国理民之"术"。"间世"主义者庄子,沿第(1)条进路,取老氏"无为"之道为"大宗师",以之为全"德"葆"真"、"齐物""逍遥"、"达生""至乐"之则,开出道家新生面。身历嬴秦"暴政"之苦而心仪黄老之学的汉初人,沿第(2)条进路,把老氏"无为"施之于政,以"清静无为"为治国理民之术,创出为后世史家所称许的"文景之治"。

身历文、景之世,以"备帝王之术"自炫,"近老归道"的刘安及淮南宾客,在撰述《淮南子》的时候,免不了要在"无为而治"上大做文章。

一、"道本自然":"为'无为'"之必要性的论证

按古人对夏、商、周三代文化的断代,是"夏尚质,殷尚鬼,周尚文"。按今人对周代文化的评价,是"周尚文"中蕴含着"实践理性"精神的觉醒。尊"道"崇"德"的道家,用"独立而不改,周行而不殆"的"道",替代"尚鬼"之殷人心目中在冥冥之中掌控世界、有善恶、有予取的"天",应该是"实践理性"觉醒绽放出的思想之花。和殷人意识中"有为"之"天"相反,道家之"道"最突出的品格,是"无为",即无善恶、无予取、无意志、无目的。或许是为了让人更方便地认识"道"的"无为之所益",老氏特地从"以仁义挠天下"的儒家那里,借来一个"仁"字,用"不仁"来摩状"道"的"无为"性:"天地不仁,以万物为刍狗;圣人不仁,以百姓为刍狗"。[①] 老氏虽然把"圣人不仁"和"天地不仁"放在一起言说,但两个"不仁"并不属于同一个层次。"天地不仁"是"实然",即实际就是如此。天地就是在自然而然地运行;"不仁",就是"麻木不仁",即无目的、无意志。天,麻木不仁地"雕刻众形",并不关心自然万物的生灭存亡;地,麻木不仁地"覆载万物",并不关心人间社会的喜怒哀乐。"圣人不仁"则不同。"圣人不仁"是"应然",即依理应当如此。"圣人不仁"之"不仁",仅仅是个摩状词,老氏只是希望理民治国的"圣人",在理民治国时,循道而行,"处无为之事,行不言之教",因自然,守道真,不妄作,并不是教唆"圣人"做冷血动物。美国学者史华兹(Schwartz),"隔岸观火",把老氏言说"圣人不仁"的意向

[①] 《老子·五章》,见陈鼓应:《老子注译及评价》,中华书局1984年版,第78页。

性,看得一清二楚:"就意向性而言,它并不是善的,它只是想使得'道'所蕴含的自发'无为'的力量能够在人类事务中达到它们自己的目的。"[1]老氏"是以圣人后其身而身先;外其身而身存。非以其无私邪?故能成其私"[2]言说的意向性,也应该作如是观,他无非是想说个循"道"治国理民,"我无为而民自化"。有论者把它理解为"挟'道'逞私",实乃是"先入为主"。道家两大宗师老子、庄子,在论"无为而治"的治道上,取向有别:老氏侧重宣扬"无为之所益",教人主为"无为";庄生侧重揭露"有为"之有害,教人主弃"有为"。同时又殊途同归:识得"无为之所益",也就明白了"有为"之有害;洞察到"有为"之有害,即会顿悟"无为之所益"。

论及治道,《淮南子》承老氏之余绪,倾力宣扬"无为之所益":

> 天设日月,列星辰,调阴阳,张四时,日以暴之,夜以息之,风以干之,雨露以濡之。其生物也,莫见其所养而物长;其杀物也,莫见其所丧而物亡。此之谓神明。(《泰族训》)

> 天至其高,地致其厚,月照其夜,日照其昼,阴阳化,列星朗,非其道而物自然。故阴阳四时,非生万物也;雨露时降,非养草木也。神明接,阴阳和,而万物生矣。故高山深林,非为虎豹也;大木茂枝,非为飞鸟也;流源千里,渊深百侧,非为蛟龙也;致其高崇,成其广大,山居木栖,巢枝穴藏,水潜陆行,各得其所宁焉。(《泰族训》)

这两段文字里,意象密集,辞采飞扬,意旨却甚是单纯。用如许铺张的巧丽文字,仅仅是为了说明"道常无不而无不为"的素朴真理。日常生活中惯喜讲求排场的刘安及淮南宾客,论起治道,能和抱"朴"守"拙"、贵"啬"尚"俭"的老子搅在一起,真是件有趣的事。不过,"道常无为而无不为",确实是道家倡导的"无为而治"的根基。

在老子那里,"无为之所益",不在别处,就在"道常无为而无不为"中。"无为而治"是圣人治国理所当然的方式。"理所当然"的事物,是无须论证的。故而,老子论"无为而治",功力全花在端正人主"为'无为'"之德,条理人主"为'无为'"之术上。《淮南子》不同,他要给"无须论证"的"理所当然"

---

[1] [美]本杰明·史华兹:《古代中国的思想世界》,程钢译,江苏人民出版社2004年版,第211页。

[2] 《老子·七章》,见陈鼓应:《老子注译及评价》,中华书局1984年版,第87页。

做出论证。论证时动用的资源,却是和道家思想完全不同质的、比附性的"天人同构"——人的精神和形体结构都和天道密切关联:

> 夫精神者,所受于天也,而形体者,所禀于地也。故曰:"一生二,二生三,三生万物。"万物背阴而抱阳,冲气以为和,故曰一月而膏,二月而胅,三月而胎,四月而肌,五月而筋,六月而骨,七月而成,八月而动,九月而躁,十月而生。(《精神训》)

> 天有九重,人亦有九窍;天有四时以制十二月,人亦有四肢以使十二节;天有十二月以制三百六十日,人亦有十二肢以使三百六十节。故举事而不顺天者,逆其生者也。(《天文训》)

> 故头之圆也象天,足之方也象地。天有四时五行九解三百六十六日,人亦有四支五藏九窍三百六十六节。天有风雨寒暑,人亦有取与喜怒。故头之圆也象天,足之方也象地。天有四时五行九解三百六十六日,人亦有四支五藏九窍三百六十六节。天有风雨寒暑,人亦有取与喜怒。故胆为云,肺为气,肝为风,肾为雨,脾为雷,以与天地相参也,而心为之主。是故耳目者,日月也;血气者,风雨也。(《精神训》)

在"天人同构"的视野里,人形是"天象"的直接落实,人性是"天道"的直接落实。通俗地说,人是"天"的仿生物或"克隆"品。既然如此,人也就应该像天一样,秉持自然无为的原则,"遵天之道""循天之理""以天为期",以"无为"治天下。在这里,《淮南子》对"无为而治"强作解事的论证,虽然说得天花乱坠,却和道家的"无为而治"完全不搭界。不仅不搭界,而且相背反。"天人同构"是汉儒信守的观念。"天人同构"的主旨,是讲天、人感应的。落实到治国上,如《礼记·月令》所示,纯是"有所为"地"仿自然",而不是"无为"地"循自然"。《淮南子》强作解事,用"天人同构"给"无为之所益"做论证,实在是"画蛇添足"。"添足"之蛇固然别出心裁,但刘安和淮南宾客却忽视了,他们费神劳心画出的"添足"之蛇,已经不是蛇而是蜥蜴了。

与此同时,《淮南子》还从神话传说和历史经验出发,以古代道家式的圣王作为学习榜样,进一步论证人君应当如何如何。这样的论证方式,在《老子》书中不多见。在《庄子》书中,倒是经常使用。《庄子》自言,"寓言什九",是《庄子》最基本的陈述策略之一。《淮南子·原道训》云:

> 泰古二皇,得道之柄,立于中央;神与化游,以抚四方。是故能天运地

滞,轮转而无废,水流而不止,与万物终始。风兴云蒸,事无不应;雷声雨降,并应无穷;鬼出电入,龙兴鸾集,钧旋毂转,周而复匝;已彫已琢,还反于朴,无为为之而合于道,无为言之而通乎德;恬愉无矜而得于和,有万不同而便于性;神托于秋豪之末,而大宇宙之总。其德优天地而和阴阳,节四时而调五行;响谕覆育,万物群生;润于草木,浸于金石;禽兽硕大,豪毛润泽,羽翼奋也,角骼生也,兽胎不䐗,鸟卵不毈;父无丧子之忧,兄无哭弟之哀;童子不孤,妇人不孀;虹蜺不出,贼星不行;含德之所致也。

昔舜耕于历山……当此之时,口不设言,手不指麾,执玄德于心,而化驰若神。使舜无其志,虽口辩而户说之,不能化一人。是故不道之道,莽乎大哉! 夫能理三苗,朝羽民,徒裸国,纳肃慎,未发号施令而移风易俗者,其唯心行者乎? 法度刑罚,何足以致之也?

传说中的"泰古二皇",因为"得道之柄",所以能"神与化游",天下大治;历史人物大舜,因为"执玄德于心",所以能"化驰若神"。据此,《淮南子》得出了这样的结论:"是故圣人内修其本而不外饰其末,保其精神,偃其智故,漠然无为而无不为也,澹然无治也而无不治也。所谓无为者,不先物为也;所谓无不为者,因物之所为也。所谓无治者,不易自然也;所谓无不治者,因物之相然也。"①《淮南子》对治道"无为之所益"的这一层论证,没有上一层论证时"自作聪明"气,尚知"调适上遂"——超越经验,臻于原理。得历史经验的支撑,《淮南子》就顺畅地将"无为而无不为"之常道,向下落实为根本的为政原则,而不仅仅是一时的权宜之计了。

二、无不为:"无为而治"之目的性的论证

史华兹在对老子所向往和设想的道家式圣王"无为"而治的行为进行分析时,发现其中有一个他所谓的"道德偏转力的问题":"确实,圣贤—君王的行为中似乎包含有尚未解决的矛盾。他似乎深思熟虑地创造了一种使得世界退回道的质朴状态的乌托邦。要回复到原始状态,肯定得籍助于自觉的筹划。"②既然是"自觉的筹划",那么自然而然地,这种筹划不可能不含有偏向,

---

① 张双棣:《淮南子校释》(上)卷一《原道训》,北京大学出版社1997年版,第60页。
② [美]本杰明·史华兹:《古代中国的思想世界》,程钢译,江苏人民出版社2004年版,第221页。

第三章 "考验乎老、庄之术":《淮南子》与道家

不含有深思熟虑的选择。这样,道家式的圣王们"用来否定文明的'政策'本身似乎就是'有为'的例证"①。史氏所谓的"道德偏转力",指"无为而治",实乃道家或崇信道家思想的政治家基于"深思熟虑"上的"自觉筹划"。此说并不离谱。行"无为而治",其间有一系列致曲工夫——例如"为'无为'"之"德"、"为'无为'"之"术"——要去做,决不是用"纯任自然"四个字,就可以简单了结。此说也不离谱儿。但据此进一步说——史华兹未必显有此意,但史华兹"道德偏转力"中暗含有如此理解之意:道家之"无为而治",在"无为"的表象之下,其实传达出来的是"有为"的诉求,就多少有点离谱儿了。虽然史氏的分析,在历史上可以找到例证,例如曹参治齐,用盖公之策,务清净无为,齐地大治,以及在萧何之后任宰相的曹参。"萧规曹随",尽管表面上看来是一种无为而治,但其背后"自觉的筹划"色彩甚浓,当然也确实取得了明显的社会效果。

史华兹"道德偏转力的问题",是个颇有启发性的问题。确如史华兹所言,道家倡导的"无为而治",的确是道家在体道的基础之上,经过深思熟虑之后,对人主行为的自觉筹划。但是在这里,让本书感兴趣的是,这种"道德偏转力",是否意味着"无为"只是道家炫人的"口实",高唱"无为而治"的道家,实质上是"挟术以逞其私"——企图借"无为"做遮掩,达到"有为"的目的?或者说,高唱"无为而治"的道家,实质上是在鼓励人君"深思熟虑"地"为"其所"欲为"?自从韩非《解老》《喻老》以来,对老氏"无为而治"的理解,一直存有这样的看法。本书要提出来的问题是,如此理解老氏的"无为而治",更明确地说,"无为而治"可能"包含"的"道德偏转力",是从道家"无为"思想逻辑中发现的呢?还是用其他思想——例如儒、墨、法思想去诠释乃至改写"无为"时催生出来的?从《老子》书中能明确看到,这种"道德偏转力",不是"无为"思想逻辑中固有的。从《淮南子》中能够依稀感到,发生这种"道德偏转",泰半是以"儒"释"道"时催生出来的。关于"催生"的问题,本书留待下一章中详细讨论。此处,只在道家"无为"思想逻辑之中,讨论此种"道德偏转力",如何诱使《淮南子》虽心仪老氏却常自违老氏之旨而不自知。

---

① [美]本杰明·史华兹:《古代中国的思想世界》,程钢译,江苏人民出版社2004年版,第222页。

这种把"无为而治"理解为"无为"之下的"有为"诉求，其实已经为实现从"无为"向"有为"的"偏转"，设下了伏笔。这一点，《淮南子》里有所表现。尽管《淮南子》对于"无为而治"的"神化"境界颇为倾心，但其还是不知不觉地突出了在行"无为而治"时，要做到从"无为"到"有为"的贯通。而需要特别强调的是，这一意向，并不是从"无为而治"自身逻辑中引发出来的。在老子倡导的"无为而治"中，"无为"和"无不为"，分明有不同的行为主体，其间不存在所谓"道德偏转"的逻辑。之所以能发生"从'无为'到'有为'的贯通"之类的"道德偏转"，是《淮南子·修务训》的作者在对某些人在"为'无为'"实践中暴露出的倾向性问题的反省中激发出来的。

在《要略》对《修务训》言说意向的披露中，《淮南子》的作者们特意点出了"无为"可能产生的负面效应：

《修务》者，所以为人之于道未淹，味论未深，见其文辞，反之以清静为常，恬淡为本，则懈堕分学，纵欲适情，欲以偷自扶，而塞于大道也。今夫狂者无忧，圣人亦无忧。圣人无忧，和以德也；狂者无忧，不知祸福也。故通而无为也，与塞而无为也同；其无为则同，其所以无为则异。（《要略》）

按《修务训》的说法，"修务"之"修"，就是修"本业"；"修务"之"务"，就是"务方术"。言下之意是：假如你想做好某一方面的工作，你必须对这一方面的内部规律——《要略》所谓的"道"，有一个透彻的理解：修"本业"；你必须有一套结合具体实践制定出的、有助于推动这一方面工作展开的有效办法——《要略》所谓的"论"：务"方术"。否则，无论是多么完善的施政纲领，付诸实践，都会走向自己的反面。按《修务训》的说法，"修务"问题，是从对在实施"无为而治"的具体实践中暴露出的"某种倾向"的反思中萌生的："或曰：'无为者，寂然无声，漠然不动，引之不来，推之不往。如此者，乃得道之像。'吾以为不然"。结合《要略》所言，此一倾向，滋生于"于道未淹，味论未深"。也就是说，舍"为'无为'"的精神实质不去理解，不去贯彻，而热衷于搞花架子，做表面文章，遂以"寂然无声，漠然不动"为"得道之象"，以之炫己，以之蒙人，"纵欲适情"，"以偷自挟"。《修务训》揭露出的这种怪现象，在"贵尚黄老"的文、景之世，是个别现象呢，还是文、景之世的突出矛盾？恐怕是后者居多。诚如《要略》所言，在当时的政治实践中，有两种"无为"："通而无

第三章 "考验乎老、庄之术":《淮南子》与道家

为"——遵循"无为"之道的精神实质而"为'无为'"的真"无为";以及"塞而无为"——违背"无为"之道的精神实质而"为'无为'"的伪"无为"。因此,《淮南子》认为,为了对治"塞而无为",有必要对"无为"之道的精神实质,做出更深更细的诠释:

(1)所谓无为者,不先物为也;所谓无不为者,因物之所为。所谓无治者,不易自然也;所谓无不治者,因物之相然也。万物有所生,而独知守其根;百事有所出,而独知守其门。故穷无穷,极无极,照物而不眩,响应而不乏,此之谓天解。(《原道训》)

(2)君道者,非所以为也,所以无为也。何谓无为?智者不以位为事,勇者不以位为暴,仁者不以位为患,可谓无为矣。夫无为,则得于一也。一也者,万物之本也,无敌之道也。(《诠言训》)

(3)或曰:"无为者,寂然无声,漠然不动,引之不来,推之不往。如此者,乃得道之像。"吾以为不然。尝试问之矣:若夫神农、尧、舜、禹、汤,可谓圣人乎?有论者必不能废。以五圣观之,则莫得无为,明矣。……圣人忧民,如此其明也,而称以"无为",岂不悖哉!(《修务训》)

(4)若吾所谓"无为"者。私志不得入公道,嗜欲不得在正术,循理而举事,因资而立[功],权[推]自然之势①,百曲故不得容者,事成而身弗伐,功立而名弗有,非谓其感而不应,攻而不动者。(《修务训》)

前两条是《淮南子》对"为'无为'"精神实质的理解。引文(1)摘自《原道训》。在这里,《淮南子》对"为'无为'"为政之道中的"无为"和"无不为"进行了自己的诠释。"为'无为'"为政之道中"无为",并不是无所作为,而是"不先物先",即在物的自然情状尚没有表现出来、条件没有成熟之前,不能去施加人为的影响;"无不为"则是在物的自然情状表现出来、条件成熟之后,就可以依照物自身情状,顺势而行,任物自为了。这样,围绕物的情状发生的前后,"无为"和"无不为"就实现了互相衔接,前后贯通。而"衔接贯通"的关键,在"守其根",即"淹浃"于"道"——深入领会"为'无为'"的精神实质;"守其门",即"深味"于"论"——真切把握"为'无为'"的方法要领,不为字面

---

① 王念孙认为:"'因资而立'下脱一字,当依《文子·自然》篇作'因资而立功'"。"权自然之势,当依《文子》作'推自然之势',字之误也"。见张双棣:《淮南子校释》,北京大学出版社1997年版,第1955页。

上的"无为""无不为"所眩。假如能够舍去淮南此说中有忽视乃至混淆"无为"和"无不为""有不同的行为主体"之嫌疑不计的话，那么，在《淮南子》对"无为而治"的所有诠释中，相对而言，要数这一段较恰当，既有现实针对性，又不甚违老氏之本旨。

引文(2)摘自《诠言训》。在这里，《淮南子》把"无为"定位于"君道"，大体不差。在《老子》书中，在治道范围内言说"为'无为'"的地方，泰半是对人君说法：要求人君守道真、因自然、不妄作，让"民自化"、让物自成。假如"智者不以位为事，勇者不以位为暴，仁者不以位为意"，是为政的主体——人君以及居"位"之臣的自我规范：我有"智"而不妄生事，我有"勇"而不胡逞强，我有"仁"而不乱炫耀，如《老子》第五十七章说的："我'无为'而民自化，我'好静'而民自正，我'无事'而民自富，我'无欲'而民自朴"，那么，这一段阐释，颇得老氏"无为而治"的真谛。假如"智者不以位为事，勇者不以位为暴，仁者不以位为意"是人君对居"位"臣工的防范，口中不说，心中常想：不能让臣工中的"智者"用他手中的权力妄为奸事，不能让臣工中的"勇者"用他手中的权力动辄犯上，不能让臣工中的"仁者"用他手中的权力邀买人心，那么，"无为"就已经被解释成"欲取故予"、静观其变、"该出手时才出手"的驭下之术。而如此理解"无为"，是韩非的理解意向，不是老氏的"期待视野"。

后两条是对当时"为'无为'"政治实践中暴露出来的倾向性问题的澄清，以及有针对性地矫正。

引文(3)摘自《修务训》。在这里，《淮南子》对"无为"就是"无所作为"的认识进行了批判。老氏倡导的"无为而治"里的"无为"，只是"不妄为"，即治国理民，最好的方式是不妄加干扰，让民自治，"顺理成章"，求一个"水到渠成"。把老氏"无为"理解成整日拱手居默、什么事都不做，是对老氏"无为"的最大误解。《淮南子》把以"寂然无声，漠然不动"为"得道之象"从而束手不作，当作"无为而治"实践中的头等问题，集中回应，有其正确的一面。

本书之所以要谨慎地称：《淮南子》集中回应以"寂然无声，漠然不动"为"得道之象"，"有其正确的一面"，是出于两方面考虑：(1)在当时"为'无为'"的政治实践中，暴露出的带有倾向性的问题，究竟是以"寂然无声，漠然不动"为"得道之象"，从而整日拱默、束手不作呢？还是去秦未远，暴政余习未脱，

第三章 "考验乎老、庄之术":《淮南子》与道家

急于作为,烦政忧民呢?如果是二者并存,或者竟是后者,那么,《淮南子》回应的"正确"程度,仅仅限于"学理不差"而已。若问"回应"的问题性所在,只能说是"无的放矢"。"无的放矢"式的言说,都是些"正确的废话"。"无的放矢"式的"正确的废话",但凡读过《老子》的人,都会夸夸其谈。而据《老子》而"引而申之,触类而长之"式的有针对性的话语,只有熟读《老子》又关注现实实践且思维清晰又缜密的人,才有可能说得出来。仅就《修务训》这一段阐释《老子》之文看,前两项素质,《淮南子》可能具备一些;至于第三项素质——"思维清晰又缜密",则远远说不上。在"为'无为'"问题上,《淮南子》思维既不清又不密。《淮南子》思维之不清、不密处,由(2)可见。(2)《淮南子》说"无为"不是拱默。以"寂然无声,漠然不动"为"得道之象",乃是时人对"无为"的根本性误解,完全正确。但是,《淮南子》用"五圣广有做为",去回应时人对"无为"的误解,却犯了个方向性错误而不自知。诚如《要略》所言,以"寂然无声,漠然不动"为"得道之象"从而束手不作,根子在"于道未淹,味论未深"。故而,纠正误解的最有效的办法,是重申"为'无为'"的精神实质——"守道真,因自然,不妄为",例如,突出剔抉神农"相土地(之宜)""教民种谷"、尧"殛鲧于羽山"、舜"作室,筑墙茨屋"、禹"决江疏河""平治水土"、汤"轻赋薄敛"等所作所为中,一以贯之的"守道真,因自然,不妄为"的基本精神,就足以解惑见真。而不是如《修务训》那样,泛泛强调广有所为。泛泛而谈广有所为,只会鼓励人恣意兴作,从而从另一方面,与把"无为"认作"束手不为"殊途同归。而"鼓励恣意兴作"引发的后果,比起"束手不为"来,不知要严重多少倍。"束手不为",尚能在客观上给老氏"无为而治"中"我无为而民自化",留存有活动的空间。而"恣意兴作"——无论是出于"忧民瘼"的"高尚"动机,还是出自"逞私志"的卑鄙念头,都是老氏"无为而治"要根除的对象。《淮南子》在"修务"的语境中,泛泛而谈"五圣广有所为",用"五圣"之"广有所为"而不是用"五圣"之"有所不为",去诠释"无为"之旨,所能引起的客观效果,无疑是要把"无为而治"从政治实践的土壤上,连根拔除。试想,设若"无为而治"被连根拔除了,谈论"无为""有为",不就像蛙鸣蝉噪一样,空洞无意义吗?

引文(4)和引文(3),同出《修务训》。引文(4)沿引文(3)的思路,进一步对"无为"的意义进行"有为"式的"充实"。以"为'无为'"的精神实质,在

"循理而举事,因资而立[功],权[推]自然之势"①。假如孤立地就事论事,以本书对老氏"无为"的理解——"守道真,因自然,不妄作"课之,《淮南子》之《修务训》对"无为"的诠释,除了"循理"远不如"守道"准确②,"循理而举事,因资而立[功]"有鼓励兴作的嫌疑,③"权[推]自然之势"有把"因自然"当作权宜之计的嫌疑而外,尚无大错。当《修务训》进一步把"无为"具体落实为"私志不得入公道,嗜欲不得在正术""事成而身弗伐,功立而名弗有"④时,问题就出来了:"无为而治"势必要发生"道德偏转"。

按老氏的本旨,"无为而治",实际上是"道常无为无不为"在政治领域里的延伸。按《老子》第五十七章里的说法:"圣人云:我无为,而民自化;我好静,而民自正;我无事,而民自富;我无欲,而民自朴",行"无为而治",涉及两个层面的人:施政之"君"和受治之"民"。因而,在实施"无为而治"的时候,"无为"和"无不为",施用的对象有清晰而严格的分野:"无为",是"无为而治"对施政之"君"为政之"德"的要求;"无不为",则是"无为之治"赋予受治之"民"的权力,或者说,是行"无为而治"给受治之"民"带来的福祉。"无为"和"无不为"之间,也存在不容颠倒的因果关联:因为施政之"君"为"无为":少干涉,乃至不干涉,所以,受治之"民"才有了"无不为"的空间:在自治中"自化""自正""自富""自朴",全面地完善自身。而《淮南子·修务训》却认为只要"私志不得入公道,嗜欲不得枉正术""权[推]自然之势",人主就可以放手让他的臣工们去"循理而举事,因资而立[功]",即为所欲为了。本书要强调的是:用这种方式包装过的"无为",实质上已经混淆了"无为而治"中"无为"和"无不为"不容混淆的分野,颠倒了"无为而治"中"无为"和"无不为"之间不容颠倒的因果关系,把"无为无不为"修正成"君无为,臣无不为"。而"君无为,臣无不为"——"君逸臣劳"式的"无为而治",未脱韩非窠臼,绝非老子思

---

① 张双棣:《淮南子校释》(下)卷十九《修务训》,北京大学出版社1997年版,第1955页。

② 在《老子》里,"道"和"理"不是同一层次的概念。见王先慎:《韩非子集解》卷六《解老》,中华书局1998年版。

③ 这一失误,与《修务训》为否定"无为"即束手不为而高倡"广有所为"的混乱思维有关。

④ 张双棣:《淮南子校释》(下)卷十九《修务训》,北京大学出版社1997年版,第1955页。

第三章 "考验乎老、庄之术"：《淮南子》与道家

致。不仅不是老子的思致，还和老子"无为而治"的基本精神相背反。当然，本书注意到，《淮南子》在鼓励"臣无不为"的时候，有一个限定的前提："私志不得入公道，嗜欲不得枉正术"。但是，这一限定前提，一点儿也挽救不了他的根本性失误。因为，按道家的认识，"私志""嗜欲"，正是"有为"滋生的根源。只要"有为"，就免不了"私志嗜欲"的介入，更何况是"无不为"！"公道"和"私志"、"正术"和"嗜欲"，只是些文字符号。用这些文字符号包装的内容，决不像文字面标示的那样，"公—私"不并存，"正—邪"不两立；"公道—私志"、"正术—嗜欲"之间，并没有一条不可逾越的鸿沟；在现实政治实践中，借"公道"而行"私志"，"拉大旗作虎皮"——用"正术"去逞"嗜欲"，是轻而易举且屡见不鲜的事实。更为重要的是，在老子思想里，所谓"公道""正术"，就是"我无为而民自化"。"无不为"，是"无为而治"许诺给受治之民的"权力"；"无为"才是人主行"无为而治"时的必备之"德"。在老子思想里，根本就不存在什么人主只要出于"公道"、秉以"正术"，就可以"无不为"的逻辑！《淮南子》这个诠释，实质上是要收回"无为而治"许诺给受治之民的权力——"无不为"，把它重新交还给施政之君。让受治之民除了成为"耕战"的工具之外，一无所为。这种样式的"无为"，绝对不是老子希望看到的，而是"有为"之君主才乐于受用的。

准确评价《淮南子》有关"无为"的言说，不是一件简单易了的事。有论者称，《淮南子》对于"无为"的理解，其积极意义甚明。假如"积极意义"指其对误认为"无为"就是"拱手居默，甚事莫为"的校正，"甚明"之说尚可接受。假如就其打通了所谓"'无为'和'无不为'之间的界限"，非常重视对于客观条件的恰如其分的利用，因物性而为之，循理举事，因资立功，从而在看似被动的不为物先、执后而行的状态有可能取得事半功倍的效果，等等，言说《淮南子》"对于'无为'理解的积极意义"。就需要谨慎再三，力避认"伛"为"恭"，看朱成碧。《淮南子》心仪老氏"无为"，是事实；《淮南子》言说老氏"无为"时，常自违老氏之旨而不自知，同样是事实。尤其是在"打通'无为'和'无不为'之间的界限"时，思路不对，思维不清，严重违背了老氏之旨，几乎要葬送掉"无为而治"。除了无意之间提出一个"新问题"之外，并无多少"积极意义"可言。

导致《淮南子》"心仪老氏又常自违老氏之旨而不自知"的原因，是复杂的。其中有《淮南子》作者自身的原因。刘安为"流名誉"而著书，有急于求成

之心,是不难预见的。著书又假众宾客之手。宾客们道家之学的修为,浅、深不一,精、粗有别。故而,以"急于求成"之心,言说老氏"无为"之道,必然要"常自违老氏之旨而不自知",乃至于强作解事,"笔走偏锋",标新立异以求高,也是可以预见的。另外,外部大环境,也存在诱导"言说'无为'自违老氏之旨而不自知"的诱因。"贵尚黄老",始于孝惠,盛于文、景。在汉初,主"清静无为"的黄老之学,是以"黄老之学"堪为"与民休息"之"术",才成为思想时尚的。在这一层背景之中,韩非的《解老》《喻老》,肯定很有市场。例如,史称,汉景帝就甚好"刑名家言"。汉武即位之初,整顿学校,清理学术,首先罢黜的便是"明苏、张、申、韩之术者"。而经韩非"解"、"喻"过的《老子》,至少在"无为"上,和《老子》完全异趣。本章前文在对《淮南子》"无为"言说的分析中,屡屡剔抉其中包藏的"韩非因子",正是基于对这一层背景的省察。更为重要的是,老氏"无为而治"的经验基础,是"小国寡民"。如基本上自治的农村村落一样的"小国寡民",行"无为而治",易如反掌。但是经过数百年的转相征伐,实现了天下一统之后,昔日的"以一人奉天下",转换成"以天下奉一人",统治者已经以"天"之"子"自居,习惯于称"孤"道"寡"。让习惯于称"孤"道"寡"的统治者"无为"——彻底下放手中的权力,任民自治,已无任何可能性。在"文、景"那样的"大一统"政治体制内,严格要求在老氏之学的界域之内言说"无为",只有学术意义,而无现实意义。"无为而治"是个政治话题。在政治领域言说"无为",就不能不结合现实的政治体制,另辟蹊径,有针对性地言说,哪怕是有违于老氏。

如果说《淮南子》言说"无为"有"积极意义"的话,积极意义在于他以"自违老氏之旨而不自知"的方式,提出一个全新的问题:在大一统的政治格局里,如何推进"无为而治"的实施?《淮南子》对于这一问题的回答,是尚"因"而"执后",以实现所谓的"'无为'与'无不为'之间的'贯通'"。

三、"因"、"执后":"无为而治"之可能性的论证

《淮南子》心仪老氏之"无为",主张"灭迹于无为,而随天地自然者",但同时又追求"无为而无不为"的"神化"境界,那么在确定了由"无为"而可以达致"无不为"的目的之后,如何使得这种目的转化为一种可能性?在此,《淮南子》提出了以"因"作为实现由"无为"而至"无不为"的途径,试图用它来校

第三章 "考验乎老、庄之术"：《淮南子》与道家

正"无为"就是"寂然无声，漠然不动，引之不来，推之不往"①的误解，赋予"无为"以积极事功的意义。

事实上，以"因"来释"无为"，并非出于《淮南子》的发明。《管子·心术上》早就率先用"因"来说"无为之道"的精神实质了。其言有曰："无为之道，因也。因也者，无益无损也，以其形，因为之名，此因之术也。""因也者，舍己而以物为法者也。……故道贵因。因者，因其能者，言所用也。""因也者，舍己而以物为法者也。感而后应，非所设也；缘理而动，非所取。"②管子《心术》篇的主题，是讨论如何运用"智"与"故"的。人乃"有心之器"。人有"心"就有"智"——会思维，能判断。在对具体实践的思维判断中，人积累起一套总结过去、认识现在、预测未来的"故"——经验。而"名"——人在实践经验的基础上，用自己的"智"给已知世界的逐一编码，就是"智"的伴生物和"故"的存储器。有了"名"——人对已知世界的逐一编码，给人在已知世界里行动和探知未知世界提供了最大的方便；同时，也刺激起人的盲目性，以为凭人的"智"与"故"就能操控一切。于是，人应该如何运"智"用"故"？便进入了人的意识，成为意识反省的对象。管子从对人最高级的实践活动——人给世界命"名"的反思中，发现了"因"。管子发现，"名"——人在已有经验基础上对已知世界的逐一编码，之所以能得物之"实"，能表物之"用"，就在于人在给物命"名"的时候，能"虚静"其心，"舍智与故"，"以物为法，无益无损"，即能恪守"无为"之道。于是，他从这种基本精神里，升华出用"心"之"术"："舍智与故"，"虚静其心"，"以物为法"，"缘理而动"，并把它的精神实质概括为"因"。在《管子》之外，《吕氏春秋》也贵"因"。不过，吕氏着眼于实际功利多。其《贵因》篇有云，"三代所宝莫如因，因则无敌"。"夫审天者，察列星而知四时，因也。……汤、武遭乱世，临苦民，扬其义，成其功，因也。故因则功，专则拙。因者无敌，国虽大，民虽众，何益？"③很明显，《管子》与《吕氏春秋》对于"因"各有自己的理解。管子之"因"，是逞"智"守"故"的对应物。故而，管子对于"因"的解释，侧重于在"物/我"的语境中，从理论上论证在与世界打交道的时

---

① 张双棣：《淮南子校释》（下）卷十九《修务训》，北京大学出版社1997年版，第1939页。
② 《管子·心术上》，房玄龄注本，上海古籍出版社1989年版，第128页。
③ 许维遹撰，梁运华整理：《吕氏春秋集释》，中华书局2009年版，第389—390页。

候,应以"静"运"智"、"虚"而待"物"、防止"我"的盲目介入——"我",无非是"智"与"故"的积聚。吕氏之"因"是"专"的对应物,"专"有"固执""逞能""只认死理,不知变通"的意思。故而,吕氏侧重于在"功/拙"对立的语境中,从历史经验中总结"因"之可"贵"。西汉之初,"因"实际上成了黄老道家思想的基本要义,司马谈谓道家(黄老道家)的基本精神,就是"以虚无为本,因循为用"①。所谓"因循",是"虚无为本,因循自然",而不是以"功/拙"为念,因循历史。

《淮南子》对于"因"的理解与阐发,兼综管、吕,贪多求全。"贪多求全"是《淮南子》撰述的常态:谈论某一个问题,《淮南子》总是先把和此问题有关的知识网罗在一起——如鲁迅所说的"缀拾旧文",然后左右渔猎,踵事增华。《淮南子》多从因"宜"适"便"上说"因"。其言说意向,用《淮南子》自己的语言说,"因"就是"灭迹于无为,随天地自然"。用现代哲学的范畴和概念去概括,"因"关注的是主体对于客体的态度,"因"具体表现为主体应当尊重、遵守客体的客观规律,按客观规律办事。此一思致,带有《管子》"舍己法物"的风致。《淮南子》认为先王圣君的光辉业绩、社会风俗习惯的形成,均是"法自然"——用现代哲学语言说,是尊重客观对象内在规律的结果。例如,大禹之所以能够功高盖世,名垂千古,原因就在于他能够治水时"因水以为师"、化苗时"因苗为教";而人类社会中各地风俗生活习惯的形成,也是"因"的结果,即出于对于人生存于其中的客观自然条件的顺应:"九嶷之南,陆事寡而水事众,于是民人被发文身以像鳞虫,短绻不绔以便涉游;短袂攘卷以便刺舟,因之也。雁门之北,狄不谷食;贱长贵壮,俗尚气力;人不弛弓,马不解勒,便之也。"②"便"者,利也。此处又可见《吕氏》从"功"、"拙"说"因"之可"贵"的思想因子。

既然《淮南子》在"物—我"关系上,持"法自然"、弃"专"以求"便"的立场,那么,"不识不知,顺天之则",即所谓"(故)不为善,不避丑,遵天之道;不为始,不专己,循天之理。不豫谋,不弃时,与天为期;不求得,不辞福,从天之则"③,便

---

① 司马迁:《史记》卷一百三十《太史公自序》引,中华书局1959年版,第3292页。
② 张双棣:《淮南子校释》(上)卷一《原道训》,北京大学出版社1997年版,第48页。
③ 张双棣:《淮南子校释》(下)卷十四《诠言训》,北京大学出版社1997年版,第1484页。

成了《淮南子》所谓"因"的精言要义。落实到行动上,必然要求行为主体在行动中以"不敢为天下先"为基本准则,以"执后"为行动指针。而"执后""尚柔",作为体道之士的处世方法和行动准则,在《老子》中已经多有表述。《淮南子》免不了顺旨敷演,踵事增华:"是故柔弱者,生之干也;而刚强者,死之徒也。先唱者,穷之路也;后动者,达之原也……何者?先者难为知,而后者易为攻也,先者上高,则后者攀之;先者蹍下,则后者蹠之;先者颓陷,则后者以谋;先者败绩,则后者违之。"①《淮南子》主"执后",是顺承老氏之旨,从老氏"柔弱者生之干,刚强者死之徒"推出来的。《老子》第七十六章有云:"人之生也至柔,其死也坚强。草木之生也柔脆,其死也枯槁"②。说的是:活着的机体,总是柔韧的;死了的机体,才僵硬。老子从人和草木"生也至柔,死也枯槁"的生存现象中,抽象出"坚强者死之徒,柔弱者生之徒"的一般认识。从这个一般认识中,升华出一种观念:"强大处下,柔弱处上"——事物总是向其反面转化的观念。把这一观念落实到行动上,就是顺应事物发展规律,"不为天下先"。应该强调,老子"尚柔贵后",走的是"观复—知常—守道—不'妄作'"的路子。故而,老氏总是在"物—我"关系中,讲尚"柔",讲执"后"。"抟气致柔"和"涤除玄览"、"治国无为"一样,都是基于精神提升基础之上的行为调整。《老子》第二十八章有云:"知其雄,守其雌,为天下蹊。为天下蹊,常德不离,复归于婴儿"③。老子是知"雄"不可持,例如"物壮则老",这才尚"柔"守"雌"的。而《淮南子》则是从《老子》那里扒来一个观念:"柔者生之徒",和《吕氏》功利主义"贵因"观搅和在一起,为"执后"作论证:之所以要"执后",原因就在于先行者更容易失败,而执后者则可以吸收前者的失败教训进行总结,从而在前者失败的基础上取得成功。有论者据此,遂称《淮南子》的这种观念,是对"先"与"后"的辩证理解,并带有很强的可操作性。然而,在本书看来,《淮南子》此说,有"可操作性"不假;说它"辩证",泰半是认"伛"为"恭",夸而不实。从《淮南子》此说中,能够看到的,是它对老氏"执后"之旨的根本修正。老氏之"后",是后于道。老氏之"执后",就是循"道"而行,以"无为"之心,为"有为"之事。《淮南子》也讲"周于数而合于时,执道理以耦变",但

---

① 张双棣:《淮南子校释》(上)卷一《原道训》,北京大学出版社1997年版,第247页。
② 《老子·七十六章》,见陈鼓应:《老子注译及评价》,中华书局1984年版,第342页。
③ 《老子·二十八章》,见陈鼓应:《老子注译及评价》,中华书局1984年版,第178页。

在这里,"后"成了后于人:让别人在前面蹚路,自己在后面坐享其成。"执后",被颠倒成"积弱成强"、"积柔成刚"——以"有为"之心,求"无为"之效,后发制人而不为人所制。《淮南子》的"执后",带有明显的权谋色彩:"所谓后者,非谓其底滞而不发,凝结而不流,贵其周于数而合于时也。夫执道理以耦变,先亦制后,后亦制先。是何则?不失其所以制人,人不能制也。"①王夫之《读通鉴论》论及"淮南悲剧"时,有刘安"挟术自误"之说:"取安之书而读之,原本老氏之言,而杂之以辩士之游辞。老氏者,挟术以制阴阳之命,而不知其无如阴阳何也。所挟者术,则可以窥见气机盈虚之罅隙,而乘之以逞志……自以为窥造化而盗其藏,而天下无不可为者……"②《老子》之书,是"挟术逞私",还是"明道德之深根"?至今仍有争论。③可暂置勿论。但王夫之此论,移用于评价《淮南子》之"执后",却颇为恰当。《淮南子》之"执后",直截了当地说,就是让别人在前面蹚路,自己在后面坐享其成。用华丽的文字包装起来,动听一点说,"是以积极静观的态度,求主动进取的应变之法"。不过,此时的《淮南子》,已经背离了老氏,不自觉地步韩非子的后尘了。从而,使《淮南子》贵尚的"因"、"执后",全失道家"为'无为'"时那种"守道真,因自然,不妄作"的从容不迫之气,"偏转"成整日费尽心机地寻觅行动之最佳时机的手段。

"执后"是《淮南子》推尚的积极主动的应变之法。因此,在"执后"以应变的时候,对于时机的把握就特别重要,要做到应时而为。"时之反侧,间不容息;先之则太过,后之则不逮。夫日回而月周,时不与人游,故圣人不贵尺之璧而重寸之阴,时难得而易失也。"④在这里,"因循"转向了"应时",实际上这二者在《淮南子》的观念中,并非是彼此存在冲突的概念。所谓"因循"强调的是在未动之前,以积极主动的静观姿态做到对于对象活动之规律的冷静省察与细密分析,而"应时"则强调静心等待与准确捕捉时机,在时机来临之际,利用对象的规律,主动介入,顺势而为,乘时而变,从而达到事半而功倍的效果。

---

① 张双棣:《淮南子校释》(上)卷一《原道训》,北京大学出版社1997年版,第72—73页。
② 王夫之:《读通鉴论》,中华书局1975年版,第59页。
③ 参见陈鼓应:《老子注译及评介》,中华书局1984年版,第18—22页。
④ 张双棣:《淮南子校释》(上)卷一《原道训》,北京大学出版社1997年版,第73页。

所以"因循"和"应时"可以视作人主在处理政治事务时在不同阶段所应当采取的不同策略,其实质仍表现为连贯的"执后"以待"时"、顺"势"以应"变"的态度,二者共通的精神基础就是以主体的主观能动性,用"有为"之机心,去追求"无为而无不为"的所谓"神化"之境。在《淮南子》的心目中,上古的圣人们都是能够将二者打通,神化于心的,"圣人因时以安其位""圣人之举事也,进退不失时""是故圣人论事之局曲直,与之屈伸偃仰,无常仪表,时屈时伸……以乘时应变也"①,才臻于"圣"位的。

在《淮南子》那里,"因"作为实现"无为而无不为"的途径。"因"就是"执后"以待"时"——顺"势"而应"变"。这就是《淮南子》心目中的道家"为'无为'"之"道"。而按道家的基本观念,"道"在六合之内"周行而不殆",故而"因"所包含的内容涵盖了社会人事的各个层面。于是,《淮南子》以"因"为基本原则,调动一切可以调动的政治资源,让它们给"无为而治"作贡献:"因自然以理事""因君势用法度""因资质用众能""因民俗行教化",从而实现天下大治的政治理想。很明显,《淮南子》通过以上几个"因"的方面的内容充实,其中已经暗含了从道家出发,而实现与法家等学说在理论上共通共享的可能性。

四、"道散而为德":"为'无为'"的历史反思

除了对于"无为而治"进行形上层面的理论论证之外,《淮南子》还从历史经验出发,对"无为而无不为"的政治理想进行"事实"层面的论证,力图给"无为而治"搜寻历史证件,把"无为而治"传统化。通过"事实"论证,《淮南子》得出两个结论:(1)"至德之世"皆行"无为而治","无为而治"乃最理想的社会形态;(2)"应时"而"无为",是实现社会大治的根本途径。

《淮南子》的"事实"论证,在社会发展的物质背景和社会发展的自身逻辑两个层面上进行。社会发展的物质背景层面上的论证,是为了给论证社会自身发展提供一个参照系和校正器。

《淮南子》有关社会发展物质背景的论证,从一个观念——"道始于一,一

---

① 张双棣:《淮南子校释》(下)卷十三《氾论训》,北京大学出版社1997年版,第1403页。

而不生,故分而为阴阳,阴阳合和而万物生,故曰'一生二,二生三,三生万物'"①开始:"(故)天先成而地后定。天地之袭精为阴阳,阴阳之专精为四时,四时之散精为万物。"②《淮南子》舍近而求远,从宇宙创生开始,论证社会发展的物质背景,想来是要突出,社会发展的物质背景,是道的创生物,其间有"周行而不殆"之"道",即有一个相对稳定、运转不已的固定结构,其演化进程,是一个线性进化的过程。而突出社会发展物质背景演化进程的"线性进化"性,是为了反衬社会自身发展的"式微"性。

《淮南子》有关社会自身发展的论证,是从"道散而为德"开始的。《老子》论及宇宙创生,在"道生一,一生二,二生三,三生万物"之外,还有"道生之,德蓄之,物形之,势成之"之说。前文已经论及,在《老子》那里,"道"之创生,有两个性质不同的阶段:"道生一,一生二,二生三",是"道"无须任何中介的自我实现。"三生万物"则不同。"三生万物"时,"万物"如何"负阴而抱阳,冲气以为和",就不再直接由"道",而是由"道"散入万物中的万物的内在之"德"来决定。而在万物的日后发展中,内在之"德"是长葆,还是散亡?又由所"形"之"物"、所"成"之"势"来决定。"形"和"势"未必都能使内在之"德"长葆而不失。故而《老子》又有"观复—知常—归根—复命"之说。把"道散而为德"落实到社会发展层面,"形"社会之"物"的,是人。人的所作所为,决定着社会发展之"势"——向"至德之世"发展,还是向"衰世"堕落。假如人能"执古之道,以御今之有。能知古始,是谓道纪"③,社会发展就处于"至德之世";假如人把握不住"道纪","妄作",那么,社会发展就坠入"式微"的过程。《老子》把这种状态称为"大道废,仁义出"④。《淮南子》则围绕这个判断,详细描绘了历史是怎样一个阶段接着一个阶段,逐步走向衰落的。此类描述,散见于《俶真训》《本经训》《览冥训》。如《俶真训》说:

    至德之世……是故圣人呼吸阴阳之气,而群生莫不颙颙然仰其德以

---

① 张双棣:《淮南子校释》(上)卷三《天文训》,北京大学出版社1997年版,第341页。按:原文作"道曰规,始于一"。王念孙云:"曰规"二字衍。引文据王念孙校改。
② 张双棣:《淮南子校释》(上)卷三《天文训》,北京大学出版社1997年版,第245页。
③ 《老子·十四章》,见陈鼓应:《老子注译及评价》,中华书局1984年版,第114页。
④ 《老子·十八章》,见陈鼓应:《老子注译及评价》,中华书局1984年版,第134页。

第三章 "考验乎老、庄之术":《淮南子》与道家

和顺。……是故虽有羿之知而无所用之。

及世之衰也,至伏羲氏,其道昧昧芒芒然,吟德怀和,被施颇烈,而知乃始昧昧眹眹①,皆欲离其童蒙之心,而觉视于天地之间,是故其德烦而不能一。乃至神农、黄帝,剖判大宗,窍领天地……提挈阴阳……万物百族,使各有经纪条贯。于此万民睢睢盱盱然,莫不竦身而载听视,是故治而不能和下。栖迟至于昆吾、夏后之世,嗜欲连于物,聪明诱于外,而性命失其得。

施及周室之衰,浇淳散朴,杂道以伪,俭德以行,而巧故萌生。周室衰而王道废,儒墨乃始列道而议,分徒而讼。于是博学以疑(王引之:疑读若"拟")圣,华诬以胁众,弦歌鼓舞,缘饰《诗》《书》,以买名誉于天下。繁登降之礼,饰绂冕之服,聚众不足以极其变,积财不足以赡其费,于是万民乃始惵惵离跂,各欲行其知伪,以求凿枘于世,而错择名利。是故百姓曼衍于淫荒之陂,而失其大宗之本。夫世之所以丧性命,有衰渐以然,所由来者久矣。

上述《淮南子》"有关社会自身发展的论证",乃是从老子"道失而后德""大道废,仁义出"等观念生发开去,附以"荒远难言"之传说②,加以臆想。因而严格说来,很难称得上是"论证"。不过,从《淮南子》此类"很难称得上是论证"的"论证"中,还是能够发现,在《淮南子》所设想和归纳出的历史演变的过程中,社会的发展进化过程却是一个逐步向退化的衰世演进的过程,人类社会的发展经由了一个由至德之世开始,经过伏羲氏、神农黄帝之世、昆吾夏后之世而至周室之衰的历程。至德之世毫无疑问是人类的理想社会,而经过几个阶段的演变,到了周室,则"百姓曼衍于淫荒之陂,而失其大宗之本",去"道"日远。因此毫无疑问,要实现天下大治,唯有"执古之道,以御今之有"。在《览冥训》中,《淮南子》更明确地将历史自身的发展分为五个阶段,即伏羲氏、

---

① 王念孙注释说:"'眹眹'当为'湫湫'。昧昧、湫湫,一音之转,皆欲知之貌也。《文子·上礼》篇作'昧昧懑懑',湫与'懑'古字通"。见张双棣:《淮南子校释》,北京大学出版社1997年版,第245页。

② 司马迁著《史记》,始于《五帝本纪》。然司马迁自言:"学者多称五帝,尚矣。然《尚书》独载尧以来;而百家言黄帝,其文不雅驯,荐绅先生难言之"。司马迁也只是把尧以前黄帝等,当作传说来处理。

神农黄帝之世、"夏桀之时"、"晚世之时"即战国七雄争霸之世,以及"当今之时",即刘氏王朝之时。以"夏桀之时"为界,五阶段又归并成两个类型。"夏桀之时"以前,是"至德之世";从"夏桀之时"到"晚世之时","道"丧"德"衰,每况而愈下。本书把《淮南子》这一套历史观,名之曰"衰世"论。第四、第五章将要论及,这种"衰世"论,给《淮南子》平调儒、道、法提供了最大的方便。在"衰世"论视域内,夏桀以还的社会发展,是一部"道"、"德"沦丧史。但是,根据《易传·序卦》里的观念:"物不可终否,故受之以泰"。物不可终否,社会也不可能一直衰败下去。到了"当今之时",则是"天子在上位,持以道德,辅以仁义;近者献其智,远者怀其德;拱揖指麾,而四海宾服;春秋冬夏皆献其贡职;天下混而为一,子孙相代,此五帝之所以迎天德也"①。向"无为而治"的"至德之世"回归,条件已经齐备。

  与道家对于历史的观察和社会理想相比较,《淮南子》在此处展示的历史观念,出现了明显变异的趋势和含混不清的现象。就其"明显变异"一面而言,从字里行间来看,《淮南子》在表达对于人类社会发展演化的总结和描述中,尽管批判自"夏桀"而后,社会发展的总趋势,是"失其大宗之本",而按"否极泰来"的辩证法,当今应当返回到"无为"的"至德之世"。但它所设想的"至德之世",和老子、庄子心目中的"至德之世",其实颇有差异。老子心目中的理想社会是"小国寡民,民至老死不相往来";而《淮南子》则出于自身的特殊身份(爵封诸侯王的皇族宗室)和动机("务于治"),自觉维护刘姓王朝的合法性,《淮南子》心目中的理想社会,乃是"天下混而为一,子孙相代,此五帝之所以迎天德也"式的"大一统"社会。庄子所向往的"至德之世",是"夫至德之世,同与禽兽居,族与万物并。恶乎知君子小人哉!"②"夫赫胥氏之时,民居不知所为,行不知所之,含哺而熙,鼓腹而游,民能已此矣!"③近乎超越道德、仁义、纯任自然的无政府或者说原始状态;而《淮南子》则承认"在上位"的"天子"的存在,同时社会也存在一个井然有序的秩序结构,天子治国是"持以道德,辅以仁义",但同时"世之主有欲利天下之心,是以人得自乐其间"④。

---

① 张双棣:《淮南子校释》(上)卷六《览冥训》,北京大学出版社 1997 年版,第 710 页。
② 陈鼓应:《庄子今注今译》,中华书局 1983 年版,第 246 页。
③ 陈鼓应:《庄子今注今译》,中华书局 1983 年版,第 249 页。
④ 张双棣:《淮南子校释》(上)卷二《俶真训》,北京大学出版社 1997 年版,第 236 页。

第三章 "考验乎老、庄之术":《淮南子》与道家

因此,如果说庄子所设想的理想社会之中,人本身是解脱世俗束缚、还归自然的话,那么,《淮南子》中则表现为人与自然的和谐,但毕竟天人有分。

而就其含混不清的一面来讲,在《淮南子》中存在着"向后看"和"向前看"两种不同的思想倾向。"向后看",在往古的某个地方,有一个辉煌的"至德之世"在向他招手呼唤;"向前看",眼前又有导致"世衰"的复杂纠结的问题需要解决。于是,《淮南子》一方面站在道家"大道废,仁义出"的立场上,认为历史是一个不断堕退的过程,上古之世理想,夏桀之世以还,渐次污浊不堪,因此向往道家式的以自然为本的平和社会。另一方面,则又从"道丧而后德,德失而后仁,仁失而后义,义失而后礼,礼失而后法"出发,承认"式微"乃是"道丧"之后社会发展的自身逻辑。承认"道丧"之后的社会虽然在不断地"式微",但不断"式微"着的社会,又都有其存在的合理性,以及向理想社会回归的可能性,并竭力为其辩白。既然从夏桀开始,社会便进入了向"衰世"衰败的"式微"过程,那么,此后社会发展的每一个阶段里,都有需要"此阶段中的人"独立去解决的导致"衰败"的社会问题,以及各自不同的扶"衰"救"败"的手段。换句话说,"道丧"而后"衰世"的社会发展,具有不可重复性。"衰世"中的人,只有结合自己社会的实际问题,有针对性地去解决,才有可能扼止"式微",实现向"至德之世"的逐步回归。故而,"苟利于民,不必法古;苟周于事,不必循旧""夫殷变夏,周变殷,春秋变周,三代之礼不同,何古之从!……知法治所由生"①。而引"式微"之世向理想社会回归的,是"圣王"。这样,以"治世待圣贤""苟利于民,不必法古"为中介,《淮南子》的历史观,实现了从道家向儒、法历史观的暗中转变。这样,尽管《淮南子》试图以道家之"道"为本,倡导和追求"自然无为"的清平世界,但在面临实际的社会现状和问题时,它的立场又变得游移不定,从而呈现为难以自洽的尴尬和理论言说的艰难。

《淮南子》对于历史的言说,秉持一种"圣人史观",以"圣人"作为自己论述的中心。在中国古代思想史的脉络之内,"治世待圣贤"是儒家信守的观念。《淮南子》在对于历史的言说中,对历史上所谓的"圣王",一律进行了道家式的改写:"圣王"之"圣",集中表现为他们一无例外地行"无为而治"。并将它的对于理想社会的设想和"圣人"的"无为而治"密切联系起来,以此作为

---

① 张双棣:《淮南子校释》(下)卷十三《氾论训》,北京大学出版社1997年版,第1359页。

当今人君,即"在上位"的"天子"在施政时的镜鉴和参照。而在实际上不论是传说中的圣王,还是当今社会中的人君,《淮南子》均将其摆放在社会系统中核心位置,是决定国家治乱的最重要因素:主"圣"则世"治",君"昏"则世"乱"。因为社会治乱的根源,在于有没有一个好的君主,而要做到天下大治,关键就在于人君应当像道家式的"圣王"一样,无为而无不为。因此,《淮南子》实际上已经将顺道而行的圣王,作为评价历史的标准,并以其作为当世人君的为政要求。"圣王之治"无形中就成了约束和评价当世君主的重要指标。在这一点上,《淮南子》的设想倒是与汉代儒生们所设计的以"天"来神化和要求人君具有异曲同工之妙。

人君要做到理想之治,其唯一的途径就是效法上古圣王,做到清净无为、节欲自俭、遵道而行。《淮南子》中不止一次地反面论证乱世之所以出现,根本原因就在于乱自上作,君主穷奢极欲、肆意妄为、横征暴敛:"政苛则民乱……是以上多故则下多诈,上多事则下多态,上烦扰则下不定,上多求则下交争。"①相反,治世之君则能以民为本、务自然清净,"故圣人事省而易治,求寡而易澹,不施而仁,不言而信,不求而得,不为而成"②。因此,要做到这一点,关键在于人君要向心灵内部开掘,做到修身——全性——体道——务本:

> 为治之本,务在于安民。安民之本,在于足用。足用之本,在于勿夺时。勿夺时之本,在于省事。省事之本,在于节欲。节欲之本,在于反性。反性之本,在于去载。去载则虚,虚则平。平者,道之素也;虚者,道之舍也。能有天下者必不失其国,能有其国者必不丧其家,能治其家者必不遗其身,能修其身者必不忘其心,能原其心者必不亏其性,能全其性者必不惑于道。③

《淮南子》的这一段论证,从外在的"民本"出发,环环相扣,一步步逆推,证明要实现理想之治,唯有人君做到反性归本,实现对于道的体认和精神世界的超越。虽然从"省事"以下,步趋老氏,但"民本"却不是老氏之"本",而是

---

① 张双棣:《淮南子校释》(上)卷九《主术训》,北京大学出版社1997年版,第898页。
② 张双棣:《淮南子校释》(上)卷九《主术训》,北京大学出版社1997年版,第898页。
③ 张双棣:《淮南子校释》(下)卷十四《诠言训》,北京大学出版社1997年版,第1476页。

第三章 "考验乎老、庄之术"：《淮南子》与道家

儒家的"为治之本"。而儒家挂着"民本"的幌子，"刑汝以仁义"的"为治"之"道"，恰是道家"无为而治"的对立物。此又见《淮南子》不顾各家思想的内在逻辑，兼综而炫"博"的撰述习气。

在围绕以君主为核心设计社会政治秩序的同时，《淮南子》还到神话传说和历史经验中大事渔猎，试图在历史发展的经验和教训的基础之上，积极从理论上思考"无为而治"。当然，由于去秦不远，对于历史经验和变易规律进行及时的归纳总结，引导社会去"乱"就"治"，是西汉前、中期文人学者们共同关注的话题。他们以史为鉴，从兴亡治乱的历史经验中，爬梳哪些可取、哪些不可取，进一步认真思考其中的"为治"之"道"。《淮南子》的作者们当然未能例外，最典型者，莫如《人间训》。关于《人间训》的主题，许慎注释说："人间之事，吉凶之中，徵得失之端，反存亡之几也，故曰《人间》"①。《要略》中对《人间训》的撰述目的，有更明白的交代："《人间》者，所以观祸福之变，察利害之反，钻脉得失之迹，标举终始之坛也。分别百事之微，敷陈存亡之机，使人知祸之为福，亡之为得，成之为败，利之为害。"②即其目的就在于考察人间祸福利害关系之辩证变化，达到"诚喻至意，则有以倾侧偃仰世俗之间，而无伤乎谗贼螫毒者也"③的目的。事实上也确乎如此，《人间训》中通过四十多个与历史政治有关的祸福、得失、利害等矛盾转化，和《道应训》中用事实与传说对《老子》书中的五十多个观点肆意敷演，异曲而同工。而《原道训》的撰述目的，就是"揽掇遂事之踪，追观往古之迹，察祸福利害之反，考验乎老庄之术，而以合得失之势者也"④。《人间训》试图通过"事实"敷演，进一步揭示"执道无为"，不仅对于君道天下大治之理想，同时对于臣道之全身避祸，都具有极其重要的意义。对于君道而言，《淮南子》多次警告人君切莫因纵欲贪婪而致使天下大乱，亡国亡身。如晋厉公因"气充志骄，淫侈无度，虐万民。内无辅

---

① 张双棣：《淮南子校释》（下）卷十八《人间训》，北京大学出版社1997年版，第1832页。
② 张双棣：《淮南子校释》（下）卷二十一《要略》，北京大学出版社1997年版，第2128页。
③ 张双棣：《淮南子校释》（下）卷二十一《要略》，北京大学出版社1997年版，第2128页。
④ 张双棣：《淮南子校释》（下）卷二十一《要略》，北京大学出版社1997年版，第2125页。

拂之臣,外无诸侯之助。戮杀大臣,亲近导谈"①致使"三月而死",身死国亡。另外,如智伯贪图三晋之地、虞公惑于晋人所赠之玉璧名马,也均致亡国灭身。因此,《淮南子》总结说,存亡在人:"夫祸之来也,人自生之;福之来也,人自成之。"②而对于臣道而言,或许是因为作为大一统政权治下的诸侯王兼人臣,《淮南子》对于"祸与福同门,利与害为邻,非神圣人,莫之能分"③的感觉更为强烈,《人间训》中列举了大量祸福难测、"信而见疑,忠而被谤"的例子,或者如"有功而见疑,有罪而益信"的乐羊、"说听计当而身疏,言不用计不行而益亲"的齐国大臣括子,历史上这种冷酷残忍的事实,使得《淮南子》不能不产生祸福难测、如履薄冰之感,甚至不得不将之归为不可知的天命,"内修极而横祸至者,皆天也,非人也"。那么作为人臣,该如何自处呢?"圣人不为可非之行,不憎人之非已也;修足誉之德,不求人之誉己也。不能使祸不至,信己之不迎也;不能使福必来,信己之不攘也。祸之至也,非其求所生,故穷而不忧;福之至也,非其求所成,故通而弗矜。知祸福之制不在于己也,故闲居而乐,无为而治。"④很明显,《淮南子》在此又走向了老庄式的道路:"原天命,治心术,理爱憎,适情性,则治道通矣":"不惑祸福,不妄喜怒,不贪无用,欲不过节"。"知祸福之制不在于己也",尽量以豁达的态度,超越穷、通,做到"穷而不忧""通而弗矜"。当然,和在其他地方一样,《淮南子》此处关于君道、臣道的言说,也多是图个口舌畅快,以知识博丰自炫。至于如何去切实实行它,无心细究。

通过对历史上君道臣道的事实分析和探讨,《淮南子》同样得出了偏重于内向化的精神心灵上的结论:"是故使人高贤称誉己者,心之力也;使人卑下诽谤己者,心之罪也。"⑤因此,要实现理想的社会秩序,同时做到以平和的心

---

① 张双棣:《淮南子校释》(下)卷十八《人间训》,北京大学出版社 1997 年版,第 1838 页。

② 张双棣:《淮南子校释》(下)卷十八《人间训》,北京大学出版社 1997 年版,第 1831 页。

③ 张双棣:《淮南子校释》(下)卷十八《人间训》,北京大学出版社 1997 年版,第 1831 页。

④ 张双棣:《淮南子校释》(下)卷十四《诠言训》,北京大学出版社 1997 年版,第 1480 页。

⑤ 张双棣:《淮南子校释》(下)卷十八《人间训》,北京大学出版社 1997 年版,第 1831 页。

态对待利害得失,唯有践行"执后无为"的道术,对于历史治乱及个人祸福从根本规律上予以把握和看待,"发一端,散无竟,周八极,总一莞谓之心。见本而知末,观指而睹归,执一而应万,握要而治详,谓之术。居智所为,行智所之,事智所秉,动智所由,谓之道。道者,置之前而不挚,错之后而不轩,内之寻常而不塞,布之天下而不窕"①。

《淮南子》的历史观念中,相互矛盾之处甚多,如上文所述的,它的立论基点游移不定,所以在态度上显得含混不清。但是从"执道无为"的角度来看,其前后不同的立场变化之中还是呈现出内在的一致性。这个一致性表现在,其一,从表面上看来,它的历史观呈现为整体上退化衰落的线性历史观,但是从它的论述中可以看出,《淮南子》所谓的退化、"衰世"之说,主要是从精神、道德层面上而言的,在物质、生产技术层面上来讲,它还是承认现实生活中物质生产条件的进步,如《氾论训》中所说"古者民泽处复穴,冬日则不胜霜雪……圣人乃作,为之筑土……百姓安之。伯余之初作衣也,掞麻索缕,手经指挂……作为之铸金锻铁,以为兵刃。猛兽不能为害。故民迫其难则求其便,困其患则造其备"②。在此基础之上,《淮南子》承认"人各以其所知去其所害,就其所利。常故不可循,器械不可因也,则先王之法度有移易者矣"③。因此,《淮南子》对于历史发展的"衰世"看法和对"至德之世"的向往情结,其评判标准应是道德的而非物质的,这一点正如其所言"上世体道而不德,中世守德而弗坏也,末世绳绳乎惟恐失仁义"④,这个论断无疑是个道德论断。其二,《淮南子》虽然对于上古之世、圣人之治多有向往,表现出浓厚的复古情结,但是这种复古同庄子式的一味否定、批判、逃避不同,而是在承认社会退化的同时,并不允许其走向堕落,相反它试图通过对历史发展线索的整理,力求探寻退化根源之所在,以求一挽颓势,实现现世条件下圣王之治的重现,当然,它开

---

① 张双棣:《淮南子校释》(下)卷十八《人间训》,北京大学出版社1997年版,第1831页。

② 张双棣:《淮南子校释》(下)卷十三《氾论训》,北京大学出版社1997年版,第1331—1332页。

③ 张双棣:《淮南子校释》(下)卷十三《氾论训》,北京大学出版社1997年版,第1332页。

④ 张双棣:《淮南子校释》(上)卷十《缪称训》,北京大学出版社1997年版,第1031页。

出的药方是否对症,则是另外一个层面上的问题。因此可以认为,与其说《淮南子》向往的是恢复上古的"至德之世",倒不如说它希望的是上古之时无为而治的境界更准确些。从这个意义上来讲,它对于历史发展之道的探寻所做的努力,目的在于探索历史发展深层次的规律,并同它所面临的社会现实关联起来。其三,正是由于上述的立场和态度,《淮南子》在历史的论证中史料的选择上,带有强烈的目的性。凡是他认为对他的言说有用的东西,统统编入他的论证之中。至于这些材料是否就是历史事实,对于《淮南子》的作者而言,并非他们所关心的重心。他们关心的问题,实际在于当下的社会政治,这些半真半假的历史资料只不过是为了实现其"以史证治"的目的而已,从而将历史(传说)、现实和理想贯穿到了一起。所谓"若刘氏之书,观天地之象,通古今之论,权事而立制,度形而施宜。原道之心,合三王之风,以储与扈冶,玄眇之中,精摇靡览,弃其畛挈,斟其淑静,以统天下"①,试图打造一个历史—现实—理想三位一体、互相贯通的知识世界,其"务于治"的政治意图十分鲜明。当然,需要说明的是,这种历史"政治"化——站在一定的政治立场上编织历史,学术"功利"化——按现实功利需要取舍学术的倾向,也是秦汉时期历史哲学的共同特征,并非《淮南子》一家所专有。

第三节 个体位置:"反性于初,游心于虚"

在墨、法两家问世之前,先秦思想中关于人与社会,先后有两种不同的思考。儒家独重礼"明分使群"的功能,谈仁说义,试图借助树立公共规范维系社会和谐。道家有见于儒家谈仁说义,所树立的公共规范有害性戕生的一面,在人与社会的关系上,强调"贵身""爱身",即尊重人的自然生命,试图借助人各自治,实现社会和谐。《老子》说:"故贵以身为天下,若可寄天下;爱以身为天下,若可托天下。"②《庄子》也说:"故贵以身于为天下,则可以托天下;爱以身于为天下,则可以寄天下。故君子苟能无解其五藏,无擢其聪明,尸居而龙

---

① 张双棣:《淮南子校释》(下)卷二十一《要略》,北京大学出版社1997年版,第2151—2152页。

② 《老子·第十三章》,见陈鼓应:《老子注译及评价》,中华书局1984年版,第109页。

见,渊默而雷声,神动而天随,从容无为而万物炊累焉。吾又何暇治天下哉!"①老庄在"贵身"和"天下大治"之间建立起因果关联,借助人各自治实现社会和谐之意甚显。由"贵身"而实现天下大治,在社会已经跨越了"小国寡民",发展到"天下无逃于仁义"水平的背景上,显然只是一厢情愿的梦想。但是这种将"贵身"同治理天下相连接的思路,却为《淮南子》套取过来,再做发挥,向人君说法:

> 为治之本,务在于安民。安民之本,在于足用。足用之本,在于勿夺时。勿夺时之本,在于省事。省事之本,在于节欲。节欲之本,在于反性。反性之本,在于去载。去载则虚,虚则平。平者,道之素也;虚者,道之舍也。能有天下者必不失其国,能有其国者必不丧其家,能治其家者必不遗其身,能修其身者必不忘其心,能原其心者必不亏其性,能全其性者必不惑于道。②

> 吾所谓有天下者……自得而已;自得则天下亦得我矣。吾与天下相得,则常相有,己又焉有不得容其间者乎? 所谓自得者,全其身者也;全其身,则与道为一矣。③

"不惑于道"者,能"全其性"。能"全其性"者"自得"——"与道为一"。"自得"之君推己及人,则"吾与天下相得"——"自得"之君"与道为一",顺"道"施政,民各自治,共享太平。《淮南子》承道家余绪,言说人与社会之迹甚明。

那么,如何才能做到"全其性""自得""与天下相得"?《淮南子》转入了人性论的论域,以确定人与社会关系中的个体位置。

在《淮南子》之前,先秦思想中对于人性的看法,概括地说,大致有六种。六种人性论,都有各自有关人在社会里个体位置的规划。(一)孟子的"性善"说。孟子认为,人和"禽兽"的本质区别,在于人已经从自然中脱颖而出,生下来就具有向"人"的方向不倦完善的内在理性。孟子从人向"人"的方向不倦

---

① 陈鼓应:《庄子今注今译》,中华书局1983年版,第271页。
② 张双棣:《淮南子校释》(下)卷十四《诠言训》,北京大学出版社1997年版,第1476页。
③ 张双棣:《淮南子校释》(上)卷一《原道训》,北京大学出版社1997年版,第110—111页。

完善的内在理性出发,认为恻隐、羞恶、辞让、是非之心是"天"赋予"人"的本性,是人性中固有的东西,是人向"人"的方向不倦完善的"端"由。从这个意义上说,人性本善:只要是个"人",就具有向"人"的方向不倦完善的充足理由和充分条件,除非你自甘向"禽兽"堕落。用孟子的话说,即"仁义礼智,非由外铄我也,我固有之也"①。主"性善"的孟子,十分重视个体人格的涵养和扩充,并把"扩充"的原动力寄托在个人能动性的自觉上:"尽其心者知其性,知其性则知天矣"。"苟能充之,足以保四海;苟不充之,不足以事父母。"②单从"把'扩充'的原动力寄托在个人能动性的自觉上"来说,把这种人性论落实到"个体位置"的规划上,有可能趋向"自由主义"式的"人各自治"。但在孟子思想总架构内,个体人格的自由扩充,是通过"集体"的途径来实现的。孟子是在"人/禽兽"对立的语境中言说"人性善"的。也就是说,"性善"不是指个体人,而是对"人"的"类特征"的概括。孟子有云:"一乡之善士,斯友一乡之善士;一国之善士,斯友一国之善士;天下之善士,斯友天下之善士"③,在"同气相求"中"涵养扩充"。在"个体位置"的规划上,"集体主义"式的"规训"之色彩甚浓。儒家关于人性,还有(二)荀子的"性恶"说。荀子的"性恶"说,并不是对孟子"性善"说的否定,而是从另一个层面思考人性得出的结论,荀子说:"人之性恶,其善者伪也。今人之性,生而有好利焉,顺是,故争夺生而辞让亡焉……然则从人之性,顺人之情,必合于犯分乱理,而归于暴。故必将有师法之化,礼义之道,然后出于辞让,合于文理,而归于治。用此观之,人之性恶明矣,其善者伪也。"④荀子从"生之所以然者谓之性"出发,将人生而好利多欲的自然禀性,同人后天习得的"人"性对立起来,强调天人相分,主张"化性起伪":在一个共同体("群")中,通过明"分"、知"义"、遵"礼"之类的习得,消解人的自然性,使人达至仁的善的理想境界。荀子所规划的"个体位置",纯是"集体主义"式的。除了以上儒家内部的"性善"、"性恶"论之外,还有(三)告子立足于"生之谓性"基础之上的"性无善恶"论。《孟子·告子上》说:告子称"性犹湍水也,决诸东方则东流,决诸西方则西流。人性之无分于

---

① 杨伯峻:《孟子译注》,中华书局1960年版,第259页。
② 杨伯峻:《孟子译注》,中华书局1960年版,第80页。
③ 杨伯峻:《孟子译注》,中华书局1960年版,第251页。
④ 王先谦:《荀子集解》,中华书局1988年版,第434—435页。

第三章 "考验乎老、庄之术"：《淮南子》与道家

善不善也，犹水之无分于东西也"①。依照告子的看法，人性如同流水：东方决口往东流，西方决口往西流。把这种人性论落实到"个体位置"规划，可能导向"放任自流"。但这个结论还不能轻下。告子曰："性犹湍水"。"水向低处流"，是水的自然本性：乍看水是东方决口就向东流，西方决口就向西流；实质上水除了"向低处流"之外，再也没有别的什么流向：流水之性实"无分于东西"。告子把人性比作奔流的"湍水"，用水之性"无分于东西"，状"人性之无分于善不善"。告子所谓"无分于善恶"之性，实指人初生时的自然本性。告子用"无善无恶"说人初生时的自然本性，不能算错。晚明承孟子学统的王阳明，在总结自家学脉的"四句教"里，第一句不就是"无善无恶心之体"吗？② 本书要特别强调的是，告子"性无善恶"论中，内含有向反面转化的逻辑。"性犹湍水"——"人性之无分于善不善，犹水之无分于东西也"。然而舜之时，大水肆虐，"无分于东西"，平地皆成泽国。然而经过大禹"凿龙门，疏九河"之后，本来"无分于东西"的水，不也皆向东流去了吗？"性犹湍水"，当人"无善无恶"的自然本性涉入"有善有恶"的社会，也应该呈现出或向善或就恶的趋向。于是有（四）世硕的"性有善恶"论。王充在《论衡·本性》中说："周人世硕，以为人性有善恶。举人之善性，养而致之则善长；性恶，养而致之则恶长。如此，则性各有阴阳，善恶在所养焉。宓子贱、漆雕开、公孙尼子之徒，亦论情性，与世子相出入，皆言有善有恶。"③世硕是从"养而致之"即后天习得上说"性有善恶"的。思考路数，有类乎荀子"化性起伪"。只不过荀子待"化"之性纯"恶"，世硕待"养"之性"有善有恶"；荀子"化性"而"起"的"伪"，纯是引人向善的"礼"，世硕"养而致之"者有善有恶罢了。但在坚持在"集体主义"视域内规划人的"个体位置"上，二人完全趋同。（五）法家的"自私自利"论。先秦法家，尤其是韩非子认为，人性中最根本最具决定意义的内容，是人生来就有且永远也无法删除的生物意义上的趋利避害的本能。"人无羽毛，不衣则不犯寒；上不属天，下不著地，以肠胃为根本，不食则不能活：是以不免于欲

---

① 杨伯峻：《孟子译注》，中华书局1960年版，第254页。
② 《王龙溪语录·天泉证道记》："阳明夫子之学，以良知为宗。每与门人论学，提四句为教法：无善无恶心之体，有善有恶意之动。知善知恶是良知，为善去恶是格物"。转引自牟宗三：《宋明儒学的问题与发展》，华东师范大学出版社2004年版，第144页。
③ 黄晖：《论衡校释》，中华书局1990年版，第132—133页。

利之心。"①趋利避害、追逐名利是人的本性,人的行为在追名逐利之本性的驱使下,可以奋不顾身。这显然是一种极端的性恶论。韩非曾从学荀子。其"自私自利"的人性观,截取荀子"性恶"一段,舍去"化性起伪",代之以"利益驱动",驱"性"以就"势"。单就人皆"自私自利"这一点上说,韩非在人性问题上,和道家中高倡"为我"的杨朱,似乎有可以对话的余地。不过,杨朱高倡"拔一毛利天下而不为",是为了和"集体主义"彻底划清界限,以保持个体的独立不倚。而韩非言说"人皆自私自利",旨在强调人有"趋利避害"之"势"。完全可以顺此"趋利避害"之"势",把人驱赶到"富国强兵"的集体行动中。在从"集体主义"出发去规划人的"个体位置"上,韩之与荀实有过而无不及。

(六)老庄的"性本素朴"论。《老子》说:"常德乃足,复归于朴"②。"常德不离,复归于婴儿"③。道家理想中的完善的人性,应该如同未经"熏染"的"婴儿",天真自然,质朴纯真。《庄子》说:"夫至德之世,同与禽兽居,族与万物并。恶乎知君子小人哉!同乎无知,其德不离;同乎无欲,是谓素朴。素朴而民性得矣。"④人的本真之性是素朴自然,虚静无为的,后天的习染,牵人失真趋俗。要保持自然的人性在喧嚣之世不被迷失,唯有间世超俗,独成其天:"有人之形,无人之情。有人之形,故群于人;无人之情,故是非不得于身。眇乎小哉,所以属于人也;謷乎大哉,独成其天。"⑤因此,庄子对于世俗所迷恋的感官欲望和儒家所鼓吹的仁义礼乐,都保持有高度的警惕:"且夫失性有五:一曰五色乱目,使目不明;二曰五声乱耳,使耳不聪;三曰五臭熏鼻,困惾中颡;四曰五味浊口,使口厉爽;五曰趣舍滑心,使性飞扬。此五者,皆生之害也。"⑥"故尝试论之:自三代以下者,天下莫不以物易其性矣!小人则以身殉利;士则以身殉名;大夫则以身殉家;圣人则以身殉天下。故此数子者,事业不同,名声异号,其于伤性以身为殉,一也。""余愧乎道德,是以上不敢为仁义之操,而

---

① 王先慎:《韩非子集解》,中华书局1998年版,第145—146页。
② 《老子·二十八章》,见陈鼓应:《老子注译及评价》,中华书局1984年版,第178页。
③ 《老子·二十八章》,见陈鼓应:《老子注译及评价》,中华书局1984年版,第178页。
④ 陈鼓应:《庄子今注今译》,中华书局1983年版,第246页。
⑤ 陈鼓应:《庄子今注今译》,中华书局1983年版,第163页。
⑥ 陈鼓应:《庄子今注今译》,中华书局1983年版,第332页。

下不敢为淫僻之行也。"①因此,庄子极力抨击礼俗社会对于人性的损害,力图避免"俯仰于世人而与俗交",保持人性自身的完整自然。把这种人性观落实到"个体位置"规划上,规划出的"个体位置",必然是"个体主义"的、"自由主义"的。

从对以上六家人性观的分析中,可以发现,道家老庄的人性观,与其他五家人性观之间,存在着一个明显的区别。孟子讲"人"有"四端",荀子讲"化性起伪",世硕讲"养而致之",韩非讲以"利"驱动,意向有别,但基本立场,却完全一致,即都从"集体主义"出发,共同认可"规训出人性"。即如告子比"性"于"水"——"决东东流,决西西流",也内含有向相反方向——"养而致之"转化的内在逻辑。而在老庄看来,"集体主义"最不可靠。在"集体"中,励之以"仁义之操"也罢,诱之以"淫僻之行"也罢,凡是"规训",在背"道"离"德"、伤"性"害"生"上,无有二致。"规训"出来的人性,都失却人性之"真"。故而,老庄主张,欲见人性之"真",必须冲出"礼俗",还人"自由",让人复归于"道",到人的本真之"德"中去体悟人性之"真"。此即《老子》"修之于身,其德乃真"②所昭示的在弃仁与义、归"道"复"德"中重现人性本"真"的路向。此一路向,经由庄子的思考和阐发,确定了先秦道家基本的人性观。庄子对于人性思考的运思逻辑,可以分为体道"显真",展示出人之为真正的当然的人,反对"无所逃于天地之间"的社会身份;间世"葆真",如何在戕生害性的环境里,"不失其性命之情";复德"返真",人在失真的前提下如何复归本然之真性,三个不同的层次。如果说儒家出于对人的社会性质的强调而形成的用道德伦理规定出来的人性("德性我")是一个空间性的结构的话("天不变,道亦不变"),那么道家对于人性的个体身份的侧重而产生的体道、间世、复德以葆真的人性思考("情意我")则更像是一个时间性的流程。实际上,庄子对于人性的关注更多是人的历史性存在的问题。在老庄的视域之内,人的发展史就是一部人的本真之性沦丧和复归的历史。

《淮南子》对于人性的思考和对人"个体位置"的规划,就立足于上述知识基础之上。《淮南子》的人性观念,大致上是沿着老庄所开辟的人性真伪的思

---

① 陈鼓应:《庄子今注今译》,中华书局1983年版,第242页。
② 《老子·五十四章》,见陈鼓应:《老子注译及评价》,中华书局1984年版,第273页。

路前进的。同时也有兼综儒家的企图。正如有论者所指出的,儒、道两家关于人性的思考,"形式格架"接近,而精神实质迥殊:"仅从形式上说,亦即是仅从格架上说,儒、道两家完全是一致的,即是都认定性由道出,等于道派在生命中的代表。""儒、道两家在性论上的不同,在于对道的内容的认定不同。"①儒、道两家的人性观"形式格架"接近,给《淮南子》人性思考以道家思致为主兼综儒家为辅,提供了方便;儒、道两家的人性观精神实质迥殊,则对《淮南子》兼综儒家时是否头脑清澈,是一个考验。

一、人性:由"真"而"静"

在旧有的关于"人"的思考中,儒、道两家最关心人性的自觉,尽管两家对人性的具体理解存在着根本性的差异。《淮南子》对于人性自觉,也甚是重视。从中可见《淮南子》规划人的"个体位置"时,深受儒、道两家人性思考的影响。关于人性自觉在人的一生中的重要作用,《淮南子》有个形象生动的比喻,"夫乘舟而惑者,不知东西,见斗极则寤矣。夫性,亦人之斗极也。有以自见也,则不失物之情;无以自见,则动而惑营"②。人性自觉之于人生,如同北斗之于在河海中夜航的航船。人性自觉地朗显出来,人就有了主心骨,对于人生的每一步,都有一清醒的认识而不会迷惑;如果人性受到了蒙蔽,人便像丢掉了灵魂的行尸走肉,在人生的道路上浑浑噩噩,迷不知返。从这个比喻来看,《淮南子》认识到,人应该有人性自觉,自觉了的人性应该朗显于人的一生;《淮南子》还认识到,人性自觉、自觉了的人性长葆不失,并非是件容易之事,相反,自觉了的人性极有可能随时得而复失,重陷迷惘。

那么,人性的本质应该是什么呢?什么样的人生境界才是理想的人性实现?《淮南子》在老庄的基础之上,试图做出进一步的阐释。不过在阐释中,还动用了儒家资源。

《庄子》有言:"礼者,世俗之所为也;真者,自然不可移易也。"③老庄是从

---

① 徐复观:《两汉思想史》第二卷,华东师范大学出版社2001年版,第140页。
② 张双棣:《淮南子校释》(上)卷十一《齐俗训》,北京大学出版社1997年版,第1132页。
③ 陈鼓应:《庄子今注今译》,中华书局1983年版,第823—824页。

第三章 "考验乎老、庄之术":《淮南子》与道家

"真—俗"对立的角度出发,判定人性本"真"的。而《淮南子》却从《礼记·乐记》"人生而静"出发,进入人性思考,然后才绕入对庄子"人性本'真'"的敷演:"人生而静,天之性也;感而后动,性之害也;物至而神应,知之动也;知与物接,而好憎生焉。好憎成形而智诱于外,不能反己,而天理灭矣。"①这段文字,和《礼记·乐记·乐本》中"人生而静……天理灭矣",除个别字句——例如,"性之害也"在《乐记》中作"性之欲也","不能反己"在《乐记》中作"不能反躬","物至而神应,知之动也;知与物接"在《乐记》中用"物至知知"四语括之——有小异之外,以"人生而静"为"天理"的思致完全相同。"清静恬愉,人之性也;仪表规矩,事之制也。"②"水之性真清,而土汨之;人性安静,而嗜欲乱之"③。由此可见,在《淮南子》的眼中,人性的本质是"人生而静"——"质真而素朴,闲静而不躁"④。那么,人性为什么是清静的呢?由此《淮南子》绕入对道家人性本"真"的敷演。

道家认为虚静是"道"的德性,因此"间世"脱俗,保持心态之虚静,就是复归于"道"以发现并保持人性之真的根本途径。老子说"致虚极,守静笃"⑤、"清净为天下正"⑥,庄子说"故曰:夫恬淡寂漠虚无无为,此天地之本而道德之质也。故圣人休焉,休则平易矣,平易则恬淡矣。平易恬淡,则忧患不能入,邪气不能袭,故其德全而神不亏"⑦。在老庄看来,致虚守静既是人性葆"真"反"真"的基本路径,同时也是人性之"真"的理想状态。

《淮南子》则在此基础之上,试图进一步确认,"静"就是人性之本真。而人以"静"为本真之德性,就是"道"虚静之"德"性在人性上的直接落实。其思维逻辑是:人生天地间,作为万物之一,同样是道创生宇宙的结果。正如前文所引,"古未有天地之时,惟像无形,窈窈冥冥,芒芠漠闵,澒濛鸿洞,莫知其门。有二神混生,经天营地;孔乎莫知其所终极,滔乎莫知其所止息;于是乃别

---

① 张双棣:《淮南子校释》(上)卷一《原道训》,北京大学出版社 1997 年版,第 34 页。
② 张双棣:《淮南子校释》(下)卷十八《人间训》,北京大学出版社 1997 年版,第 1831 页。
③ 张双棣:《淮南子校释》(上)卷二《俶真训》,北京大学出版社 1997 年版,第 215 页。
④ 张双棣:《淮南子校释》(上)卷八《本经训》,北京大学出版社 1997 年版,第 801 页。
⑤ 《老子·十六章》,见陈鼓应:《老子注译及评价》,中华书局 1984 年版,第 124 页。
⑥ 《老子·四十五章》,见陈鼓应:《老子注译及评价》,中华书局 1984 年版,第 241 页。
⑦ 陈鼓应:《庄子今注今译》,中华书局 1983 年版,第 396 页。

淮南子的思想世界

为阴阳,离为八极;刚柔相成,万物乃形;烦气为虫,精气为人"①,人之精神骨骸均为天地所有,人"以天为父,以地为母",而"天静以清,地定以宁",故而"人性本静"②。从这个陈述逻辑来看,《淮南子》试图把宇宙创生的思路,编织到对人性的思考之中:人的出现是道在创生过程之中自然而然的一个阶段,也就是说,人自身从根本上来讲,来源于道,而"道"自身的品质是清净自然的,所以就人来讲,其本性也就自然而然是清静的了。然而,《淮南子》这些"试图",纯是自作聪明,弄巧成拙!

说《淮南子》"把宇宙创生思路编织到人性思考之中"的企图"纯是自作聪明",是因为《淮南子》的作者,虽然心仪道家,对道家之学却囫囵吞枣,生吞活剥。徒得道家之粗,而无道家之精。就"宇宙创生"而言,本书在本章第一节已经指出,《淮南子》的作者,浑不察老氏述及宇宙创生:"道生一,一生二,二生三,三生万物"/"万物负阴而抱阳,冲气以为和";"道生之"/"德蓄之,物形之,势成之",严谨而有序的分"段"陈述,自作聪明,把在老氏那里到"三生万物"才开始介入"创生"的"气","一条鞭"式地通贯到"三"、"二"、"一",乃至于"道"。当《淮南子》把他那对老氏"宇宙创生"自作聪明实则混乱错谬的理解编织到人性思考中时,必然要导致他们把"人之德"和"天地之德",把"人性"和"物性",不加区分地混为一谈。其实,在老庄之学里,二者之间的区别,是相当清晰的。"天地之德"——"天静以清,地定以宁",就是"道"。或者说,就是"道"的直接体现。而"人之德",除了人直立、体无毛、分牝牡,是"道"的直接体现之外,其余的,例如人"致虚守静"、"法天贵真"之"德",是人在效"天"法"地"中,"观复""知常",从"天地之德"中体悟出"道";把体悟出的"道",用于指导自身的活动,间接地积累出来的。在老庄之学中,"物性"和"人性",也迥然有别:"物性"无"真"无"伪",是纯自然——"道"的直接落实。"人性"则分"真""伪"。"人性"以"真"为贵,以"伪"为特决之"疴"。"人性"所贵之"真",决不像《淮南子》说的是"道"在人性中的直接落实。恰好相反,它是人识得"世俗所为"之"伪",才自觉地去维护那个"自然不可移易"之"真"。正如庄子在《渔父》篇里说的:"礼者,世俗之所为也;真者,所以受之以

---

① 张双棣:《淮南子校释》(上)卷七《精神训》,北京大学出版社1997年版,第719页。
② 张双棣:《淮南子校释》(上)卷七《精神训》,北京大学出版社1997年版,第719页。

天也,自然不可移易也。故圣人法天贵真,不拘于俗"①,人性所贵之"真",是"法天"法出来的。用现代语言说,人性追求的那个"自然不可移易"之"真",并非"纯自然",而是掺和有人自觉地向自然之道回归之能动意识的"任自然"。自作聪明的《淮南子》的作者,从这里走向了"弄巧成拙"。

《淮南子》把人性之本性的发现和保持,与天、与道关联到了一起。人性的保持应该和"天"保持一致,维持其本真的自然状态,而不能妄施以人力。这一思致,尚不全违道家:

> 故橘树之江北,则化而为枳;鸲鹆不过济,貈渡汶而死;形性不可易,势居不可移也。是故达于道者,反于清净;究于物者,终于无为。以恬养性,以漠处神,则入于天门。所谓天者,纯粹朴素,质直皓白,未始有也杂糅者也。所谓人者,偶智礳故,曲巧伪诈,所以挽仰于世人而与俗交者也。故牛歧蹄而戴角,马被髦而全足者,天也。络马之口,穿牛之鼻者,人也。循天者,与道游者也;随人者,与俗交者也。夫井鱼不可与语大,拘于隘也;夏虫不可与语寒,笃于时也;曲士不可与语至道,拘于俗,束于教也。故圣人不以人滑天,不以欲乱情,不谋而当,不言而信,不虑而得,不为而成,精通于灵府,与造化者为人。②

《淮南子》此说,"是故"以下,全模《庄子》腔口。认为"循天者,与道游者也;随人者,与俗交者也",也是在重复庄子的老调。但《淮南子》企图再往前跨一步,从这里引出人性的发现和保持,并不是一个简单的个人修养问题,而是具有了本体论层面上的意义。就属于自作聪明,横生枝节,自叛庄子而不自知了。《庄子》说"牛"、说"马"、说"井蛙"、说"冰虫"、说"曲士",并不是为了证出个什么"本体虚静"。相反,《庄子》说"牛"、说"马"、说"冰虫"、说"井蛙"、说"曲士",是为了提醒人们对人存在的现实困境的关注,提醒人们猛醒"俗"与"教"害性戕生那一面,从而引导人在每一个人"体道—间世—复德"的"修养"中,重新找回在"拘俗束教"中失却了的人性之"真"。也就是说,在《庄子》那里,人性之"真",是自觉了的人与"俗、教"周旋中"争"回来的,是自觉了的人在"体道—间世—复德"修养中"修"出来的,而不是"虚静"之"本

---

① 陈鼓应:《庄子今注今译》,中华书局1983年版,第823—824页。
② 张双棣:《淮南子校释》(上)卷一《原道训》,北京大学出版社1997年版,第59页。

体"能够直接赐予的。此是庄子虽然秉承《老子》学脉,却对老氏那个"六合之外"的"本体""存而不论"的原因所在。体认"本体虚静",只是人性复归的第一步。人性之"真"的真正复归,还有"间世""修德"等大量的致曲工夫,并非识得"本体"就可了结。把人性之"真"的获得,完全寄望于对"虚静本体"的体认,只会导致放弃努力,曲从"俗、教",从而根本违背老氏在"观复—知常"中"致虚守静"、庄子在与"俗、教"周旋中"法天贵真"之旨。《淮南子》试图把宇宙创生编织进对人性的思考之中,并以此去规划人的"个体位置",弄巧成拙的原因,就在这里。

弄巧成拙,在《淮南子》"人为之,天成之"的"个体位置"规划中,表现得最为突出:"人无能作也,有能为也;有能为也,而无能成也。人之为,天成之。终身为善,非天不行;终身为不善,非天不亡。故善否,我也;祸福,非我也。故君子顺其在己者而已矣。性者,所受于天也;命者,所遭于时也。有其材,不遇其世,天也。太公何力,比干何罪,循性而行指,或害或利。求之有道,得之在命"①。此说出自《淮南子·缪称训》。张双棣《淮南子校释》"笺释"此文时,引杨树达说:"'作'谓创造,故与'为'异。'人之为',疑当作'人为之'"。②《缪称训》这一节文字,在"作/为/成"层次复杂的网络中,讨论人的"个体位置"。在讨论"作/为/成"语境中,"人为之,天成之",是比"人之为,天成之"要文从字顺得多。《缪称训》篇章组织很别致。曾国藩读后感到:"此篇嘉言雨集,妙义云来,皆短章零节,无长言繁称者也"③。但上引《缪称训》这一节短章文字,虽无"长言",却有"繁称":"作""为""成""性""命""天""道",概念密集,撞头碰脑。让我们先释概念,再申"妙义"。这一串概念,是儒、道两家共同使用的概念,但儒、道两家在使用时,赋予这些概念以不同的含义。杨树达说:"'作'谓创造"。《淮南子》说"人不能作",则"作"不由人,"物物者非物"。那么,谁是"作"者?道家说是"道";儒家说是"圣"。人"有能为",则

---

① 张双棣:《淮南子校释》(上)卷十《缪称训》,北京大学出版社1997年版,第1079页。

② 张双棣:《淮南子校释》(上)卷十《缪称训》引,北京大学出版社1997年版,第1081页。

③ 张双棣:《淮南子校释》(上)卷十《缪称训》引,北京大学出版社1997年版,第1033页。

第三章 "考验乎老、庄之术":《淮南子》与道家

"为"是人的行动。人应"为"何为？道家说体道葆德，为"无为"；儒家说践仁行义，为"有为"。"成"者，助成、成就、完成。《淮南子》说，人"无能成"。那么，是谁在"成"？道家说"德蓄势成"；儒家说"成事在天""成事有命"。儒家说"性"乃"天"之所"命"，道家说"性"本"自然"。"命"是冥冥之中起作用的力量。道家谓"人之自性""性之妙"者为"命"①；儒家谓"命原于天"②。儒家尊"天"而"与命"；道家顺"性"而"达命"。道家谓"自然而然"者为"天"；儒家之"天"，则"有物有则"、善善而恶恶。儒家之"道"，罕言"天道"，侧重人事，主"有为"；道家之"道"，通贯天地人，"无为而无不为"。在对"作""为""成"等概念进行简单分疏之后，让我们审视《淮南子》这一段要言说的"妙义"。前文说过，《淮南子》这一段文字，是在一个复杂的网络里，讨论人的"个体位置"。言说的经验基础，是齐桓公、晋文公、秦穆公、魏武侯这些成功英主的前言往行。《淮南子》规划出的"个体位置"是：人处在"无能作也，有能为也，有能为也，无能成也。人为之，天成之"的尴尬位置上。此处之"天"，兼有"道""命""时""势"多重含义。人在这种尴尬位置上，"能为"的，只是"顺其在己者而已"。杨树达说："'顺'当读为'慎'"。杨树达的读法，味长而可从。"在己者"何也？"人之自性"，"天"之所"命"于人者。为什么要"慎"用其"性"？因为，尽管《礼记·中庸》里说"天命之谓性，率性之谓道"。但太公姜尚、王子比干的经历证明，"循性行指（志）"即"率性为道"充满了偶然性："求之有道，得之在命"。这样，在《淮南子》那里，"命"成了"必然"，"道"反而成了"偶然"。在这种"个体位置"上，人"能为"的，就只是听"天"由"命"。在儒家那里，人因其有扩充"四端"从而"万物皆备于我"的能动性，从而成为与"天""地"并立的"三才"。在道家那里，人因其有"体道逍遥"的能动性，从而成为与"天""地""道"并立的"域中四大"。《淮南子》实际上既剥夺了儒家也剥夺了道家赋予人的能动性，他所规划出的人的"个体位置"，既无儒家"朝闻夕死""成仁取义"的"弘毅"风骨，也无道家"独与天地精神相往来而不傲倪万物，不遣是非与俗世处"的"逍遥"自在。在这个"个体位置"上，"有心之

---

① 陈鼓应：《老子注译及评价》第十六章"复命"注引释德清等，中华书局1984年版，第124页。
② 钱穆：《论语新解》（子罕）"与命"解，生活·读书·新知三联书店2002年版，第220页。

器"和"无识之物"之间的界限被取消了,人被彻底"物"化了。而"物"化人,道家反对,儒家反对,只有法家乐见其成。不过,法家"物"化人,是出于政治机心,它要把人的自然性释放出来,让人成为急功近利的"耕战"工具;《淮南子》"物"化人,是因为思想混乱,仅得道家之粗,无与道家之精。但无意之中,他把人推向了听天由命的顺民位置,从而与法家同流合污而不自知。

二、人性的保持:原心反性

如同庄子一样,《淮南子》也把人的发展历程看作人性沦丧和复归的历程。也对随着物质水平提高和社会组织严密而人性不断萎缩、沦丧的现况,感到极度的痛心。庄子认为造成人性损害的原因,是惑于"名""利",造成人的"以身为殉"。在《庚桑楚》篇中,庄子把"悖志""谬心""累德""塞道"之因,细分成"富贵名利显严,容动色理气意,恶欲喜怒哀乐,去就取与知能"四类二十四种。而《淮南子》则将其进一步从内到外,分别归结为知、情、欲、物、俗等几个方面,认为这是导致人性在历史进程中不断受到损害而走向坠落的原因。

就"知"而言,庄子已经认识到"好知而无道"是大乱之源:

> 上诚好知而无道,则天下大乱矣。何以知其然邪?夫弓弩毕弋机辟之知多,则鸟乱于上矣;钩饵罔罟之知多,则鱼乱于水矣;削格罗落罝罘之知多,则兽乱于泽矣;知诈渐毒颉滑坚白解垢同异之变多,则俗惑于辩矣。故天下每每大乱,罪在于好知。故天下皆知求其所不知而莫知求其所已知者,皆知非其所不善而莫知非其所已善者,是以大乱。故上悖日月之明,下烁山川之精,中堕四时之施;惴耎之虫,肖翘之物,莫不失其性。甚矣夫好知之乱天下也![1]

庄子是在"体道/好知"对立的语境中"罪"知的。认真地说,庄子所反对的,并不是"知",而是由于"好知无道"而"逞知",即对"知"的滥用。"上诚好知而无道,则天下大乱矣",依照这个逻辑,假如"好知而有道",以"道"运"知","知"就不是大乱之源。庄子认为,运"知"有"道"。"道"在何处? 在"知求其所已知者",即在运"知"时对已有知识进行批判性反省。为什么"知

---

[1] 陈鼓应:《庄子今注今译》,中华书局1983年版,第263页。

第三章 "考验乎老、庄之术":《淮南子》与道家

求其所已知者"是运"知"之道?《庚桑楚》里说,"知者,接也"①。一切知识都是在具体语境中诞生的。因而一切知识都是有限的,而不是普世的。把有限之知,当作普世真理去搬弄,肯定要"乱天下"。所以说,"乱天下"者,不是"知",而是"莫知求已所知者"而随意"逞知"。由此可见,有论者把庄子划入中国思想史上的"反智"传统,②恐非"中的"之论。《淮南子》虽然秉承道家余绪,却转移了论域,在"形—气—神"论域内说"知":"夫形者,生之舍也;气者,生之充也;神者,生之制也。一失守则二者伤矣……知能别同异,明是非,何也?气为之守而神为之使也"。假如"神失其守",则"在于小则忘于大,在于内则忘于外……"③所得的都是残缺不全的知识。《淮南子》虽然秉承老庄"知"乃感性之缘的余绪,却改换了论域,把原本在"存在论"论域里讨论的如何对待知识的问题,转换成在"认知论"论域里讨论如何求得"全能知识"的问题。《淮南子》在"形—气—神"论域里说"知",自有妙义。但已远远离开了老庄在"人性存毁"上说"知"的立场了。即便在认知论的论域之内,《淮南子》试图以"居不知所为,行不知所之。浑然而往……而立至清之中"④的方式,求"全能之知",不仅逻辑混乱,而且完全忘记了他所祖述的老庄,一切知识都是有限的,"全能知识"为不可能的基本立场。

就"情"而说,《淮南子》说:"夫喜怒者,道之邪也;忧悲者,德之失也;好憎者,心之过也;嗜欲者,性之累也。人大怒破阴,大喜坠阳;薄气发瘖,惊怖为狂;忧悲多恚,病乃成积;好憎繁多,祸乃相随。"⑤在此,《淮南子》在把"忧悲嗜欲"视为人"失德累性"之缘的同时,还将"大喜大怒"同人的生理健康结合起来,其中不无医学意味,而集中地指向对于人性之静的保持,"故心不忧乐,德之至也;通而不变,静之至也;嗜欲不载,虚之至也;无所好憎,平之至也;不与物散,粹之至也。能此五者,则通于神明。通于神明者,得其内者也"⑥。在

---

① 陈鼓应:《庄子今注今译》,中华书局1983年版,第618页。
② 参见余英时:《中国思想传统的现代诠释》,江苏人民出版社2006年版,第51—58页。
③ 张双棣:《淮南子校释》(上)卷一《原道训》,北京大学出版社1997年版,第125页。
④ 张双棣:《淮南子校释》(上)卷七《精神训》,北京大学出版社1997年版,第747页。
⑤ 张双棣:《淮南子校释》(上)卷一《原道训》,北京大学出版社1997年版,第94页。
⑥ 张双棣:《淮南子校释》(上)卷一《原道训》,北京大学出版社1997年版,第94页。

明"道"持"性"的同时,已经很有了些医学养生的意味。

对于"欲"对人性的损害,《淮南子》也有相当论述,认为对人性最为有害,"人性欲平,嗜欲害之"①,"水之性真清,而土汩之;人性安静,而嗜欲乱之"②,最直接的感官欲望以及发自内心深处的欲望,尤难为抑,并且同人性构成了明显的互不两立的关系,"邪与正相伤,欲与性相害,不可两立,一废一置,故圣人损欲而从性"③。

《淮南子》进而指出,以上知、情、欲作为人自身的内部因素,已难克服,同时,对人性的损害,还有来自外部的物和俗。外物,如前面所言的五色、五声、五臭、五味等等,构成了对人的极大诱惑,成了堕落的社会之中人的普遍追逐的对象。"原人之性,芜秽而不得清明者,物或堁之也"④。而同时,对人性的影响,还包括"俗",社会风气习俗对人的影响也不可小视。"人之性无邪,久湛于俗则易。易而忘本,合于若性。"⑤"衰世之俗,以其知巧诈伪……性命飞扬,皆乱以营;贞信漫澜,人失其情性。于是,乃有翡翠犀象……趋舍行义、礼节谤议以营其心。"⑥

在内外各种因素的影响之下,人性易失其本,那么要恢复和保持人性不至于向下堕落,唯有尽力使人性之"本"得到保持,而要做到这一点,从社会形态上来讲,最好是回归到社会发展之初蒙蒙昧昧的本初状态。但同庄子一样,《淮南子》也认识到这实际上是不可能的。那么如何才能保持人性不至丧失呢?唯有向心灵内部进发,从精神的层面上实现对于现实世界的超越,实现心灵的转化。

在《淮南子》看来,人性的保持唯有体道—遗物—反己。"人生而静,天之

---

① 张双棣:《淮南子校释》(上)卷十一《齐俗训》,北京大学出版社1997年版,第1132页。
② 张双棣:《淮南子校释》(上)卷二《俶真训》,北京大学出版社1997年版,第115页。
③ 张双棣:《淮南子校释》(下)卷十四《诠言训》,北京大学出版社1997年版,第1497页。
④ 张双棣:《淮南子校释》(上)卷十一《齐俗训》,北京大学出版社1997年版,第1131页。
⑤ 张双棣:《淮南子校释》(上)卷十一《齐俗训》,北京大学出版社1997年版,第1132页。
⑥ 张双棣:《淮南子校释》(上)卷十一《齐俗训》,北京大学出版社1997年版,第1197页。

第三章 "考验乎老、庄之术":《淮南子》与道家

性也;感而后动,性之害也;物至而神应,知之动也;知与物接,而好憎生焉。好憎成形,而知诱于外,不能反己,而天理灭矣。故达于道者,不以人易天,外与物化,而内不失其情,至无而供其求,时骋而要其宿"①。真正能够"达道"者,"外与物化",在外在的表面上如水一样,随物而化,而在其内心则守其本心,不至于丧失自我。"原心反性则贵矣,适情知足则富矣,明死生之分则寿矣",唯有"原心反性""适情知足",方能做到贵、富、寿,因此,通常世俗之人所希望通过权力财富而实现的人生目标,在《淮南子》的眼中是不可取的,要真正实现这一目的,其根本途径是通过内在心性的修养。

那么如何才能做到遗物反己呢?《淮南子》说:"审死生之分,别同异之迹,节动静之机,以反其性命之宗。所以使人爱养其精神,抚静其魂魄,不以物易己,而坚守虚无之宅者也"②,就外在而言,要做到"审死生"、"别同异"(本书按:"别"是告别而非区别)、"节动静"(本书按:"节"是掌控而非节制),从而回归性命的根本,"反性命之宗",就内在而言,则要"爱养其精神""抚静其魂魄",不为外物所惑乱,保持内心的虚静平和。"是故圣人之学也,欲以反性于初而游心于虚也。达人之学也,欲以通性于辽廓而觉于寂漠也。"③要实现人性的复原,"反性于初",其实现途径就是"游心于虚""通性于辽廓",在虚静辽廓的心理状态之下,去体味体会本源性的道,从而实现其人性的回归。

《淮南子》在总体上主张人性清静恬愉,应该"游心于虚",重归于寂寞的同时,也承认人各有性,即人性是具体的而不是抽象的:

> 是以人不兼官,官不兼事,士农工商,乡别州异。是故农与农言力,士与士言行,工与工言巧,商与商言数。是以士无遗行,农无废功,工无苦事,商无折货,各安其性,不得相干。故伊尹之兴土功也。修胫者使之跖钁,强脊者使之负土,眇者使之准,伛者使之涂,各有所宜,而人性齐矣。胡人便于马,越人便于舟,异形殊类,易事而悖,失处而贱,得势而贵,圣人

---

① 张双棣:《淮南子校释》(上)卷一《原道训》,北京大学出版社1997年版,第34页。
② 张双棣:《淮南子校释》(下)卷二十一《要略》,北京大学出版社1997年版,第2127页。
③ 张双棣:《淮南子校释》(上)卷二《俶真训》,北京大学出版社1997年版,第198页。

总而用之，其数一也。①

此处所说的"各安其性""各有所宜"，承认了人性之中存在着个体差异，因此，判断其是否得到充分实现的标准是"宜"，即个体是否具有一个能够充分实现自身的空间，各安其位，充分地实现和释放自身的潜力。很明显，这里所谓的"性"同其所主张的人性本体的具有共性意义的"清静之性"内涵并不相同，而是承认和强调其作为个体的独特之性。但是唯有认识到人的这种个体之性的差异，并做到"各安其性""各有所宜"，方能真正实现共性意义上的清静恬愉，因为两者虽然在内容上有所不同，但是从本质上来讲，还是属于自然人性论的范畴。

另外需要提及的是，《淮南子》在保持人性、"原心反性"方面，同样持一种"崇圣"的精英主义的立场。"圣人食足以接气，衣足以盖形，适情不求余，无天下不亏其性，有天下不羡其和，有天下无天下一实也。"②"夫圣人用心，杖性依神，相扶而得终始，是故其寐不梦，其觉不忧。"③"圣人不以人滑天，不以欲乱情。"④"圣人胜心，众人胜欲。君子行正气，小人行邪气。"⑤"人性欲平，嗜欲害之，惟圣人能遗物而反己。……夫纵欲而失性，动未尝正也……是故不闻道者，无以反性。故古之圣王，能得诸己，故令行禁止，名传后世，德施四海。"⑥圣人能够做到体物反己，而常人则是"人大怒破阴，大喜坠阳；大忧内崩，大怖生狂"⑦。"众人胜欲"、"言无常是，行无常宜者，小人也"、"夫七尺之形，心知忧愁劳苦、肤知疾痛寒暑，人情一也。"⑧在此，《淮南子》认为圣人能够体道、"能遗物而反己"，因此在事实上能够真正做到人性清静无为、不至于

---

① 张双棣：《淮南子校释》（上）卷十一《齐俗训》，北京大学出版社1997年版，第1181页。

② 张双棣：《淮南子校释》（上）卷七《精神训》，北京大学出版社1997年版，第778页。

③ 张双棣：《淮南子校释》（上）卷二《俶真训》，北京大学出版社1997年版，第146页。

④ 张双棣：《淮南子校释》（上）卷一《原道训》，北京大学出版社1997年版，第59页。

⑤ 张双棣：《淮南子校释》（下）卷十四《诠言训》，北京大学出版社1997年版，第1496页。

⑥ 张双棣：《淮南子校释》（上）卷十一《齐俗训》，北京大学出版社1997年版，第1132页。

⑦ 张双棣：《淮南子校释》（上）卷一《原道训》，北京大学出版社1997年版，第94页。

⑧ 张双棣：《淮南子校释》（下）卷十九《修务训》，北京大学出版社1997年版，第1996页。

丧失的唯有圣人，这足以表明在现实社会中能够真正实现体道反性，循天而行的"圣人"境界，更多只是所表达的一种人性和人生理想。普通的"俗"人所面临的社会现实是冰冷无情的，正如《淮南子》所哀叹的："今矰缴机而在上，罾罟张而在下，虽欲翱翔，其势焉得！故《诗》云：'采采卷耳，不盈倾筐，嗟我怀人，寘彼周行。'以言慕远世也。"①面对这样的处境，不得不将性之实现与否寄托于不可把握不可认识的"命"："古人圣人，其和愉宁静，性也；其志得道行，命也。是故性遭命而后能行，命得性而后能明。乌号之弓，谿子之弩，不能无弦而射；越舲蜀艇，不能无水而浮。"②

三、"真人"：神仙与养生

从"原心反性"的立场出发，《淮南子》逐步走向了"性合于道"的"真人"理想，"所谓真人者，性合于道也"③、"真人者，未始分于太一者也"④、"夫至人倚不拔之柱，行不关之途，禀不竭之府，学不死之师；无往而不遂，无至而不通；生不足以挂志，死不足以幽神；屈伸俯仰，抱命而婉转，祸福利害，千变万紾，孰足以患心！"⑤而《精神训》对于得道，"性合于道"的"真人"更有着仔细的论述：

> 所谓真人者，性合于道也。故有而若无，实而若虚；处其一不知其二，治其内不识其外；明白太素，无为复朴；体本抱神，以游于天地之樊，芒然仿佯于尘垢之外而逍遥于无事之业。……若然者，正肝胆，遗耳目；心志专于内，通达耦于一；居不知所为，行不知所之；浑然而往，逯然而来；形若槁木，心若死灰；忘其五藏，损其形骸……大泽焚而不能热，河汉涸而不能寒也，大雷毁山而不能惊也，大风晦日而不能伤也。……是故其寝不梦，其智不萌；其魄不抑，其魂不腾；反覆终始，不知其端绪；甘暝太宵之宅，而

---

① 张双棣：《淮南子校释》（上）卷二《俶真训》，北京大学出版社1997年版，第235页。
② 张双棣：《淮南子校释》（上）卷二《俶真训》，北京大学出版社1997年版，第234—235页。
③ 张双棣：《淮南子校释》（上）卷七《精神训》，北京大学出版社1997年版，第747页。
④ 张双棣：《淮南子校释》（下）卷十四《诠言训》，北京大学出版社1997年版，第1469页。
⑤ 张双棣：《淮南子校释》（上）卷七《精神训》，北京大学出版社1997年版，第772页。

觉视于昭昭之宇;休息于无委曲之隅,而游敖于无形埒之野;居而无容,处而无所:其动无形,其静无体;存而若亡,生而若死;出入无间,役使鬼神;沦于不测,入于无间,以不同形相嬗也;终始若环,莫得其伦,此精神之所以能登假于道也,是故真人之所游。

以上云云,极尽排比铺张之能,实则不过是《庄子》书中"真人""神人"的踵事增华,变本而加厉。但《淮南子》对"真人"的态度,与《庄子》颇有差别。《庄子》之书,"寓言什九"。《庄子》书中的"真人""神人",泰半是借"荒唐无端崖之辞",寄寓"体道逍遥"之境。《淮南子》的作者们,则是真相信"真人"可达,长生可期。例如,这里的"真人"除了"故有而若无,实而若虚""心志专于内,通达耦于一;居不知所为,行不知所之"之外,还具有某些超越、脱离于世俗生命的体征:"大泽焚而不能热,河汉涸而不能寒也,大雷毁山而不能惊也,大风晦日而不能伤也",能够"居而无容,处而无所:其动无形,其静无体;存而若亡,生而若死;出入无间,役使鬼神;沦于不测,入于无间"。很明显,《淮南子》所描述的这些"真人""至人",能够超越生死,不受外在各种自然环境的伤害,优游自得,畅游于天地之间,已经实现了某种程度上的"逍遥游",并且具备了传说中的神仙的若干特征。

联系淮南王刘安及其众宾客的其他著述,"又有《中篇》八卷,言神仙黄白之术,亦二十余万言"[①]。汉宣帝时,"复兴神仙方术之士,而淮南有《枕中鸿宝苑秘书》,书言神仙使鬼物为金之术,乃邹衍重道延命方,世人莫见"[②]。即使是在《淮南子》中,也有众多关于神仙鬼怪的说法和描述,如《地形训》关于昆仑山中神仙神人的相关说法,"昆仑之丘,或上倍之,是谓凉风之山,登之而不死;或上倍之,是谓悬圃之山,登之乃灵,能使风雨;或上倍之,乃维上天,登之乃神,是谓太帝之居""不食者不死而神"。在其他篇目中也有许多关于神仙神话传说的记载。可以认为,《淮南子》的作者们是相信神仙是存在的,并有自己的神仙信仰。胡适在20世纪30年代说,《淮南子》通过描画逍遥的"真人",表现的正是渴望不死不生的神仙家之出世哲学,甚至其书总旨亦在于此。[③]"其书总旨"在"神仙家之出世哲学",或许言之过重?但刘安及其宾

---

① 班固:《汉书》卷四十四《淮南衡山济北王传》,中华书局1962年版,第2145页。
② 班固:《汉书》卷三十六《楚元王传》,中华书局1962年版,第1928—1929页。
③ 胡适:《淮南王书》,新月书店1931年版,第92页。

客有神仙信仰,却是不争之事实。更有论者根据《淮南子》的相关记载,认为"《淮南子》关于神仙实有的证明是从二个方面来阐明的:一是以昆仑山神仙境界的神话来证明;二是以阴阳气感应的类推方法来证明"①。

能够从修身体道、养性反己走向神仙式的"真人",这却是庄子所向往的"逍遥游"所意想不到的发展结果。很明显,同样是对"逍遥"境界的追求,有在"间世"中获得精神自由的"逍遥",有试图超越自然生命的限制而获得肉体自由的"逍遥"。《淮南子》的作者们更乐意享受肉体逍遥。尽管有论者把《淮南子》中流露出的神仙信仰,说成是刘安同他的宾客们在面对专制皇权的强力压迫之下,其向往自由解放的心情"特为迫切",因此在庄子的世界里遨游时"觉得《庄子》是他们的代言人",因此大量吸收庄子的思想,以表达他们"在压迫和危机感下对精神自由的向往"②。此说虽然说得很是动听,但终难掩《淮南子》对于庄子精神自由的理解,同庄子自身之间存在着思想上的差异这一事实。

尽管同庄子一样,《淮南子》也主张围绕"游心与虚",通过"偃其智故"、"坚守虚无之宅"、"心不忧乐,德之至也;通而不变,静之至也;嗜欲不载,虚之至也;无所好憎,平之至也"③,做到"精神之不可使外淫"④,持守其清静恬愉之根。但在庄子那儿,更为注重的是精神世界的内在超越和卓然挺拔,这是一种个体生命的自由理想。而《淮南子》则并非这样,它在重复庄子调头的同时,还企图从生理学(当然是很不可靠的生理学)上,对精神自由的获得,做出进一步的论证,例如《精神训》。《淮南子》的"逍遥"论,乍看起来,似乎比《庄子》要博富一些。实际上,《淮南子》对精神自由的"生理学"论证,大大削弱了庄子言说"逍遥"的社会批判意义。这与两家言说"逍遥"的意向有关。庄子言说"逍遥",是为"间世"葆真。《淮南子》言说"逍遥",除心仪庄子之外,还试图通过对于人性的复归、内心世界的平和,从而更好地实现经纶世务,参与世俗生活。这大概与刘安个人的诸侯王身份有着一定的关联,当然从某个层面上来讲,也反映了汉代盛世的时代精神。如其所言,"静漠恬澹,所以养性也;和愉虚无,所以养德也。外不滑内,则性得其宜;性不动和,则德安其位。

---

① 李建光:《论〈淮南子〉的"真人"信仰及其证明》,《湖南社会科学》2010年第3期。
② 徐复观:《两汉思想史》第二卷,华东师范大学出版社2001年版,第21页。
③ 张双棣:《淮南子校释》(上)卷一《原道训》,北京大学出版社1997年版,第94页。
④ 张双棣:《淮南子校释》(上)卷七《精神训》,北京大学出版社1997年版,第732页。

养生以经世,抱德以终年,可谓能体道矣。若然者,血脉无郁滞,五藏无蔚气,祸福弗能挠滑,非誉弗能尘垢"①。"静漠恬澹""和愉虚无"的目的在于"养生以经世,抱德以终年",而做到这一点了,对于身心健康也是大有裨益,"血脉无郁滞,五藏无蔚气,祸福弗能挠滑,非誉弗能尘垢"。

《淮南子·要略》说:"《原道》者,卢牟六合,混沌万物……欲一言而寤,则尊天而保真;欲再言而通,则贱物而贵身;欲参言而究,则外物而反情。"冯友兰先生认为,这正是《淮南子》设定的理论的"出发点"②,冯先生此说有理。由此看来,《淮南子》在这里同庄子在反性自适的观点上拉开了距离。大致来讲,庄子的理想在于通过精神与天地之道往来,而实现对生死祸福的终极超越,而《淮南子》则希望通过修身养性,实现精神和形体两个方面的调适调和,以实现"两手抓""双丰收",这明显是更为世俗更为现实的快乐主义原则。如此,《淮南子》则将庄子意义上的独立自由的生命体验转向了冀由养生而实现反性的现实途径,其中固然有对于圣王的理想身份的追求,但毕竟其贵身养生的味道是大大增强了。

当然,在养生的问题上,《淮南子》固然也注意到了身体训练的一些手段,如"若吹呴呼吸,吐故内新,熊经鸟伸,凫浴蝯躩,鸱视虎顾,是养形之人也"③,但其养生总的原则还是以养神为主,形神并重。"夫癞者趋不变,狂者形不亏,神将有所远徙,孰暇知其所为?故形有摩而神未尝化者,以不化应化,千变万抮而未始有极。"因此应当是"将养其神,和弱其气,平夷其形","夫静漠者,神明之宅也;虚无者,道之所居也。是故或求之于外者,失之于内;有守之于内者,失之于外。譬犹本与末也,从本引之,千枝万叶,莫不随也"④。通过内外兼修,做到"外与物接而不眩""内有以处神养气,宴炀至和,而己自乐,所受乎天地者也"⑤,如此"圣主"就能做到既有自得之乐、神之逍遥、形之安逸,而实现其既"经世"又"终年"的目的。

---

① 张双棣:《淮南子校释》(上)卷二《俶真训》,北京大学出版社1997年版,第225页。
② 冯友兰:《三松堂全集》(九),河南人民出版社2000年版,第131页。
③ 张双棣:《淮南子校释》(上)卷七《精神训》,北京大学出版社1997年版,第748页。
④ 张双棣:《淮南子校释》(上)卷七《精神训》,北京大学出版社1997年版,第719页。
⑤ 张双棣:《淮南子校释》(下)卷二十一《要略》,北京大学出版社1997年版,第2145页。

第三章 "考验乎老、庄之术":《淮南子》与道家

本章小结:本章主要着眼于《淮南子》同先秦道家,尤其是老庄之学间的思想关系,认为道家思想构成了它的理论基础,但同时也有相应的发展变化。这主要表现在:其一,就宇宙本体论而言,大大降低了先秦之"道"的玄想特征,而其可感可把握性却大大增强,以表面上的丰富具象性代替了实质上的深刻抽象性。而对于宇宙的生成演化问题,则强化了"气"在其中的驱动力作用。其二,在为政之道上,《淮南子》也对先秦道家之"无为"进行了"有为"化的改造,表达出强烈的刻意诉求,通过"因""道散而为德"等对"无为而治"进行了目的性、可行性以及历史化的反思。其三,在个体人性的层面上,《淮南子》则积极将修身养性同为政治国密切关联起来,试图实现修身修世的双重目的。由此出发,将人性之"静"同天道紧密关联,同时在试图"原心反性""遗物反己"的同时,表达出经由养生而养性的自觉化追求。

第四章　从"衰世凑学"到"仁义为本"

——《淮南子》对儒学"前倨而后恭"式的转变

"仁义"是儒学中的基干。"总统仁义",也是《淮南子》的思想主题之一。本书想指出的是,《淮南子》对儒学的态度,先后有一个可以称之为"前倨而后恭"的有趣变化。大体上说,《缪称训》以前诸篇,追随道家,排斥仁义。蔑称儒、墨之学乃是"博学以疑(拟)圣,华诬以胁众,弦歌鼓舞、缘饰《诗》《书》"而"失其大宗大本"①,"不知原心反本"的"衰世凑学"②。即便是在最慷慨的时候,也只是宽宏地称许以"仁义"为基干的儒学,至多是有局部"救败"之末用,"而非通治之至也"。③ 本书称《淮南子》的这种态度为"前倨"。《缪称训》之后,态度渐变,立场有移。时不时地用些动听的话语,向儒学及儒宗孔子奉上一瓣心香。到《泰族训》,竟一反此前一直坚持的"道、德乃治国之大本"之说,改称"仁义"为治国之"大本"。本书称《淮南子》的这种态度为"后恭"。

有意思的是,在《淮南子》的接受史上,对《淮南子》与儒学之间的关系,也有一个"前倨而后恭"式的有趣变化。迄于20世纪30年代的《淮南子》接受者,多是欣赏《淮南子》汪濊的文笔,博富的知识,以及《淮南子》"考验乎老庄之术"的雅致;对于《淮南子》"总统仁义"那部分内容,持"有它不多,没它不少",或有或无,都无伤大体的立场。即便是关心儒学的人士如扬雄、黄震等,对于《淮南子》与儒学之间的关系,或哀其"乍出乍入"之"杂",或怒其"不知体要"之陋,对《淮南子》"总统仁义"那部分内容,也不屑一顾。自20世纪60年代开始,《淮南子》与儒学之间的关系,日受研究者的重视和表彰,以至于有

---

① 张双棣:《淮南子校释》(上)卷二《俶真训》,北京大学出版社1997年版,第198页。
② 张双棣:《淮南子校释》(上)卷七《精神训》,北京大学出版社1997年版,第790页。
③ 张双棣:《淮南子校释》(上)卷八《本经训》,北京大学出版社1997年版,第820页。

《淮南子》思想"归于儒家"之说。在本书作者看来,《淮南子》接受史上发生的这一层同样有趣的"前倨而后恭"式的变化,和20世纪60年代开始的"东亚儒教文化圈"内国家和地区经济迅速腾飞的事实,以及台湾地区学者发起的"中华文化复兴"有关。而《淮南子》本身对儒学的"前倨而后恭"的态度变化,则反映出汉家在意识形态、文化精神上由"贵尚黄老"向"独尊儒术"的转型。

前文述及,秦亡汉兴。汉家接收过来的遗产,是连年战争之后的民生凋敝。于是,迅速疗治战争创伤,尽快恢复经济生产和社会稳定,成了汉初政治生活中压倒一切的头等大事。曹参相齐,采盖公之策,以道家之"清静无为"为指针治齐,齐国大治。曹参的成功经验,给汉廷提供了休养生息以迅速恢复国家元气的样板。因缘和合,主张清静无为的黄老之学,遂成为文、景之世盛行一时的思想时尚。但是,黄老之学关注的重心毕竟在宇宙"常道",经世治国仅是余事。再加上道家力主人君"为'无为'"的治国之道,也不是大一统的汉廷乐于长期实施的。随着休养生息中社会元气的恢复,汉家必然要另寻更适合于其大一统政治体制的意识形态。一贯留心"治道"且以"礼乐征伐自天子出"为目标的儒家思想,顺理成章,走上前台,替代黄老之学,成为汉家同时也是日后整个古代社会永久的思想基石,从此地位无可动摇。正如后世史家评论的,即便是在如南北朝那样的乱世:"北方戎马,不能屏视月之儒;南国浮屠,不能改经天之义"[1]。戎马、"异端",谁都未曾撼得动儒家思想在社会意识形态中的主流位置。

第一节 汉初儒学发展之概况

本书第一章曾经述及,暴秦实行"焚《诗》《书》以愚黔首"的政策。千年之后,晚唐诗人章碣,路过骊山脚下"焚坑"遗址,触景生情,以冷峻的笔调,嘲讽秦始皇的"焚坑"政策的实际效应:"竹帛烟消帝业虚,关河空锁祖龙居。坑灰未冷山东乱,刘项原来不读书"。确实,参与"群雄逐鹿"并"捷足先登"的汉

---

[1] 孔广森:《戴氏遗书序》,转引自皮锡瑞:《经学历史》,中华书局1959年版,第186页。

高祖刘邦及其从龙功臣,多是出身于社会下层的草莽英雄,本来就没有多少文化素养。再加上受暴秦禁"诗书"而尚气力风气的熏染,故而他们多蔑视知识,崇拜气力,迷信马上争天下,动辄以折辱儒生为戏:"沛公不好儒,诸客冠儒冠来者,沛公辄解其冠,溲溺其中。与人言,常大骂。"①称王之后,习气不改。史称,陆贾"时时前说称诗书。高帝骂之曰:'乃公居马上而得之,安事诗书!'"虽然位居"九五",草莽粗豪之气却难更。汉高祖生前,迟迟不废秦廷"焚坑"的法理依据——《禁挟书律》,与汉高祖的草莽习气不无关系。

韩愈在《石鼓歌》中曾感慨道:"孔子西行不到秦"。言下之意是,假如孔子周游列国,西行到秦,春秋以来的中国的政治地图,可能会全面改写。其实,即便孔子西行未到秦,以守护诗书礼乐为志业,并留心"治道"的儒学,在法家当道的秦国,也是甚具影响力的"显学"。② 儒学中的文化含量、政治含量,既不是秦始皇"焚坑"能够消灭,也不是后世雄主敢于忽视的。尽管秦朝有严酷的《禁挟书律》,民间对于儒学的传承研习一直不曾中断,甚至在最困厄的时候也一直如此。③ 秦汉间矢志不移的儒生,给汉廷"独尊儒术"留存下了火种。史称,楚汉相争,刘邦举兵围鲁,兵临城下,"鲁中诸儒尚讲诵习礼乐,弦歌之音不绝"④。儒生颠沛造次,守道不移的风骨,连动辄以辱儒为戏的汉高祖,也为之折腰:"高皇帝过鲁,以太牢祠焉"。影响所及,"诸侯卿相至,常先谒然后从政"⑤。儒宗孔子,俨然成了邹鲁地方的守护神。随着秦亡汉兴,儒家否极泰来,是迟早的事。而儒者有意识的自我推销,汉家在政治实践中的比较选择,共同促成了儒家"否极泰来"命运的最终到来。

根据经学史专家周予同的研究:在志在复兴儒学的汉儒的心目中,对儒宗孔子,有两种根本不同的身份认定。经"今文"学派里的儒生们,认定孔子是理应受命的"素王";孔子传承五经,是为了给后王(言下之意即汉家)立"王制",一制度;故而他们传经,致力于发掘儒学中的政治含量,立足于通经而致

---

① 司马迁:《史记》卷九十七《郦生陆贾列传》,中华书局1959年版,第2692页。
② 王先慎撰,钟哲点校:《韩非子集解》卷十九《显学》,中华书局1998年版,第456页。
③ 司马迁:《史记》卷一百二十一《儒林列传》,中华书局1959年版,第3116页。
④ 司马迁:《史记》卷一百二十一《儒林列传》,中华书局1959年版,第3117页。
⑤ 司马迁:《史记》卷四十七《孔子世家》,中华书局1959年版,第1946页。

用。经"古文"学派里的儒生们,认定孔子是至圣先师;孔子传承五经,是为了兴灭继绝,守护文化;故而他们传经,致力于发掘儒学中的文化含量,立足于知识传承。说见《周予同经学史论著选集》。① 本书想强调的是,促成儒家在汉"否极泰来"的,主要不是儒学中的"文化含量",而是儒学中的"政治含量"。而儒者叔孙通、公孙弘热衷为政,在热衷为政中表现出的"执经行权",可谓得风气之先。

叔孙通,鲁人。秦时以"文学"征,为秦廷待诏博士。秦始皇死后,山东乱起,叔孙通逃离秦廷,先事项梁,再事义帝,后事项羽。汉王二年,刘邦伐项羽,入彭城,叔孙通率百余弟子降汉。叔孙通儒生,素服儒服。闻刘邦憎儒服,立即改服楚式短衣。刘邦喜,拜叔孙通为博士。在本节的论域之内,叔孙通在汉,有两件事,值得一说。一件是在楚汉"蒙矢石争天下"之日,叔孙通向汉王荐人,舍门下弟子不荐,"专言诸故群盗壮士"。此事证明,儒者叔孙通有"自知之明":对儒学"难与进取",即儒学之长不在攻城略地争天下,而"可与守成",即儒学之长在践仁履义治天下,有清醒的认识;且擅于"执经行权":他要为儒学的日后发展保存"火种",好钢得用到刀刃上。第二件事是汉得天下,叔孙通建言按儒规,立"朝仪":明尊卑、别上下,用一系列朝仪制度,给从龙的草莽功臣戴上"笼头",让起家匹夫的刘邦体会到"天子之贵"。② 此事由于"采古礼与秦仪杂就之"而受到后世儒者的严厉批评。例如,司马光批评说:"惜夫,叔孙生之器小也!徒窃礼之糠秕,以依世、偕俗、取宠而已,遂使先王之礼沦没而不振"③;朱熹批评说,叔孙通采古礼与秦仪而成朝仪,"比之燕享群臣,气象便大不同。盖只是秦人尊君卑臣之法"④。都批评叔孙通根本不知儒家崇尚的"先王之礼"为何物,仅知"窃礼之糠秕"——"仪",去"依世、谐俗、取宠"。其实,当时鲁中就有执经不化的儒生,当面向叔孙通提出过类似的批评。叔孙通的回答,甚是爽快:"通笑曰:'若真鄙儒,不知时变。'"由此可

---

① 周予同:《经今古文学》,载朱维铮编:《周予同经学史论著选集》(增订本),上海人民出版社1983年版,第4—14页。
② 班固:《汉书》卷四十三《郦陆朱刘叔孙传》,中华书局1962年版,第2128页。
③ 司马光著,胡三省注:《资治通鉴》卷十一《汉纪三》,中华书局1956年版,第376页。
④ 黎靖德编,王星贤点校:《朱子语类·历代(二)》,中华书局1986年版,第3622页。

知,叔孙通制朝仪时,并非不知"先王之礼"也,而是出于应对"时变"而有所不为也。儒家之礼学,本来就有"文化""政治"两面。从"化性起伪"上说,礼属文化;从"明分使群"上说,礼属政治。① 而在政治范畴内明礼,"礼以隆杀为要",以"明上下,别尊卑"为"则"。② 叔孙通制朝仪,"采古礼与秦仪杂就之",发掘的正是儒学中的这种"政治含量",以自觉地参与到汉家的"守成"活动中去。本书要指出的是,正由于叔孙通自觉地用儒学"依世、偕俗",才初步扭转了汉高的"憎儒"心态,让汉高平心静气,回味咀嚼陆贾之言:"居马上得之,宁可以马上治之乎?且汤武逆取而以顺守之,文武并用,长久之术也。昔者吴王夫差、智伯极武而亡;秦任刑法不变,卒灭赵氏。乡使秦已并天下,行仁义,法先圣,陛下安得而有之?"③叔孙通此举,若就事论事,固然有"糟糠鄙俚"之嫌;若从"长时段"看,说他对日后汉家意识形态的调整更化有奠基之功,并不为过。

名耸汉史的公孙弘,走的也是叔孙通的路子。公孙弘,齐人,中年习儒,学《春秋》杂说,文、景间默默无闻。汉武帝即位之初,应诏射策,已年过"耳顺"。公孙弘一改儒门先贤动辄为"帝王师"自居的派头,而甘愿以"吏"自期。以"仁、义、礼、术"为"治之本,道之用",以治民如驯服"马牛"为"治道之可以然者"之说,耸动汉武帝,擢为对策第一,待诏金马门。待诏期间,公孙弘以"习文法吏事,缘饰以儒术"——用现代政治语言说,公孙弘很注重儒家基本原则与现实政治实践相结合,甚得汉武帝之欢心。初授内史,甚见"儒效"。再迁御史大夫,后白衣登庸,代薛泽为相,开汉家无爵而拜相的先例。公孙弘留心吏事、饰以儒术的行径,在当时受到两面夹击:有法家倾向的汲黯,攻击公孙弘"诈伪"欺主;文儒辕固生则攻击公孙弘"曲学阿世"。然汉武帝不为所动。④ 并不是汉武帝特别恩宠公孙弘,而是公孙弘"留心吏事饰以儒术"的行径,把儒学的"政治含量"饱满释放出来,让汉武帝切切实实看到了"儒效"——儒家

---

① 王先谦:《荀子集解》卷第十七《性恶》,中华书局1988年版,第435页。
② 王先谦:《荀子集解》卷第十三《礼论》,王先谦集解本,中华书局1988年版,第359页。《国语·楚语·庄王使士亹付太子箴》:"(申)叔时曰:'……教之礼,使知上下之则'"。徐元诰撰,王树民、沈长云点校:《国语集解》,中华书局2002年版,第484页。
③ 司马迁:《史记》卷九十七《郦生陆贾列传》,中华书局1959年版,第2699页。
④ 司马迁:《史记》卷一百二十一《儒林列传》,中华书局1959年版,第3124页。

之学在政治领域里的现实实用价值。《史记》说：公孙弘为相，"绌黄老、刑名百家之言，延文学儒者数百人，而公孙弘以《春秋》白衣为天子三公，封以平津侯。天下之学士靡然乡风矣"①。从这个意义上，可以说公孙弘"留心吏事饰以儒术"以饱满释放儒家的"政治含量"之举，对于推动汉武帝"独尊儒术"起到的实际作用，不亚于董仲舒的"天人三策"。

对儒学在汉"否极泰来"之命运影响最直接者，乃汉家在对待儒学和儒生问题上的改弦更张。汉惠帝四年下诏废止秦《禁挟书律》。正式废止秦《禁挟书律》，为儒生传经由地下转向公开，从民间升入庙堂，创造了条件。《史记·儒林列传》说："然后诸儒始得修其经艺……言诗于鲁则申培公，于齐则辕固生，于燕则韩太傅。言尚书自济南伏生。言礼自鲁高堂生。言易自菑川田生。言春秋于齐鲁自胡毋生，于赵自董仲舒。"②诸家之学，皆是废《禁挟书律》之后问世的。在文、景之世，先后被汉廷和诸侯国列在学官，成为日后汉"十四家博士"之学的基干。其中，申培公、辕固生、韩婴，分别担任过楚元王太子、清河王、燕王的"太傅"。奉汉文帝之命从伏生受《尚书》的晁错，也被汉文帝遴选为汉景帝在藩时的"太子家令"。诸家公开传经，使儒家经典重见天日，给叔孙通、公孙弘以儒学之"政治含量"，"依世偕俗"，参与汉家"守成"，提供了经典依据。例如，汉家礼学的发源地在鲁，叔孙通制朝仪，就广邀"鲁诸生三十人"，共襄其事。齐人公孙弘入仕，"以儒术饰吏治"，乃是以《春秋》杂说"为根柢。而齐，是《春秋》公羊学的发源地。公孙弘年过四十，从学胡毋生，学《春秋》杂说。而在《春秋》"左氏""谷梁""公羊"三学中，"公羊"学的"政治含量"最高。申培公、辕固生、韩婴等出任诸侯王的"太傅"，指导的是诸侯王，影响的却是一群人。诸家公开传经，广纳诸生，薪火相传，不仅为儒学的可持续发展储备了后备力量；③同时也在无形之中，淘洗着汉初从龙功臣熏染世风的"草莽"习气，改造了公卿大夫士吏的精神气质，正如公孙弘后来总结的："揉曲木者不累日，销金石者不累月"。到武帝之初，"则公卿大夫士吏斌

---

① 司马迁：《史记》卷一百二十一《儒林列传》，中华书局 1959 年版，第 3118 页。
② 司马迁：《史记》卷一百二十一《儒林列传》，中华书局 1959 年版，第 3117—3118 页。
③ 申公"弟子为博士者十余人……至于大夫、部中、掌故以百数"。载（汉）司马迁：《史记》卷一百二十一《儒林列传》，中华书局 1959 年版，第 3122 页。

斌多文学之士矣"。

儒家思想能够最终在汉初之世各家思想的平流竞进之中脱颖而出,看似出自偶然的外部机缘,实则有其内在的必然性。

本书第一章在讨论《淮南子》的思想学术背景时,曾经指出,汉初处在一个思想文化的大变局中:在一片"过秦"声中,为寻找新的国家意识形态,阴阳、儒、法、名、墨、道诸家思想重新活跃起来。同时也指出,墨家"教团"式的组织形式,苦行式的生活作风,鼓励自我牺牲的行为准则,有违人之常情,在他那个小团体里虽有市场,但绝无向社会普遍推广的可能。名家的事业,乃在围绕一些逻辑命题,如"鸡三足""白狗黑"等,兴致盎然地互相"斗嘴":"苛察缴绕,使人不得反其意,专决于名而失人情"①。这些"斗嘴"究竟有多大意义?连主张"齐一物论"的庄子,都深表怀疑。阴阳家有一套分类定位的思想形式②,却缺乏一个独立的价值立场,无力综合他人。法家有一套颇为有效的南面君人之术,经验证明,这一套南面君人之术,也是后世君主乐于接受的。但终因秦皇任法,二世速亡,"城门失火,殃及池鱼",在一片"过秦"声中,有行而无市。这四家思想,都无力兼融别人,其精彩部分只能等待别人吸收。而儒、道两家不同。正如有论者业已指出的:和其他四家相比,他们都有系统而完整的理论形态;都有"关心一切人"的普遍价值立场;都有一个统摄性的核心概念,以及围绕核心概念建立起来的通贯天、地、人的宇宙论。他们不仅能以宇宙的统一性问题回应秦汉统一帝国的理论需要,而且能用以天道明人道的思维方式,兼容其他,去完成思想表达的形式转化。故而,在这个思想的大变局之中,有资格充当新时代国家意识形态代理人的,只有道家和儒家。

本书此处关心的是,汉代思想发展,为什么会发生从"崇尚黄老"向"独尊儒术"的更化。

前文提到,因缘和合,主清静无为的道家思想成了汉初的时尚思想。汉初贵尚黄老,也创造出"文景之治"的局面。但儒学能够在经过数十年的发展之后,最终取代道家的主导地位,自有其原因所在。

---

① 司马迁:《史记》卷一百三十《太史公自序》,中华书局1959年版,第3291页。
② 陈静:《自由与秩序的困惑——〈淮南子研究〉》,云南大学出版社2004年版,第158页。

第四章 从"衰世凑学"到"仁义为本"

自从孔子以儒名家,儒家就热衷政治:"君命召,不俟驾行矣""学而优则仕""不仕,无义"。① 儒家之学中的政治意识,是显性的。套取过来,就可以施之于政。事实证明,儒家那一套围绕着"君臣之义"组织起来的"热"政治,深得统治者的青睐,无论是有心施"仁政"的人君,还是一意行"霸道"的雄主,都乐于接受。故而儒家虽遭一时冷遇,终会炙手可热。道家实质上反"政治"。② 道家之学中的政治意识,是隐性的。须几经转化之后,始可施之于政。道家那一套"处无为之事,行不言之教"之类的"反政治"式的"冷"政治,对已经习惯于称"孤"道"寡"的统治者来说,只能权宜一时,终难实施长久,故而迟早要被束之高阁。叔孙通进言汉高祖说:"夫儒者难与进取,可与守成。"③ 推销的正是儒学易于守成的一面,这也契合政治的需求,因此得到了来自最高权力的支持。再者,同道家相比,儒家思想更加注重传统经典的传承和教授,换句话来讲,儒学有其相对固定的"教科书"——"五经",这也有利于儒学知识的传播。而道家著述,虽然也追求"不遣是非以与俗世处"。但终因其思想超迈,故难为世人理解,即使是司马谈也承认"其辞难知",这样在一定程度上也阻滞了其影响力的扩大。孟子有言:"圣者,时也"。儒学有其坚持原则的一面,同时又有随时权变的一面。在时代的发展变迁中,也表现出了一定的思想弹性,从而使其在两千年的历史中能够保持"显学"地位不变。即以汉初而论,尽管儒家内部也严厉批评叔孙通"所为不合古",批评公孙弘"曲学以阿世",但叔孙通着楚服见汉王,可谓"知当世之要务"。公孙弘"不肯面折庭争","习文法吏事,缘饰以儒术",也足以表现出儒学在权力面前有颇强的适应能力。至于一代儒宗董仲舒,更是以儒学理论为本,通过对其他思想有选择的融汇综通,构建了新的儒学理论体系,不仅具有很强的理论生命力,而且有着很强的现实针对性,由此可见,汉武帝接受"罢黜百家,独尊儒术",绝非偶然,实乃水到而渠成。汉高祖初登大宝,叔孙通就急于制朝仪、兴礼乐。鲁中一些儒生对此多有不屑。他们在批评叔孙通时,曾经说"礼乐所由起,积德百

---

① 杨伯峻:《论语译注》第十《乡党》、第十九《子张》、第十八《微子》,中华书局1980年版,第106、202、196页。
② 参见《老子》第六十二章、《庄子·人间世》。道家所反的"政治",主要是儒家礼乐政治。当然,"反政治"本身也是一种政治。
③ 司马迁:《史记》卷九十九《刘敬叔孙通列传》,中华书局1959年版,第2722页。

年而后可兴也"①。百年之后,儒学果然大兴。可谓歪打正着。足见儒术独尊,决非一时侥幸,实乃如叔孙通、公孙弘、申培、伏生、董仲舒之流的众多儒者长期"积德"而致。

《淮南子》是处在儒学大兴前夜的一部理论著作,它也必然地反映出汉初儒道两家理论的发展状况以及彼此之间的内在冲突。而作为一部"完整的著作",以"讲论道德,总统仁义"为职志的著述,《淮南子》的作者们显然意识到了这种冲突,并竭力地为儒道话语的对话辩驳寻找一个基本的思想平台,从而实现两者的艰难融合。

第二节 《淮南子》中的儒学思想

一、《淮南子》言说与儒学经典

高诱在《淮南子·解叙》里说,《淮南子》之撰,视域宏阔:"讲论道德,总统仁义"。又说,《淮南子》的作者之中,有大山、小山之徒,其文化身份属于儒生。儒生以守护六经、践仁履义为志业。"诸儒大山、小山之徒"参与淮南著述时,必然要引经据典,给《淮南子》输入儒家思想,从而使"旨近老子"的《淮南子》,呈现出"兼采儒、道"的风致。高诱甚至说,《淮南子》中采于"儒"的部分,有供后世"先贤通儒述作之士","援采以验经传"之用。

《淮南子》对儒家经典,多有征引。有学者统计,《淮南子》"全书引《诗》约三十次,引《易》十余次,并数称《书》、《乐》、《春秋》等儒家经典"②。可能是由于统计时执行的标准宽严不同,本书核按之后发现,《淮南子》引《诗》实际上并没有那么多。本书也注意到,在先秦,《诗》《书》等是诸子们共享的资源,只不过儒家特别看重这几部经典而已。征《书》引《诗》,也是先秦诸子著述的通例。单就《淮南子》频繁征引儒家特别重视的几部典籍,并不能证明征引者必然接受了儒学思想。但是,《淮南子》中有多篇称颂尧、舜、禹、汤、文、武之道,赞美孔子的人格和事业,却不是诸子著述之常规,而是儒者才有的老

---

① 司马迁:《史记》卷九十九《刘敬叔孙通列传》,中华书局1959年版,第2722页。
② 牟钟鉴:《〈吕氏春秋〉与〈淮南子〉思想研究》,齐鲁书社1987年版,第166页。

生常谈。最可注意者,乃《泰族训》那一段和《礼记·经解》意近而辞异的文字:

> 五行异气而皆适调,六艺异科而皆同道。温惠柔良者,《诗》之风也;淳庞敦厚者,《书》之教也;清明条达者,《易》之义也;恭俭尊让者,《礼》之为也;宽裕简易者,《乐》之化也;刺几辩义者,《春秋》之靡也。故《易》之失鬼,《乐》之失淫,《诗》之失愚,《书》之失拘,《礼》之失忮,《春秋》之失訾。六者,圣人兼用而财制之。①

又说:

> 故《易》之失也卦,《书》之失也敷,乐之失也淫,《诗》之失也辟,礼之失也责,《春秋》之失也刺。②

此说与《礼记·经解》意近而辞异,说明《淮南子》这段文字,并非承自《礼记》,而是得自《泰族训》作者自己的阅读心得。从《淮南子》中对《诗》《书》《易》《礼》《乐》《春秋》得失短长的褒贬中,可以看出,《淮南子》对儒家典籍是有比较深入的理解的,理解之深,无逊于《礼记·经解》的作者。同时还可以看出,《淮南子》对儒家思想,是有自己的去取的。盖《淮南子》成书之际,儒学尚未取得支配性地位,因此,《淮南子》颇能以自由的态度对待之,说长论短,取长去短,自是常情。至于有学者称:"若用心考校,亦未始不可由《淮南子》以窥五经博士未立以前,宏通精要的西汉经学的本来面貌。可以这样地说,形成《淮南子》思想的另一骨干的儒家思想、经学思想,乃未受五经博士制度拘束,未受阴阳五行掺杂的儒家思想、经学思想。"③则有言过其实之嫌。和孔孟之"儒学"相比,在"五经博士制度拘束"之下传承的"经学",多有变异,固是事实。然而,在五经博士未立之前,是否存在一个"宏通精要的西汉经学"?经学史上的事实是,"独尊儒术"前的汉初经学,是"独尊儒术"后"五经博士"之学的基干。④ 实事求是地说,"独尊儒术"前的经学,和五经博士之学尤其是

---

① 张双棣:《淮南子校释》(下)卷二十《泰族训》,北京大学出版社1997年版,第2062—2063页。
② 张双棣:《淮南子校释》(下)卷二十《泰族训》,北京大学出版社1997年版,第2060页。
③ 徐复观:《两汉思想史》第二卷,华东师范大学出版社2001年版,第115页。
④ 皮锡瑞:《经学历史》,中华书局1959年版,第69页。

"利禄"化了的五经博士之学相比,"要"或有之,"宏通精"不到哪里去。此事姑且不论。但经由《淮南子》进窥汉代儒学未为官学之前的面貌,却是可以预期的。不过,此旨高诱早已言及:《淮南子》征《诗》引《书》的价值之一,即"先贤通儒述作之士,莫不援采以证经传"。似乎也不必作此大惊小怪。

《淮南子》对儒家"五经",广有引用。其中引用《诗》最多,为21次。汉初儒家经学,诗学先盛,因此多有引用也不奇怪。不过值得注意的是,《淮南子》中引用的《诗》中作品,多为《雅》《颂》,《风》仅一见,为《缪称训》中引《邶风·简兮》。此种现象的出现,足以表明《淮南子》于《诗》特别看重《雅》《颂》。于《诗》特别看重《雅》《颂》,应该与《淮南子》的著书目的——"务于治"有关系。《颂》诗美成,出自史官之手;《雅》诗讥失,发自上层君子的"怨悱",《雅》《颂》旨在"陈王政之得失"。而"风"诗多出自匹夫匹妇之口,仅仅满足于"饥者歌其食,劳者歌其事"。不似叙述部族兴旺史的"颂"诗、"言天下之事"的"雅"诗,其间有自觉的政治意识,可供渔猎:"今夫《雅》、《颂》之声,皆发于词,本于情,故君臣以睦,父子以亲"①。

《淮南子》对于《易》的引用也比较多。《淮南子》之中直接引用《易》计有13处,其中《缪称训》引最多,计有6处。"易"本是周人蓍筮之道。后世尊为《易经》的那部书,乃是周人有占验之筮案的汇编。然自孔子"晚年喜《易》,韦编三绝",觉醒了的实践理性精神就不断淘洗其巫史之气,彰显其中蕴含的"范围天地之化而不过,曲成万物而不遗"之"天道,地道,人道"。至荀子时,以至于有"善《易》者不占"之说。《易》是当时君子们"穷道通意"的思维律。刘安喜《易》,身边有明《易》者九人,号称"九师"。"九师"之"《易》说",两汉魏晋明《易》著述中时有征引,说明"九师"乃明《易》之方家。《要略》对《易》的评价也十分高:

> 今专言道,则无不在焉。然而能得本知末者,其唯圣人也。今学者无圣人之才,而不为详说,则终身颠顿乎混溟之中,而不知觉寤乎昭明之术矣。今《易》之《乾》、《坤》足以穷道通义也,八卦可以识吉凶、知祸福矣,然而伏羲为之六十四变,周室增以六爻,所以原测淑清之道,而捃逐万物

---

① 张双棣:《淮南子校释》(下)卷二十《泰族训》,北京大学出版社1997年版,第2104页。

第四章 从"衰世凑学"到"仁义为本"

之祖也。①

淮南著述时,引《易》以证理,不足为奇。值得一提的是,刘安时代流行的《易》学,重操作,坚持以"经"(六十四卦)解经,巫史之《易》的成分很浓烈。待"古文"费氏《易》出,坚持以"传"("十翼")解经,始重义理。《淮南子》特重《易》的"穷道通意"性,可谓得风气之先。

和引《诗》征《易》相比,《淮南子》中对于《书》《礼》《春秋》,引用不是太多。这可能与《书》述上古,"疏而不切";"礼"重践行,有关礼的"记""传"等文字文本,尚在编辑中;而《春秋》经文惜墨如金,其义有待"三传"彰显有关。也可能是受荀子"法后王""杀《诗》《书》"观念的影响。《淮南子》引《书》四次,主要在《主术训》等篇中。引用《礼》的情况较为复杂。《时则训》与《礼记·月令》篇几乎相同,却未明标引自《月令》。不标《月令》,并非为了掠美;极有可能是淮南撰《时则训》时,《月令》尚未编辑成篇,《时则训》的撰述,另有资料来源。因而,曹道衡先生以为两者可能得于同一个来源。②《淮南子》对于后来称之为三《礼》之《周礼》《仪礼》,未见有引。这可能与《周礼》系河间献王依先秦故书编辑而成,传之未远,而《仪礼》在文景时尚无文字文本有关。至于《春秋》,《淮南子》说(孔子)"为鲁司寇,听狱必为断,作为《春秋》,不道鬼神,不敢专己"③。据此可知,《淮南子》认为《春秋》是一部客观而公正的著述。自孟子起,这就是儒门的共同看法。《淮南子》把孔子"听狱必以断"和孔子"作为《春秋》,不道鬼神,不敢专己"联系起来,只想说明讲求客观公正,乃是孔子的一贯立场。并无意在"听狱"与《春秋》之间,建立起某种关联。值得注意的是,与刘安并世的董仲舒及其门生,却倡导在三尺律条之外,按"《春秋》大义"断狱。④ 董仲舒此举,直接影响了此后封建社会"清官"们的执法立场。《说林训》中虽明言"《春秋》曰:'佞人来,佞人来。'"但所引之文,不

---

① 张双棣:《淮南子校释》(下)卷二十一《要略》,北京大学出版社1997年版,第2145—2146页。
② 曹道衡:《淮南子与五经》,《河北师院学报》1987年第3期。
③ 张双棣:《淮南子校释》(上)卷九《主术训》,北京大学出版社1997年版,第1010页。
④ 《艺文志》载:"《公羊董仲舒治狱》十六篇"。载班固:《汉书》卷三十《艺文志》,中华书局1962年版,第1714页。

见于《春秋》经文,而见于《春秋公羊传》庄公十七年传文,唯引文时于"来"字下多一"矣"字。细核《淮南子》其他篇章所引所谓"《春秋》"之文,皆出《春秋公羊传》,这说明《淮南子》作者中,有专习"公羊"学的儒生。另据《刘安评传》的作者统计,《左传》三十卷之中,《淮南子》引用其中七卷共计12处。[1] 由此可见《淮南子》作者对《左传》的熟悉程度。由此还可推知,《左传》虽然未在西汉"五经博士"之列,但在"公羊""谷梁"问世以前,大多数人还是通过《左传》了解"春秋"和《春秋》的。

此外,《淮南子》中对儒门学者也多有引述,如对孔子弟子及其后学颜回、曾子、子思、孟子等人多次提及,达数十次之多。《修务训》受荀子之学影响至为明显,在《主术训》《兵略训》等篇目中也有直接来自于荀子的句子或段落。而对春秋之时行事、观念和儒学接近的晏子,《淮南子》也分析了其学产生的背景,"齐景公内好声色,外好狗马,猎射亡归,好色无辨,作为路寝之台,族铸大钟,撞之庭下,郊雉皆响,一朝用三千钟赣,梁邱据、子家哙导于左右,故晏子之谏生焉"[2]。同时,对于儒家所推崇、所向往的圣人,《淮南子》也多有提及,如周公提到约20次,尧、舜、禹、文王、武王等出现频率也是相当的高。

二、《淮南子》中的儒学思想

《淮南子》中所见到的儒学思想,和先秦儒学相比,有"新解",也有"错位"。而"错位",多是由于《淮南子》热衷于"平调儒、道"造成的。

《淮南子》成书于独尊儒术之前,儒学尚未被五经博士"格式"化。故而《淮南子》中见到的儒家思想,表现形态较为多样。这和孔子生前儒学气象阔大,以及孔子身后儒学向多元发展有关。

孔子生前,门庭甚盛,弟子三千,大贤七十二。孔子的及门弟子,于学各有所求;孔子对及门弟子的传授,也坚持因材施教。故而,孔氏门庭,一片生动活泼之气,决无后世儒学呆板拘束之象。"自孔子卒后,七十子之徒散游诸侯,大者为师傅卿相,小者友教士大夫,或隐而不见。"[3]儒学的这种传播情况,毫

---

[1] 参见王云度:《刘安评传》,南京大学出版社1997年版,第142页。
[2] 张双棣:《淮南子校释》(下)卷二十一《要略》,北京大学出版社1997年版,第2151页。
[3] 司马迁:《史记》卷一百二十一《儒林列传》,中华书局1959年版,第3116页。

无疑问会造成孔门弟子对孔子之学同一方面的不同理解,或对孔子之学不同侧面的重点阐发,从而形成儒家思想的多种样态。韩非子有"孔子身后,儒分为八"之说:"自孔子之死也,有子张之儒,有子思之儒,有颜氏之儒,有孟氏之儒,有漆雕氏之儒,有仲良氏之儒,有孙氏之儒,有乐正氏之儒。皆自谓真儒"。① 韩非子曾从学于荀子,其说应有所承。"儒分为八"未必精确,但它明确道出了孔子身后儒家思想向多元发展的趋势。其实,儒学向多元发展的趋势,在《论语》中已经有所反映。例如,子游和子夏,在孔门并称"文学游夏"。子夏以"博学而笃志"自期,子游却批评子夏之学有执"末"失"本"之虞。在孔门弟子中,曾参和子张,都很重视"弘毅"人格的培养与发扬。曾参却担心子张"执弘笃志"之说,有"好高骛远"之弊。只不过孔子身后,儒学向多元发展的趋向迅速明朗化罢了。例如,孟子和荀子,同为孔子身后两大儒学宗师。荀子在《非十二子》篇中,却非议子思、孟子之学"案往造旧说,谓之五行,甚僻违而无类,幽隐而无说,闭约而无解"。② 以上例子表明,在向多元发展的儒学内部,不同学派之间,在某些思想方面,也存在彼此不相应的地方。孔子身后,儒分为八,显示出孔子开创的儒学的思想活力。越是原创性的思想,越有向四面八方拓展的可能。

关于孔子身后儒分为八的必然性,李泽厚有更深入的分析:孔子的仁学思想由四个方面或因素构成,"构成这个思想模式和仁学结构的四因素分别是(一)血缘基础,(二)心理原则,(三)人道主义,(四)个体人格。其整体特征则是(五)实践理性"③。孔门后学,"由于对上述结构的某因素的侧重,便可以形成一些新的观念体系或派生结构。但最终又被这个母结构所吸收,或作为母结构的补充而存在发展"④。在本书看来,孟子之学和荀子之学,当属于李泽厚所谓的"作为母结构的补充而存在发展"的"派生结构"。

《淮南子》对儒家思想,虽然多有引述,但给人印象最深者,莫过于《淮南子》对于儒家孟子之学和荀子之学的称引和阐发。前文已经言及,荀子

---

① 王先慎撰,钟哲点校:《韩非子集解》卷十九《显学》,中华书局1998年版,第456页。
② 王先谦:《荀子集解》卷三《非十二子》,中华书局1988年版,第94页。
③ 李泽厚:《中国古代思想史论》,天津社会科学院出版社2008年版,第18页。
④ 李泽厚:《中国古代思想史论》,天津社会科学院出版社2008年版,第31页。

之学在诸多方面与孟子之学不相应。《淮南子》广引儒家,集中阐述孟、荀,体现出《淮南子》有对儒家思想进行综合总结的企图。而从《缪称训》能够看到,《淮南子》对儒家的"综合总结",以及对其他各家思想的融通,在思想方法上,是通过让包括儒门在内的各家思想各显其长的方式进行的。

按许慎《淮南子·缪称训》注,淮南名此"训"曰"缪称",用意乃在:"缪异之论,称物假类,同之神明,以知所贵,故曰'缪称'"。① 按许慎的理解,《缪称训》的贯穿思想是:不同思想派别里的某些思想,看似互相"缪异"即互相对立;实际上,"缪异之论",都是人用自己的心智("同之神明"),把具体上升到一般("称物假类"),陈述着某一方面的真理。"缪异"处即不同点,仅仅是"所贵"即思想关注点不同罢了。既然"缪异之论",各有自己的思想关注点("所贵"),那么,这些"缪异之论"就不妨并存,让它们相辅相成,从四面八方去共同构建整体之道。验之以《要略》对《缪称训》思想主题的披露:"缪称者,破碎道德之论,差次仁义之分,略杂人间之事,总同乎神明之德。"验之以《缪称训》联缀一个个短章,每个短章都要言不烦地说明一层道理的结构方式,许慎的理解大体不差。《缪称训》确实有让尚"道"崇"德"、谈"仁"说"义"的各家思想各显其长之意。而谈仁说义,是孟子之学的长项。

李泽厚把儒家的"仁学"思想体系,表述为由四个"要素"及一个"整体特征"构成的复杂的网络结构。并说,孟子之学,在"承继孔子仁学的思想体系上有意识地把第二因素的心理原则作为整个理论结构的基础和起点,其他几个因素都直接由它推出"②。因此,在孟子的思想体系中,"心"占有重要的地位。孟子书中的"心",有着不同层面上的多重义涵。《孟子·告子》有云:"耳目之官不思,而蔽于物,物交物,则引之而已矣。心之官则思,思则得之,不思则不得也。"③在这里,"心"的义涵,就有两层。从人的形体结构上审视,"心"和耳、目一样,是人自然肌体的一个组成部分。区别仅在于,"耳目之官不

---

① 张双棣:《淮南子校释》(上)卷十《缪称训》,北京大学出版社1997年版,第1032页。

② 李泽厚:《中国古代思想史论》,天津社会科学院出版社2008年版,第18页。

③ 杨伯峻:《孟子译注》卷十一《告子上》,中华书局1960年版,第270页。

第四章 从"衰世凑学"到"仁义为本"

思",在人自然肌体中只是个能被动承受的低级器官。而"心之官则思","心"以其能够能动地接受,从而是人自然肌体中高于耳目的高级器官。在这一层面上,能"思"之"心"和"不思"之"耳目",尽管有"高""低"之分,但"心"和"耳目"一样,都属于天赋自然。就人之所以成为"人"的本质原因上去思考,"心之官则思,思则得之,不思则不得也"。"得"者,让"恻隐之心""羞恶之心""辞让之心""是非之心"朗显出来之谓也。在这一层面上,"心"和"耳目"又不同科。"心"具有从本质上确保人向"人"的方向不倦完善,而不向"禽兽"退化的道德意义。美国汉学家史华兹据此,将孟子之"心"分为"有为"之心和"无为"之心。有为之"心"指的是人的有意识的思考判断,从而做出指导行动的存在性抉择。无为之"心"指的是那种自发的、自生长的心,其高级形态是一种无为而无不为的理性境界。① 史华兹此说,颇为新颖。但是,由于"有为—无为"是道家思想中一个著名的"对子",有其规定严谨的义涵。借过来说孟子之"心",在接受上很容易横生枝蔓。② 倒不如牟宗三从"心的本体义上把孟子心目中的心分为两层,经验层的心和超越层的心"③,显得要言不烦,爽利痛快。孟子书中另一重要概念,是"性"。史华兹注意到,"性"在先秦诸子百家时期,已经成为当时各种学派的公共话语(commondiscourse)之一,但诸子大体是按照"性者生也"这个基本立场来理解其含义的。④ 史华兹的说法,合乎事实。例如,和孟子并世而生的告子,就坚持从"性者生也"说人之"性"。孟子对人"性"的理解,与并世诸子有别。在与告子的争论中⑤,孟子

---

① [美]本杰明·史华兹:《古代中国的思想世界》,程钢译,江苏人民出版社2004年版,第146页。
② 史华兹以"有为—无为",分说孟子"自然肌体"之"心"和"我固有而非外铄于我"的"良知良能"之"心",借取老子的概念之外,从其对"有为之心""无为之心"的规定看,似乎还受过弗洛伊德"意识—潜意识"的启发。依本书的理解,孟子"良知良能"之"心",从"我固有而非外铄于我"上说,和弗洛伊德之"意识"不搭界;从"良知良能"之"心"乃人从自然中脱颖而出的本质力量上说,和弗洛伊德"潜意识"不搭界。故而,史华兹用"有为—无为"说孟子"心",不仅横生枝蔓,而且易启误解。
③ 牟宗三:《心体与性体》(一),参见林同奇:《孟子之心与性》,见林同奇:《人文寻求录——当代中美著名学者思想辨析》,新星出版社2006年版,第148页。
④ [美]本杰明·史华兹:《古代中国的思想世界》,程钢译,江苏人民出版社2004年版,第280页。
⑤ 杨伯峻:《孟子译注》卷十一《告子上》,中华书局1960年版,第253—256页。

提出,单从"生之谓性"上,还不能把"人"之性和"禽兽"之性,从本质上区分开来。故而,孟子坚持从人的内在的道德理性的角度来讨论人之"性"。在中国人性论史上,这是一次十分重要的视域转换。牟宗三先生因此认为孟子的功绩"在于扭转'生之谓性'的老传统,把人性由感性层、实然层推进到超越层、应然层,使人性问题产生个创辟性的突变"①。洵为不虚。在孟子书中,"性"和"心"关联紧密。但孟子之学的心性之说,其中心在于"心"而不是"性","心"的超越性的道德意向,使得人性能够摆脱感性自然上的生物意义。从人有"道德心"上说"人"性,突出了人存在的社会本体性,提升了人存在的价值。在这一点上,史华兹所言不错:"事实上,'心'是使得人类和其他动物区分开来的那部分本性的终极'处所'(locus)。如果正确地加以理解,'性'只是人心(heart)朝向充分实现其道德能力的天赋趋向。的确,孟子在处理人的问题时,其问题意识(problematique)的中心实际上并不是本性(性)而是人心/心灵(心)。"②

再来看《淮南子·缪称训》中的心性之说,以及《淮南子》的关注点:

1. 心治则百节皆安,心扰则百节皆乱。
2. 容貌之所不至者,感忽至焉,感乎心,明乎智,发而成形,精之至也。
3. 慈父之爱子,非为报也,不可内解于心。
4. 心之精者,可以神化,而不可以导人;目之精者,可以消泽,而不可以昭忌。
5. 世有行之者矣,非出死以要名也,恩心之藏于中,而不能违其难也。
6. 君子之憯怛,非正为伪形也,谕乎人心,非从外入,自中出者也。
7. 僖负羁以壶餐表其闾,赵宣孟以束脯免其躯。礼不隆而德有余,仁心之感恩接而憯怛生。
8. 原心反性,则贵矣;适情知足,则富矣;明死生之分,则寿矣。

以上八条都引自《缪称训》。引文1中,"心"与"百节"对文。引文4中,

---

① 牟宗三:《心体与性体》(一),参见林同奇:《孟子之心与性》,见林同奇:《人文寻求录——当代中美著名学者思想辨析》,新星出版社2006年版,第141页。
② [美]本杰明·史华兹:《古代中国的思想世界》,程钢译,江苏人民出版社2004年版,第280页。

"心之精"与"目之精"对文。引文2、引文6之"心",为能"感"之心。引文3、引文5之"心",是有情之心。引文1至引文6中的"心"的含义,明显侧重于本能感官之心,其自然、经验之意甚为明显。而引文8所"原"之"心",是以"静"为"德"之心,已兼有道德心之含义。引文7之"心",径称"仁心",则完全侧重于道德理性之心,具有超越层面上的意义。由此可见,在《缪称训》中,虽然同样也具有类似于孟子对于"心"的意义的二重性的区分。但是从《缪称训》的整篇文本来看,《淮南子》对于"心"的关注与言说,更多是侧重"实然层"之经验心,而为孟子所看重、在孟子心性论中居于核心位置的"超越层"的道德心,在《缪称训》有关"心"的言说中,则退居到次要位置。《缪称训》中对于"性"的思考与言说,同样是更多地关注"性"之实然层。如"性者,所受于天也。""德者,性之所扶也。""圣人之养民,非求用也,性不能已。""圣人在上,化育如神。太上曰:'我其性与!'"

《缪称训》中有关"心""性"的思考与言说,给人留下这样一种印象:同孟子极具有道德情怀、极强调人格力量的心性理论相比,《淮南子》在对心性的理解上,明显侧重于"经验心",更关注"心性的现实样态"。这难免让心仪孟子心性之学的现代学者深感失望:《淮南子》对"心""性"的理解,似乎又倒退到了孟子之前的"生之谓性"。例如,劳思光把《淮南子》关注心性的现实样态,斥为《淮南子》"既不解自觉心之义,对'性'之本义亦不能解"[1]。不过,在本书看来,这种以孟子心性论为"范式",去挑剔《淮南子》有关"心性"的言说,《淮南子》未必肯接受。

本书要强调的是,《淮南子》有关"心性"的言说,更关注"心性的现实样态",并不像当今心仪孟子心性之学的时贤所想象的那样,意味着是对孟子心性说的无意中忽视,或是对孟子心性说的有意识否决,而是另有深意。细检两汉思想,不单是《淮南子》有此表现,两汉人如董仲舒、刘向、扬雄、王充、荀悦等有关人性的思考,莫不关注心性的现实样态。密切关注人性的现实样态,似乎是两汉人有别于先秦尤其是孟子的问题意识。以本书的观点,在心性问题上,关注"人性的现实样态",与关注"圆满人性的内在依据"以及"人性圆满实现的理想境界",并不矛盾。关注"人性的现实样态",是向"人性圆满实现之

---

[1] 劳思光:《新编中国哲学史》二卷,广西师范大学出版社2005年版,第17页。

境"攀升的阶梯。在这里，只在问题的论域上有分别，说不得觉悟程度上有高低、思想境界上有浅深。若论觉悟高低、思想浅深，还得到各自的问题域中，去具体考察是否接过前人的思想馈赠，思维出前人思之未至及思之未周处。而不是满足于手握一把固定不变的尺子，去裁量处于不断发展中的思想。在这个意义上，劳思光"但至汉代，所谓儒者既不解自觉心之义，对'性'之本义亦不能解"之判断，或可再商。

《淮南子》乃至董仲舒、刘向、扬雄、王充、荀悦等在心性问题上，倾心关注心性的现实样态，和荀子之学的影响，有一定的关联。

荀子在汉初乃至两汉的思想界，影响巨大。例如，五经博士之学实乃荀学的一脉之传，已是两汉思想史研究中的共识。荀子和孟子虽然同为儒门后学中的两大宗师，但在展开儒学思想和推进儒学发展上，却有各自的关注点。孔子所开创的儒学，以完善社会、完善人为职志。大体上说，孟子更关注人的状况的完善，倾向于通过完善人，去完善社会；荀子更关注社会状况的完善，倾向于在完善社会中完善人。落实到"心性"问题上，孟子的人性论，致力于昭示人之"人"性的圆善境界，故而偏重于对人之所以成为"人"的内在依据（人"固有"而"非外铄"的"四端"）的发掘。相比之下，荀子的人性论，更关注人之"人"性的现实样态，故而偏重于梳理促使人成为"人"的外在规范在人性完善进程中的作用。孟、荀人性论之间呈现出的此等差异，应该是根源于孟、荀思考"人性"时选取的"样本"有别。借用孔子的语言来描述这一层差别，可以说孟子思考"人性"时选取的"样本"，是"先进于礼乐"的"君子"。而荀子思考"人性"时所选取的"样本"，已经扩大到了"后进于礼乐"的"野人"。这一"扩大"，应该是社会发展的结果。自"三家分晋"起，在"陪臣执国命"的压力之下，各诸侯国纷纷变法图存，"世禄世卿"式的"封建"体制，被打破了。[1] 随着"封建"体制的瓦解，昔日"人"—"民"之间社会身份上不可逾越的壁垒[2]，

---

[1] 事实上，春秋末期的敏感人士，例如齐之晏婴、晋之叔向，已经预感到"世禄世卿"式的"封建"体制，正面临着土崩瓦解的"末世"命运。参见《左传》昭公三年传叔向与晏婴关于晋、齐两国之现状及未来命运的对谈。李学勤主编：《十三经注疏（标点本）·春秋左传正义》，北京大学出版社1999年版，第1181—1184页。

[2] 有关在春秋及春秋以前，"人"和"民"是两个不可通约的政治概念的论证，可参见赵纪彬：《释人民》，载《论语新探》，人民出版社1974年版，第1—26页。

失去了制度保障,人在一定程度上已被"均质化"了:"封建"制里的"人"——"君子"和"黎民"——"小人",在"封建"体制解体的体制中,一律被"均质化"为"民"。对"人性"的思考,不能不顺应这一变化——密切关注人性的现实样态,去完成"教化齐民"之任。

荀子梳理出的促使人向"人"的方向完善的"外在规范",就是荀子刻意突出的人出于"群"即结成一个共同体的需要,在"明分使群"实践理性中积淀出来的"礼"。如果说孟子之学是以"心"为核心概念的话,那么,荀子之学的核心概念,则是"礼"。荀子为学的目标,是"始乎为士,终乎为圣人"。为学的程序,则是"始于诵经,终于读礼"。如果说孟子完善人、完善社会的路径是"思",具体说,就是在"内省"中朗显"道德心",用此"道德心"去行己涉务,"老吾老以及人之老,幼吾幼以及人之幼",以实现社会的完善;荀子完善社会、完善人的路径则是"学",具体说,就是用"礼"来"化性起伪",以实现人的完善和社会的完善。荀子欲"化"之"性",乃"生之谓性":人禀之于天的本能。荀子欲"起"的"伪",指"人为",具体说,指人自觉地接受"礼"的规范,向"人"的方向完善的不倦努力。礼靠熏、习。因此,"学"便和"化性起伪"产生了密切的内在关联:"终日而思,不如须臾之学"。"学"能入"圣"。通过"学",一则实现"修身",融身于社会;再则明了"天人之分",体认到人类的整体性存在,从而达到"天见其明,地见其光"的宇宙境界。李泽厚认为荀子强调人为,"天人之分",冲淡克服了孟子的神秘主义倾向,使儒学的重人为、重社会的传统得到很大的充实,"从而把儒家积极乐观的人生理想提高到'与天地参'的世界观的崇高地位"。"正是这一观念,为儒家由孔孟的道德论过渡到易庸的世界观再到汉儒的宇宙论,提供了一个不可或缺的中间环节。"[1]这种把孟学、荀学视为儒学发展流程中先后赓续之环节的观点,实比把荀学、孟学认作儒学发展流程中互相对立之因素的观点,要高明许多。

《淮南子》和荀子处身于相同的社会语境之中,接受荀子的影响,更多地关注人性的现实样态,在情理之中。《淮南子》受荀学影响最明显的痕迹,表现在《修务训》对"学"的突出强调上。老子提倡"绝学无忧"、《庄

---

[1] 李泽厚:《中国古代思想史论》,天津社会科学院出版社2008年版,第98页。

子·马蹄》更是激烈地反对"学",《淮南子》在此前"讲论道德"的篇目中,也多有这种观点。但在《修务训》中,却一反前见,改换腔口,追随荀子,极力提倡修学。文中同样以马为例,提出"故其形之为马,马不可化,其可驾御,教之所为也。马,聋虫也,而可以通气志,犹待教而成,又况人乎?""夫学,亦人之砥锡也。而谓学无益者,所以论之过。知者之所短,不若愚者之所修;贤者之所不足,不若众人之有余。"①"今无五圣之天奉,四俊之才难,欲弃学而循性,是谓犹释船而欲蹀水也。""学不可已明矣。"而如"木直中绳,輮以为轮,其曲中规,隐括之力。唐碧坚忍之类,犹可刻镂,揉以成器用,又况心意乎!"②这样的话语,更是直接从《荀子·劝学篇》中衍化而来。

应该强调的是,在"化'性'起'伪'"主义者荀子那里,"性"不可循,"学"不可弃,保持着逻辑上的连贯性。在"讲论道德,总统仁义"的《淮南子》里,模仿荀子腔口,讲"欲弃学而循性,是为犹释船而欲蹀水也",则明显是对此前诸篇中反复高唱的"循性"主张的反对。《淮南子》著书,为求全炫博,不惜自相矛盾。此例证明,儒道互补尽管是中国思想史上的事实,但"互补",只是各用其长。就像水、火,只要施之有处,用之得法,例如垦荒种地,烧荒时点火,浇地时引水,相反之水、火,立见相成之效。像《淮南子》那样,既想"讨论道德",又要"总统仁义","鱼"和"熊掌",务要兼得,只会左支右绌。儒与道,道与儒,离之则双美,合之则两伤。平调儒道,只是个思想幻相。

尽管《修务训》受荀子思想的影响甚是明显,尤其是它对于"为学"的强调,简直可以被认为是荀子思想在西汉前期的一个山寨版本。但是,它同时也表现出不同于荀子的一些内容。例如,荀子强调"人为",鼓励人发挥"人"的能动性。但是,荀子的自信乐观之中,渗透着积极而冷静的理性精神。荀子在高唱"制天命而用之"的同时,又突出强调审"时"度"势","修德"俟"命","不必强求"。《修务训》鼓励"有为",强调只要做到"私志不得

---

① 张双棣:《淮南子校释》(下)卷十九《修务训》,北京大学出版社1997年版,第1966页。
② 张双棣:《淮南子校释》(下)卷十九《修务训》,北京大学出版社1997年版,第1982页。

第四章 从"衰世凑学"到"仁义为本"

入公道,嗜欲不得枉正术",便可为所欲为,"功可强成",则呈现出一种近乎狂热的"心想事成"式的浪漫气质。字里行间,虽然不无对于认知世界、慨然救世、以天下苍生为己任的功业和精神的向往,文字也颇具气势。但是,"功可强成",狂热盲目,多是图一时口舌痛快,思致远远不如荀子绵密。人主真正实行起来,对人、对社会的危害程度,远远超过一切酷吏!汉武帝晚年的忏悔,就是明证。本书在第三章曾经指出,这种情况的出现,和刘安及参与著述的淮南宾客著述时思致不清、思维不周有关。这里想再补充一点:这种情况的出现,同时还与刘安及其宾客的著述心态有关。刘安著书求博炫富,志在兼得;参与著述的宾客必然要逞智炫巧,但求名耸四筵,不惜笔走偏锋。《淮南子》为求博炫富,不惜笔走偏锋,为扬雄《法言》对《淮南子》中儒学思想真相的判断:"人病以多知为杂"。"必也儒乎?乍出乍入,《淮南》也"[①],提供了内证。"必也儒乎?"是句"反讽"意味甚浓的表述。"必也儒乎"之"必",不是表肯定之辞,而是如现代汉语中的"可能""也许"之类的表假设之辞。

另一个惹人注目的变化是,《修务训》虽然顺承荀子,明确主张性不可"循",有待于"学"中完善:"欲弃学而循性,是谓犹释船而欲蹀水也。"[②]但却回避荀子标志性的思想——"性恶"。促成这一变化的原因,可能有两个:(1)荀子为突出"隆礼义",在"原始材朴/化性起伪"语境中说人性。荀子欲"化"之"性",就是"生之谓性"。《淮南子》在"修务"语境中,关注人性的现实样态。人性的现实样态是,人一落草就降生在"人"的环境中,人从他降生那一刻起,甚至在母体中时,"生之谓性"就得到"人"的熏陶(例如"胎教"),故而人之性不再像"禽兽"那样纯"恶",呈现出有"善"有"恶"的样态。(2)前文提到,《淮南子》有综合总结儒家思想之志。综合是通过"各显其长"的方式实现的。犹如"食肉不食马肝,不为不知味"一样,回避"性恶",能更顺利地实现兼综荀、孟。

[①] 参见汪荣宝撰,陈仲夫点校:《法言义疏》的《问神》、《君子》,中华书局1987年版,第163、507页。

[②] 张双棣:《淮南子校释》(下)卷十九《修务训》,北京大学出版社1997年版,第1966页。

第三节　对儒学思想在《淮南子》中所占地位的衡估

　　《淮南子》正文,以《原道训》始,以《泰族训》终。而《原道训》所"原"之"道",纯是道家之道。《泰族训》则被认为是《淮南子》中儒家思想表现最突出的一篇。徐复观先生甚至认为《泰族训》是《淮南子》全书的总结:"但写这一总结的人,却落在一位或一位以上的了不起的儒生手上,使全书中的老庄思想,在儒道两家的边际思想上脱胎换骨,都总结到儒家思想方面;而所谓'穷道德之意'的道德,不是以虚无虚静为体的道德,却成为以仁义为体的道德。"结论是:《泰族训》是"由儒家所作的全书的总结"。"无形中表示,道家思想,应归结于儒家思想之上。"[1]此说对《淮南子》"旨近老子……归之于道"的古今共识是一个颠覆,对《泰族训》思想主题的理解,也独树一帜。这不仅和《泰族训》古今注家的理解迥然有别,而且和淮南《要略》的自述也不相合。因为此说涉及对《泰族训》思想主题的理解,涉及对《淮南子》思想真相的判断,故而,对此说宜有剖判。

　　关于《泰族训》的思想主题,许慎的注释说:"泰言古今之道,万物之指,族于一理,明其所谓也,故曰'泰族'"。[2]许慎虽然说《泰族训》的主题,是申"古今之道,族(簇、聚)于一理,明其所谓";但许慎并未明言《泰族训》所"族"之"理",就是儒家之道。未明言,说明许慎心中无此意念。如果许慎心中真有"古今之道聚于儒家"的话,肯定会明白说出来。因为许慎是个笃诚的儒生,如果有能给儒家争门面、添光彩的事,他肯定不会藏着掖着。曾国藩云:"族,聚也,群道众妙之所聚萃也。泰族者,聚而又聚者也。"[3]曾国藩虽然说《泰族训》的主题,是引"群道众妙"向一个中心汇聚("聚萃")。至于"聚萃"于何处,也未明言。

　　关于《泰族训》的主题,《要略》说:

---

[1]　徐复观:《两汉思想史》第二卷,华东师范大学出版社2001年版,第164页。
[2]　张双棣:《淮南子校释》(下)卷二十《泰族训》,北京大学出版社1997年版,第2036页。
[3]　张双棣:《淮南子校释》(下)卷二十《泰族训》,北京大学出版社1997年版,第2036页。

第四章 从"衰世凑学"到"仁义为本"

《泰族》者,横八极,致高崇,上明三光,下和水土,经古今之道,治伦理之序,总万方之指,而归之一本,以经纬治道,纪纲王事。乃原心术,理性情,以馆清平之灵,澄彻神明之精,以与天和相婴薄。所以览五帝三王,怀天气,抱天心,执中含和,德形于内,以著凝天地,发起阴阳,序四时,正流方,绥之斯宁,推之斯行,乃以陶冶万物,游化群生,唱而和,动而随,四海之内,一心同归。故景星见,祥风至,黄龙下,凤巢列树,麟止郊野。德不内形,而行其法藉,专用制度,神祇弗应,福祥不归,四海不宾,兆民弗化。故德形于内,治之大本。此《鸿烈》之《泰族》也。①

如同在其他地方一样,凡《淮南子》自认为是"得意之笔"之处,总是用极尽华彩的笔触,恣意铺陈,自吟自赏。然而,汰去华言,究其本心,《要略》所言《泰族训》的主题,还是不难把握的。《要略》明言,《泰族训》的主题,乃在"经古今之道,治伦理之序,总万方之指,而归于一本,以经纬治道,纪纲王事"。所归之"本",就是治国理民之"治道"。而治国理民的"大本",在"德形于内"。《要略》还进一步说,"此《鸿烈》之'泰族'也",即这不仅是《泰族训》的主题,同时也是《淮南子》一切言说的汇聚中心。回过头来再看许慎、曾国藩对《泰族训》主题的理解,虽然未明言"明其所谓"所谓者何,"聚之又聚"聚于何处,但无异已得《要略》之"心"。可见徐复观先生之说恐有"强制阐释"之嫌,其"无形中表示,道家思想,应归结于儒家思想之上"②的结论,既经不起逻辑推敲,又缺乏事实依据。

先推敲逻辑。据《要略》"《泰族》者……经古今之道,治伦理之序,总万方之指,而归于一本,以经纬治道……德形于内,治之大本",《泰族训》的主题乃在引古今之道、伦理之序、万方之指总归于"治道",而"德形于内,治之大本"。然而,"治"道至广,儒家有儒家之"治"道,道家有道家之"治"道;"德"有多方,儒家的"仁义"是"德",道家的"为'无为',守道真,不妄作"也是"德"。"德"和"治"道,都是大范畴,儒家之"德"、道家之"德",儒家"礼乐刑政"之"治"道、道家"为'无为'"之"治"道,都是大范畴里的一个小科目。从逻辑上说,大范畴能容涵小科目,小科目不能吞并大范畴。仅从"德形于内,治之大

---

① 张双棣:《淮南子校释》(下)卷二十一《要略》,北京大学出版社1997年版,第2129页。

② 徐复观:《两汉思想史》第二卷,华东师范大学出版社2001年版,第164页。

本",推不出"德"必是儒家的仁义道德、"治"必是儒家的"礼乐刑政"之治。要断《泰族训》里的"治"为何治、"德"为何德,还得到《泰族训》的言说事实中去具体考察。

　　再验之以事实。事实是,《泰族训》可能出自儒生之手,但仁义道德、礼乐刑政只是《泰族训》全部言说里所占分量并不大的一个组成部分,而不是全部。为见《泰族训》的思想真相,不妨花些笨功夫。张双棣《淮南子校释》分《泰族训》为十六段。让我们逐段分疏。

　　第一段引"万物有以相连,精祲有以相荡"的"天道",归于顺天施政、"诚"能格天的"治"道。"万物有以相连,精祲有以相通"是阴阳家的思想。虽然日后为董仲舒所吸收,但本色不改。"顺天"是道家"为'无为'"政治理论的出发点和归宿。孟子虽然讲过"诚者天道,诚之者,人道也",但那是讲修身的。当然,儒家讲"修齐治平",修身与治国平天下密切关联;但"诚能格天"不在孟子"诚之者人道也"之中。倒是在汉儒想象中的"明堂"之制——如《礼记·月令》所述中,有"顺天施政"之旨。而"明堂"之制中的"顺天施政",带有明显的刻意"仿自然"之气。从"矫揉造作"这一点上说,"明堂"之制中所谓的"顺天施政",恰是《泰族训》里明确反对的"德不内形,专用制度"。

　　第二段引"人巧不敌天工",归于"大人者,与天地合德,与日月合明,与鬼神合灵,与四时合信,故圣人怀天气,抱天心,执中含和"的"治"道。"大人者"云云,取自《易传·乾文言》。唯字句有小异,"与鬼神合灵"原文作"与鬼神合其吉凶";"与四时合信"原文作"与四时合其序";原文中"与四时合其序"在"与鬼神合其吉凶"之前。儒家的为政之道,也讲"执中含和",例如《尚书》里被后世唐宋"新儒家"奉为尧舜相传之十六字"心法"里,就有"允执厥中"。儒家的"允执厥中",虽然是尧舜传下来的"心法",但"允执厥中"却不是从"人巧不敌天工"中推出来的,而是从"天工,人其代之"那里滋生出来的。"人巧不敌天工",是道家信守的观念。儒家坚持的观念恰好与此相反,是"天工,人其代之"。

　　第三段引"天道无为而万物化",归于"圣人养心,莫善于诚,至诚能动化"的"治"道。"天道无为而万物化""养心",是道家信守的观念。儒家如孟子讲"求放心",庄子才讲"养心"。儒家之"天道",虽然有其"天何言哉,四时行焉,百物兴焉"的一面,但主流观念却是"天有生生之仁"。儒家信守的"天道",有意志,有目的,并不是"无为",而是"有为"的。《论语》所谓"天将以夫子为木铎",孟子所谓"天将降大任于斯人也",即是明证。

第四段引"因其性则天下听从",归于礼乐以"劝善"、刑罚以"禁奸"的"治"道。"因其性则天下听从"是道家观念。儒家例如荀子思想中虽然有礼乐以劝善、刑罚以禁奸,但目的是为了"化性起伪"。而"化性起伪",恰好是反"因其性则天下听从"之道而用之。

第五段从"昔者五帝三王之莅政施教,必用参五",引出"制礼乐,行仁义"为"治之纪纲"。儒家色彩很浓,且带有孟子之"案往旧造说"气。其中,"制礼乐,行仁义"是儒家坚持的为治之道。但"澄列金木水火土之性,故立父子之亲而成家;别清浊五音六律相生之数,以立君臣之义而成国;察四时季孟之序,以立长幼之礼而成官,此谓之参",则明显掺杂有儒外之杂说。

第六段从"天地之道,极则反,盈则损",引出"事穷则更为,法弊则改制"之治道。以"极则反,盈则损"为"天地之道",是道家的观念。"事穷则更为,法弊则改制"是法家的观念。儒家信守的观念,是与此完全相反的"天不变,道亦不变"。

第七段引"天不一时,地不一利,人不一事",归于"绪业不得不多端,趋行不得不多方"、随机应变的为治之道。"绪业多端"——"三皇异治,五帝殊政",是法家惯用的说辞。克就《淮南子》的言说界域之内说,本书第三章已有分析:"绪业多端"——"三皇异治,五帝殊政",是从淮南历史观——"衰世"论中滋生出来的。而淮南"衰世"论,不过是道家"道失而后德,德失而后仁,仁失而后义"观念的"历史"化。儒家虽然也讲"守经执权",但儒家的"治道",有其一以贯之、不"异"不"殊"的"心法":"人心惟危,道心惟微,惟精唯一,允执厥中"。

第八段从"治大者,道不可以小;地广者,制不可以狭;位高者,事不可以烦;民众者,教不可以苛"中,引出"功不厌约,事不厌省,求不厌寡"的为治之道。孔子虽然有"苛政猛于虎"之说,儒家也有轻徭薄赋、勿夺农时的政纲,但在"约功、省事、寡求"上叫得最响的,是道家。从《泰族训》"有道以统之,法虽少,足以化矣;无道以行之,法虽众,足以乱矣"看,倡"约功、省事、寡求",乃是为了对治为政繁苛的秦政。事实是,汉家是以"贵尚黄老"对治为政繁苛的秦政的。而《淮南子·要略》明确地说过,曾经"学儒者之业,受孔子之术"的墨子,正是发现儒家"齐之以礼乐"的治道"礼烦扰而不说,厚葬靡财而贫民,服伤生而害事",这才"背周道而用夏政"的。"烦扰"则不可能"约功","靡财"肯定反"寡求","害事"则不仅不"省事",反而"生事"。

第九段从"治身,太上养神,其次养形",引出"治国,太上养化,其次正法"。孔子有"齐之以礼乐/齐之以刑政"之说,相当于"太上养化,其次正法"。但孔子之"齐之以礼乐/齐之以刑政",却不是从"养身"之道中推出来的。从"养身"之道推"治国"之理,是道家的手段。

第十段从夏、商兴亡经验中,引出尚"贤"下"法"、尚"礼"下"刑"的治道。这两条,是儒家的为政方针。尽管墨家也明标"尚贤",但墨家"尚贤"的对应物,是"亲亲尊尊",而不是"下法"。

第十一段从"舜放弟,周公杀兄",引出"以仁义为准绳"的为政之是非的判断标准。"由仁义行非行仁义",是孟子倡导的为政原则。

第十二段据历史经验,说"得民心者得天下",最有儒门风规。

第十三段从形骸上的"耳聋目瘖",说到精神上的"心塞";从登高才能望远,说到"为学"才能入圣。自是荀子思致。

第十四段提出为治"仁义为本,法度为末",合乎儒规。

第十五段言"察始终,原本末"乃治道之要。儒家的为治之道有"本末":仁义礼乐为"本",刑政法度为"末";有"始终":"富之"为始,"教之"为终。但此段盖未述及,却奢谈"民知书而德衰,知数而厚衰,知契卷而信衰,知机械而空(许慎注:空,质也)衰""福祸依伏",而这一连串话语,纯是道家腔口。奢谈"上下异道则治,同道则乱",纯是法家腔口。

第十六段言"仁、知"乃是为政之柄。而"仁莫大于爱人,知莫大于知人"。自是儒门方规。

逐段分疏显示,《泰族训》共十六段,其中第五、十、十一、十二、十三、十四、十六等七个段落,显述儒家思想。其余九个段落,则是聚萃"群道众妙"。这完全符合《淮南子》"不循一迹,不守一隅"的总体设想。

《泰族训》共十六段。最后那第十、十一、十二、十三、十四、十六等六个段落,显述儒家之治道。那么,是否存在徐先生所谓的《泰族训》要让老庄思想"在儒道边际思想上脱胎换骨,都总结到儒家思想方面"呢?那要看对"总结"

作何理解。《要略》说得不错,《泰族训》只是在"经古今之道,治伦理之序,总万方之指,归于一本,以经纬治道"①。上文已经言及,治道至广,儒家有儒家推尚的治道,道家有道家主张的治道,决非"仁义礼乐"四个字,就可以了断。但即便是在"经纬治道"上,《泰族训》也只是让各家思想"平流竞进",并未曾涉及儒、道两家的治道孰优孰劣的问题。在"经纬治道"上,《泰族训》既未扬儒,也未抑道,而是两存其美。因而,不能由于关心治道是儒、道两家思想重叠之处,而《泰族训》可能出自儒生之手,就断言《泰族训》的主题,乃在要"使全书的道家思想,在儒、道两家的边际思想上脱胎换骨,都总结到儒家思想方面"。当然也就不存在什么"道家思想,应归于儒家思想之下"的"无形表示"了。

不过,《泰族训》确实是《淮南子》二十篇中儒家思想表现得最集中、最突出者。从《泰族训》中,能发现两个问题:(1)《泰族训》回荡着一种博大之气。在"经纬治道"时,不仅于儒、孟、荀、"易"(《易传》)、"庸"(《中庸》)兼收并蓄;而且于"群道众妙",也有"萃"必聚。在"纪纲王事"上,表现出一种本书称之为"不仅能得同体之善,而且能知异量之美"的襟怀。"独尊儒术"之前儒生表现出的这种襟怀,和"独尊儒术"之后,五经博士表现出的只认"师法""家法",既不见异量之美又不容同体之善的唯我独尊,形成鲜明的对照。《泰族训》这种"经古今之道,总万方之指""群道众妙"有"萃"必聚的追求,体现着一种时代精神。这种时代精神,被李泽厚、刘纲纪从美学上描述为:"一种对认识、掌握和占有广大外部世界的强烈渴望,以及从中所体验到的欢乐感、自豪感。"②(2)《泰族训》中跃动着一种雄心:让群道众妙都来"经纬治道,纪纲王事"。不过,走的决不是一家独霸、百家景从的路子;而是采取平调儒、道,广容百家,有"萃"必聚的方针。

问题是,以《淮南子》作者们的才智,能实现这种雄心吗?大一统王朝会接受这种选择吗?

---

① 张双棣:《淮南子校释》(下)卷二十一《要略》,北京大学出版社1997年版,第2129页。

② 李泽厚、刘纲纪:《中国美学史》(先秦两汉编),安徽文艺出版社1999年版,第434页。

第四节　儒道冲突中的困惑及解决

　　《淮南子》以《原道训》始,以《泰族训》终。刘安手下似乎有两个写作班子,一个职司弘"道",一个职司释"儒"。《原道训》及其以下篇章,全力弘"道"。从《缪称训》开始,《淮南子》的言说重心,渐次从道家思想转向儒家思想,至《泰族训》,达到极致。不管《淮南子》的作者们主观上是否意识到,这样的形式结构,在客观上,无形中预示了汉家意识形态将要发生的由崇尚道家思想到独尊儒家思想的潜在承转。在这个潜在的承转中,实际上也凸显出了儒、道两家思想之间固存而难化的紧张和矛盾。于是,尽管在《缪称训》、《修务训》及《泰族训》等篇章中,可以明显发现儒家思想的痕迹,但是从《淮南子》整个文本的结构和内容上来看,《淮南子》对于儒学的态度,实际上是相当复杂的。其中既有(一)从道家的立场出发,对于儒家的批评和攻击。主要反对的是儒家的礼乐制度对自然纯朴的人情人性的压制和侵蚀。如"孔、墨之弟子,皆以仁义之术教导于世,然而不免于僞,身犹不能行也,又况所教乎! 是何则? 其道外也"[1]。也有(二)对儒家思想进行道家化的改造,从而承认儒家思想在一定程度上一定范围内的积极意义。"是故仁义礼乐者,可以救败,而非通治之至也。""是故德衰然后仁生,行沮然后义立,和失然后声调,礼淫然后容饰。是故知神明然后知道德之不足为也,知道德然后知仁义之不足行也,知仁义然后知礼乐之不足修也。"[2]还有(三)对于儒家思想的积极称颂,以及把儒家之思想偷偷注入道家的躯壳之中。最典型的就是《泰族训》中汉初儒家思想之基本面貌的大展示大集结。以及在《修务训》中对于"无为"文不对题式的"重新阐释"。

　　作为独立而完整的思想学说体系,儒道两家在宇宙论、社会论和人生论诸方面,分别有自己的理论主张。相对而言,道家以个体人的自由为思想线索,强调尊重人的内部自然自发的东西。而儒家则从人是"共同体"中的人为思想线索,强调人的社会责任,注重人的社会性的一面,具有以伦理为本位的积

---

[1] 张双棣:《淮南子校释》(上)卷二《俶真训》,北京大学出版社1997年版,第216页。
[2] 张双棣:《淮南子校释》(上)卷八《本经训》,北京大学出版社1997年版,第820页。

极入世的精神方向。两家思想的某些方面,存在有互相接合的可能性;但在更多方面,均大相径庭,属于离之则双美,混之则两伤。而《淮南子》以道家出发,最后却又转向于儒,企图"鱼与熊掌"同时兼得。于是在其整个的论述中,必然会面临着许多理论上的冲突和融通上的困惑。《淮南子》的作者们,显然也意识到了这种内在的理论冲突,并试图借助于儒道之间某些论域叠合之处,力图消弭彼此之间的界限,实现理论的融会贯通。当然,这种努力不徒体现在《淮南子》之中,在整个西汉前期的文化选择过程之中,这是一个普遍的现象。

《淮南子》"鱼与熊掌"同时兼得的企图,是通过"道"化儒学、"儒"化道家来实现的。这一企图,在对孔子的期待,以及对"人性"的理解中,在平调"道德"与"仁义",以及"齐俗"问题上,都有较为明显的表现。

一、孔子:"体道者"与"践道者"

《淮南子》自称其著书,是"持以道德,辅以仁义"[1]、"纪纲道德,经纬人事。上考之天,下揆之地,中通诸理"、究"天地之理"、接"人间之事"、备"帝王之道"[2]。(按:"持以道德""纪纲道德"之"道德",是道家崇尚的"道"和"德",和儒家之"仁义"不同伦。)在《淮南子》的总体视域内,道家崇尚的"道德",是"通治之至",而儒家崇尚的"仁义",仅仅是"衰世"社会的"救败之具"。而《淮南子》对他身处之时代的认识,乃是他处身于一个"物不可终否,故受之以泰"——"衰世"行将结束、"盛世"必将到来的幸运时代。从《淮南子》的自述看,《淮南子》有兼综儒、道,以接"人间之事"、备"帝王之道",迎接和推动"盛世"到来的雄心。那么在《淮南子》的视野中,孔子作为此前时代中重要的思想人物和文化符号,该呈现为怎样的面貌?

《淮南子》对于孔子,广有描述。根据作者统计,在《淮南子》中,多达50个地方提到过"孔子"。如果连并用"子曰""仲尼""夫子"这些称谓指代孔子的地方一起统计,《淮南子》提到的地方将更多。《淮南子》的作者们从自己的立场出发,对孔子进行了多方面多角度的描述。总体而言,在救"衰世"之"败"的视域内,《淮南子》对孔子这位先秦时期思想文化巨擘持相当高的认

---

[1] 张双棣:《淮南子校释》(上)卷六《览冥训》,北京大学出版社1997年版,第710页。
[2] 张双棣:《淮南子校释》(下)卷二十一《要略》,北京大学出版社1997年版,第2123页。

可和赞同态度。但和《论语》及儒书中的孔子相比,《淮南子》中的孔子形象,经过了一定程度的改写。

《淮南子》在相当一部分篇章里,对于孔子的才能、人格以及智慧,有着高度的评价和认可。在一些篇章中,还和一般的儒家后学一样,称孔子为"圣人""素王"。但《淮南子》对孔子之所以称"圣"之理由的理解,与纯儒有别:"人性欲平,嗜欲害之,惟圣人能遗物而反己。……孔子谓颜回曰:'吾服汝也忘,而汝服于我也亦忘。虽然,汝虽忘乎,吾犹有不忘者存。'孔子知其本也。"①在这里,孔子之所以称"圣",在于孔子"知其本"——"能遗物而反己"。"反诸己"虽然是孔子的一贯作风。但是,孔子是在"闻过自省"中"反己",而不是在"遗物"中"反己"。"遗物而反己",是庄子倡导的"反己"方式。孔子在这里,显然被"道家"化了。"孔子谓颜回曰"云云,直接抄自《庄子·田子方》,即是明证。②

在《主术训》中,孔子还被描绘成智、勇、能、行、历史判断、现实选择各个方面都"十全十美"式的天才人物:

> 孔子之通,智过于苌宏,勇服于孟贲,足蹑郊菟,力抗城关,能亦多矣。然而勇力不闻,伎巧不知,专行教道,以成素王,事亦鲜矣,春秋二百四十二年,亡国五十二,弑君三十六,采善相丑,以成王道,论亦博矣。然而围于匡,颜色不改,弦歌不辍,临死亡之地,犯患难之危,据义行理而志不慑,分亦明矣。然为鲁司寇,听狱必为断,作为《春秋》,不道鬼神,不敢专己。夫圣人之智固已多矣,其所守者有约,故举而必荣。③

"十全十美"和《论语》中呈现出的孔子形象,并不相符。《论语》中的孔子承认,他至少在"为圃""为稼""军阵"等方面,很不在行。在这里,孔子显然被美化甚至被神化了。孔子生前,就被一些人神化过。例如卫国仪封人,在会见孔子之后,出门就对孔子弟子说:"天将以夫子为木铎!"在危厄时刻,孔

---

① 张双棣:《淮南子校释》(上)卷十一《齐俗训》,北京大学出版社1997年版,第1132页。

② 对此也有另类解读。例如,韩愈据此,推断庄子曾习过儒,出田子方之门。

③ 张双棣:《淮南子校释》(上)卷九《主术训》,北京大学出版社1997年版,第1009—1010页。

第四章 从"衰世凑学"到"仁义为本"

子也曾用神化自己的方式来激励弟子："天生德于予,桓魋其如予何!"①但是,用"素王"的名义,来神化孔子的,却是始于汉《春秋》公羊学。《淮南子》作者中,有习公羊学的学者。《淮南子》所征引的《春秋》,皆出自《春秋公羊传》,就是明证。说孔子是以"专行教道"而获得"素王"资格的,也符合公羊学的思致。公羊学坚持,孔子得称"素王",是由于孔子用他那一套思想,为后世立法。

《淮南子》中的孔子,还是一位因身体力行而获得普遍拥戴的践道之人:"孔丘、墨翟修先圣之术,通六艺之论,口道其言,身行其志,慕义从风,而为之服役者不过数十人。使居天子之位,则天下遍为儒墨矣。"②"孔丘、墨翟,无地而为君,无官而为长,天下丈夫女子莫不延颈举踵而愿安利之者。"③"孔子无黔突,墨子无暖席。是以圣人不高山,不广河,蒙耻辱以干世主,非以贪禄慕位,欲事起天下利,而除万民之害。"④"今取新圣人书,名之孔、墨,则弟子句指而受者必众矣。"⑤这一形象,基本上符合孔子的原貌。《论语》中的孔子,尤其是"周游列国"时的孔子,确实是一位"颠沛必乎是,造次必乎是"、"闻斯行诸"、"朝闻道,夕死可矣"、铁肩担道义、"蒙耻辱以干世主"式的人物。本书要强调的是,孔、墨并称,不似儒者口吻。尽管墨子曾经"习"过"孔子之术",墨家也最重视身体力行——"舍生取义"乃是墨家固守的门风。但自从孟子指斥墨子"兼爱无父"之后,儒者鲜有并称孔墨者。倒是韩非在《显学》篇中,并称儒、墨,并把儒、墨定性为法家言行的质疑挑战者以及顽固的反对派。更为重要的是,上引《淮南子》中有关孔、墨并称的文字,多是在"位势"上并称孔、墨。本书下一章将有论述:从"位势"上考量人的价值实现,把"位势"视为人价值实现的基础,是法家独到的视域,而不是儒、墨两家的处世原则。这些文字,可能出自兼习儒墨又受过法家熏习的人士之

---

① 杨伯峻:《论语译注》第七《述而》,中华书局1980年版,第72页。
② 张双棣:《淮南子校释》(上)卷九《主术训》,北京大学出版社1997年版,第985页。
③ 张双棣:《淮南子校释》(下)卷十二《道应训》,北京大学出版社1997年版,第1224页。
④ 张双棣:《淮南子校释》(下)卷十九《修务训》,北京大学出版社1997年版,第1950页。
⑤ 张双棣:《淮南子校释》(下)卷十九《修务训》,北京大学出版社1997年版,第2009页。

手。这一方面说明在独尊儒术之前,各家思想之间,儒学和其他思想之间,并无多么森严的壁垒。另一方面也暗示,虽然经过"焚坑"的打压,在当时社会,孔子之学依然有着强大的向心力,儒家在社会领域中仍然具有不容忽视的强势地位。《修务训》甚至说,"今取新圣人书,名之为孔、墨,则弟子句指而受者必众矣"①。如果这是《修务训》作者的真实感受,那么,由此可知,孔墨在那时已经强势到堪称思想"范式"的地步。以至于当时有一股风气,一心想名动天下的"希圣"之士,都喜欢拿孔、墨作包装。有孔、墨这块"金字招牌",无论什么货色,都畅销无阻。当今两汉思想史著述,述及文、景之世的思想世界,只说"贵尚黄老"。在文、景之世,孔、墨之学竟然也如此强势!淮南此说,足补西汉前期思想史之阙。当然,《淮南子》对这种靠"耳食"而不用"心想"、靠"包装"邀名取誉的庸俗习气,是不屑一顾的。《修务训》有云"美人者,非必西施之种;通士者,不必孔、墨之类"。《修务训》的作者,隐然以"执玄鉴于心,照物明白,不以古今易意"、洞晓"书传之微"、超脱习气的"圣"者自居。然而,《淮南子》经常是说得头头是道,做起来却左支右绌。例如,《淮南子》在"讲论道德,总统仁义"时,经常有违儒、道思想原则而不自知。这说明淮南著书,多存"炫耀知识"之心,少有"深思熟虑"之意。仅就这一点上说,《淮南子》也未能尽脱用儒、道作"包装"以"挟天子令诸侯"的习气。

另外,《淮南子》在论述某一观点时,也往往会用诸如"孔子曰""故孔子曰"等引用孔子语录作为论据或总结的表达方式来进行论证,如:"孔子曰:'其身正,不令而行;其身不正,虽令不从。'故禁胜于身,则令行于民矣。"②"故孔子曰:'可以共学矣,而未可以适道也;可与适道,未可以立也;可以立,未可与权。'"③这样的论证方式也足以表明,至少在《淮南子》部分作者心目中,孔子具有"行"为士范、"言"为士则的权威性。

《淮南子》中还存在着一个被过度改写了的孔子,或者说是"道家化"的孔子。例如:"孔子观桓公之庙,有器焉,谓之宥卮。孔子曰:'善哉!予得见此

---

① 张双棣:《淮南子校释》(下)卷十九《修务训》,北京大学出版社 1997 年版,第 2009 页。
② 张双棣:《淮南子校释》(上)卷九《主术训》,北京大学出版社 1997 年版,第 966 页。
③ 张双棣:《淮南子校释》(下)卷十三《氾论训》,北京大学出版社 1997 年版,第 1403 页。

器。'曰:'夫物盛而衰,乐极则悲,日中而移,月盈而亏。是故聪明睿智,守之以愚;多闻博辩,守之以陋;武力毅勇,守之以畏;富贵广大,守之以俭;德施天下,守之以让。此五者,先王所以守天下而弗失也;反此五者,未尝不危也。故老子曰:"服此道者不欲盈。夫唯不盈,故能弊而不新成。"'"①"孔子观宥卮之器"事,亦见于《荀子·宥坐》篇。《荀子》的唐代注家杨倞说:《宥坐》及《宥坐》以下诸篇的内容,"皆荀卿及弟子所引记传杂事"。② 由此可见,"孔子观宥卮之器"事,在荀子之前,早有流传。如今已难以判断《淮南子》是承自荀子,还是独立地得自"记、传"。但《淮南子》言说此事时的言说意向,和荀子迥然不同,却是显而易见的。按荀子言说孔子观庙见卮器事,中心话语是:"孔子喟然而叹曰:'吁!恶有满而不覆者哉!'"荀子只想借此事说个"谦受益,满招损"之理。更多的是要强调应该以一种审慎谦虚低调的方式,来保证道德的充盈与伸张和才学的扩充与持有。而《淮南子》则通过给"孔子曰"中添加"夫物盛而衰,乐极则悲,日中而移,月盈而亏"这样的"老子式"的句子,从而使意思发生了倾向于道家的转折,孔子在此偏转成为以现身说法,为老子"夫唯不盈,故能弊而不新成"的观点进行生动的注解。

对儒宗孔子进行道家式的改写,创始于庄周。乍看,《淮南子》不过是承《庄子》之风而已。《道应训》所载的孔子师徒间的对话"颜回谓仲尼曰:'回益矣'。……颜回曰:'隳支体,黜聪明,离形去知,洞于化通,是谓坐忘。'仲尼曰:'洞则无善也,化则无常矣。而夫子荐贤,丘请从其后。'"直接抄录于《庄子·大宗师》,提供了这方面的证据。《庄子》改写孔子,是想借孔子这个思想文化巨擘的信度,使自家思想得到顺畅的接受。借《修务训》里的话,来形容庄子改写孔子的企图,就是"今取新圣人书名之为孔墨,则弟子句指而受之者必众"。《淮南子》改写孔子,当然也有这样的企图。但结合淮南著书宗旨:"纪纲道德,经纬人事",思考这一问题,《淮南子》如此这般地伸张孔子,其间又有对孔子之学进行重新审视和反思之意。或者说,《淮南子》如此这般伸张孔子,有给"独重'人事'"的孔子,增添一副"亦重'天道'"的新面相之意图。本书想强调的是,所谓"重新审视和反思"的动力和归宿,主要还不是出于学

---

① 张双棣:《淮南子校释》(下)卷十二《道应训》,北京大学出版社1997年版,第1324页。

② 杨倞注,耿芸标校:《荀子》,上海古籍出版社1996年版,第298页。

术兴趣,而是来自现实需要。唯其如此,才有"改写"之事的发生。

　　《淮南子》中孔子的形象,虽然比较复杂,但从总体上来讲,《淮南子》视野中的孔子,可以说是具有"体道者"和"践道者"两种面相。"体"是体"天道","践"是践"人道"。本书要指出的是,把这两个面相统合于一人之身,是汉人期待中的孔子,并不是孔子的真实面目。真实的孔子给弟子们留下的印象是"夫子言性与天道不可得而闻"。

　　从思想发展的角度来看,汉代对于天人关系问题的关注,实际上是对孔子时代被搁置的天道问题的展开。这其中有政治统一的因素,在大一统的背景之下,必然要求对大一统政体的合法性进行义理论证。正如陈静所言:"思想就不能够再是'意见',而必须是普遍化了的'天理'或者'道理'。"①因此,汉人形成了"以天道明人事"的思维方式。在这样的思想氛围中,《淮南子》视野中的孔子,也就常常以"体道者"的形象出现,只不过,这里所体悟的"道"不完全是日常伦理之道,而带上了更为形而上的"天"之"道"的色彩。如前面所述的孔子入桓公庙观宥卮之器事,《淮南子》所添加的孔子感叹"夫物盛而衰,乐极则悲,日中而移,月盈而亏"几句话,更多是对天道运行所发出的人生感悟,带有普遍性的意义。

　　《淮南子》中还存在着一个"践道者"孔子,在这里孔子所践之"道",更倾向于是为了社会政治秩序的重构和个人理想追求得以实现,而孜孜以求、身体力行的儒家"外王"之道。值得注意的是,"践道者"孔子,同时出现在以弘"道"为宗旨的《道应训》和以申"儒"为宗旨的《修务训》中。这一现象意味深长。它暗示着,伸张"践道者"孔子形象,同样不是出于学术动机,而是发自现实需求。本书在第三章已经指出,从学术上分析,《修务训》用孔、墨之"有为",去回应道家"无为"就是"束手拱默",是"驴唇不对马嘴"。但《修务训》竟然这么做了。这一方面说明,《修务训》的作者坚持现实需要第一,为应和现实需要,不惜曲说学术;另一方面也说明,在政治学范围之内,道家那"清静无为",只是个治国理想。可以权宜于一时,难以奏效于长远。在高唱道家"清静无为"的同时,还得辅以儒家的"汲汲有为"。互补,才能两现其长。此

---

①　陈静:《自由与秩序的困惑——〈淮南子〉研究》,云南大学出版社2004年版,第163页。

印证了本章前面提出的观点,弘道时把儒宗孔子道家化,申儒时把道家思想儒术化,是《淮南子》"鱼与熊掌"同时兼得的基本手段。

二、人性

有理由相信,对人性问题的热心和探究,是人的"人"之意识觉醒的伴生物。人的"人"之意识的"觉醒"有程度,故而人对"人"的意识有浅深。从这个意义上,宏观地说,意识与存在具有同一性:存在决定意识,有什么样的存在,就有什么样的意识;意识确证存在,人对自身有什么样的意识,是人究竟处在何种存在样态的最好的确证。从这个角度,可以说人的存在史,就是人的"人"之意识觉醒的观念史。当人对自身的意识依然停留在"生者性也"的时候,不管意识者承认还是不承认,他实质上依然停留在生物学存在的样态之中。当人觉悟到自身乃是不同于其他任何存在的"有心之器"的时候,才会去理性地思考人性与"心"的关联。理性思维是用概念去思维。思维与概念之间,存在同一性。从这个角度可以说,观念史就是概念史。概念存储在文献中。文献存亡有命运。文残献阙,在中国人性论史尤其是先秦人性论史研究中,是件让人苦恼的事。

本书第三章曾经提及,中国对人性的最初认识,乃是"生者性也"。随着"哲学突破",儒、道两家思想,开始意识到"生者性也",在对人性认识的全面性上,多有不足。例如,孟子意识到"生者性也",还不能把"人"和"禽兽"从本质上区分开来,转而探究人之所以成为"人"的更本质的内在依据。庄子意识到"生者性也",并不能确保人活得就像个"人",转而寻觅确保让人活得更像个"人"的路径。儒、道两家对于人性的认识,均开始了由性到心的进程。道家以尊重还是摧残人的本真之性为尺度,对当下的社会做出政治性的解读和价值观上的判断,积极思考在已经"异化"了的生存环境中,如何保持人之"人"性不失。而儒家则从道德善恶的伦理概念出发,展开对人的内在道德和人是社会性存在的关注,积极思考如何在"人"的环境里,去完善人之"人"性。显而易见,儒、道两家的人性论,出发点完全一致,但立场却迥然有别,就像从一个点发出的两条射线,除了出发点相同之外,再也无法重合。迥异的立场,使得儒、道两家在对待人性方面及其衍生的其他问题上,观点截然不同。

淮南《要略》说,《淮南子》之撰乃是"纪纲道德,经纬人事"。本书在前文中,也曾猜测性地指出,刘安手下似乎有两套写作班子,一套专司弘"道",一套专司申"儒"。弘"道"班子在弘"道"的时候,也会涉及儒。不过,此时之"儒",或者以批评对象的身份,或者以道家"帮腔"的面目,出现在弘"道"者的笔下。申"儒"班子在申"儒"的时候,也会涉及"道"。不过,此时之"道",多半只剩下一个躯壳,里面填充的是"儒"化过了的"道"。当然,这种情况的出现,并不是淮南宾客中的弘"道"者,有意识和"儒"过不去,也不是淮南宾客中的申"儒"者,觉悟到了和"道"合不来。淮南宾客著书的时候,儒、道之间的关系,大体上说,是不相菲薄不相师的关系,并不像独尊儒术之后那么紧张。这种情况的出现,除了弘"道"申"儒"者为了自圆其说之外,还有在儒、道之间求同,以落实刘安"纪纲道德,经纬人事"总体设计的动机。《淮南子》对人性的看法,打个比方,就好像刘安广邀宾客清谈。众多声音中,照例有两种声音最突出:一种声音是沿着道家人性论的基本思路,夸夸其谈;另一种声音是沿着儒家人性论的基本思路,喃喃絮语。但这并非如巴赫金所描绘的"广场"上的"众声喧哗的对话",而是淮南门下申"儒"、弘"道"的宾客,虽然每天都同与刘安"清谈之筵",面对面坐着,彼此却不交一语,只对着刘安自话自说。从《淮南子》陈述出来的思想看,刘安似乎也很受用这种场景:他毕竟给儒、道两家提供了言说的平台。儒、道不交锋,自话自说,倒显出他有"齐一物论"的超然风度;门下士中有可以"讨论道德"者,有可以"总统仁义"者,在外人看来,淮南王府人才济济,淮南王气象非凡。当然,以上所言,多属于"他人之心,予忖度之"。是耶非耶,尚待公断。

　　《淮南子》中关于人性本质的看法,除了道家式的"清净恬愉,人之性也""其和愉宁静,性也",不满足于庄子从"斋心"而后呈现出的清澄宁静心说人性,强作解事,试图从道家"创生"论上说"人性本静"之外,至少还有以下不同的观点:

　　(一)人性本善之说。《主术训》有"凡人之性,莫贵于仁,莫急于智"[①],《泰族训》更是明言"人之性有仁义之资"。以上的这些说法,虽然并未明言"人性善",却将"仁义"视作"非外烁于我"而是"我人性中固有"的,而且是我

[①] 张双棣:《淮南子校释》(上)卷九《主术训》,北京大学出版社1997年版,第1024页。

人性中最珍贵的,明显是在重复孟子的调头。从而与此前一直称述的把仁义斥为宰割人性的刑具而竭力进行批驳抵制的道家人性观形成鲜明对比。吊诡的是,如《本经训》"神明定于天下而心反其初,心反其初而民性善,民性善而天地阴阳从而包之,则财足而人赡矣,贪鄙忿争不得生焉"①之类明言"性善"的言论,未必都是在申述儒家之"性善"论。因为孟子之"善",就是"仁义礼智",而《本经训》是在"道失而后德,德失而后仁,仁失而后义"语境中说"心反其初"的,《本经训》"民性善"之"善",是超仁义,因而是比仁义更高一层次的本然之善,实际上是道家用于对治儒家仁义礼俗之"伪"的人性之"真"。

在此处,有必要对《淮南子》所讲的"善"有进一步的辨析。《氾论训》说:

  天下莫易于为善,而莫难于为不善也。所谓为善者,静而无为也;所谓为不善者,躁而多欲也。适情辞余,无所诱惑,循性保真,无变于己,故曰为善易。越城郭,逾险塞,奸符节,盗管金,篡弑矫诬,非人之性也,故曰为不善难。今人所以犯囹圄之罪,而陷于刑戮之患者,由嗜欲无厌,不循度量之故也。②

在这里,《淮南子》对"善"和"不善"进行了一个剖判:"善"就是"静而无为","不善"就是"躁而多欲"。"循性保真,无变于己"就是"为善","不循度量"汩欲丧真就是"为不善"。很明显,这个剖判还是从躁与静、循性与反性的立场出发的,这明显并非属于儒家式的基于道德伦理涵义的剖判,相反,剖判出的"善"与"不善",都带有明显的道家色彩。依照这种观点,为善只需无受诱惑、善守本性而不失,而不善之所以会发生,则完全是因为"嗜欲无厌,不循度量",所以说"莫易于为善,而莫难于为不善也"这个判断暗含了不同于儒家孟子之"善"的一个相反命题,即"善"是后天人为的,体现在现实社会中具体的经验的人为行动之中,而并非孟子所谓的在人性中非外烁而我固有的"善端"。《淮南子》这种对属于伦理道德范畴的"善"的概念的改造,其理论资源也是来自于老庄。庄子早就在他心目中的"臧"也就是"善"与儒家仁义之间,划出了一条不可逾越的界线:"吾所谓臧者,非仁义之谓也,臧于其德而已矣;

---

① 张双棣:《淮南子校释》(上)卷八《本经训》,北京大学出版社1997年版,第820页。
② 张双棣:《淮南子校释》(下)卷十三《氾论训》,北京大学出版社1997年版,第1446页。

吾所谓臧者,非仁义之谓也,任其性命之情而已矣。"①

高诱注《本经训》为什么要以"本经"为名时,有云:"本,始也。经,常也。天经造化出于道,治乱之由,得失有常,故曰'本经'"。《本经训》出于淮南宾客中弘"道"者之手,当无异议。道家言"性",以"真"为贵而罕言"善"。儒家言性,以"善"为贵而罕言"真"。以"讨论道德"为宗旨的《本经训》,为什么要旁逸斜出,论及在"总统仁义"言说中才有效的"民性善"?答曰:为求同也。拉对方给自己"帮腔",以显示自己在"讲论道德"的同时,也能"总统仁义"。《淮南子》在儒、道之间求同,在通常情况下,多是弘"道"申"儒"者按自己的理解,让对方强同于己。

(二)人性三等之说。人性本善、本恶、本清净之说,乃是把人作为一个类存在,从经验层面上升到超验层面而得出的结论。假如从"人性的实现"这个角度,或曰人性的现实状况审视人性,《淮南子》则有人性三等的说法。

马,聋虫也,而可以通气志,犹待教而成,又况人乎?且夫身正性善,发愤而成仁,帽凭而为义,性命可说,不待学问而合于道者,尧、舜、文王也;沉湎耽荒,不可教以道,不可喻以德,严父弗能正,贤师不能化者,丹朱、商均也。曼颊皓齿,形夸骨佳,不待脂粉芳泽而性可说者,西施、阳文也。嗛朕哆噅,蘧蒢戚施,虽粉白黛黑弗能为美者,嫫母、仳倠也。夫上不及尧舜,下不及商均,美不及西施,恶不若嫫母,此教训之所谕也,而芳泽之所施。且子有弑父者,然而天下莫疏其子,何也?爱父者众也,儒有邪辟者,而先王之道不废,何也?其行之者多也。今以为学者之有过而非学者,则是以一饱之故,绝谷不食,以一蹟之难,辍足不行,惑也。(《修务训》)

此处说法,将人之性分为三等:(一)"不待学问而合于道者"。此为少数"先觉"者之性;(二)"不可教以道,不可喻以德"者。此为个别"顽劣"者之性;以及(三)处于以上两种极端状况之间,绝大多数的中等人之性。性分三等,似乎是对孔子"惟上知与下愚不移"②之说的触类引申。《淮南子》从人性的现实状况上说性分三等,是为了论证教化的必要性。中等之人,占据了人群之中的绝大

---

① 陈鼓应:《庄子今注今译》外篇《骈拇》,中华书局1983年版,第242页。
② 杨伯峻:《论语译注》第十七《阳货》,中华书局1980年版,第181页。

多数,这也是施行教育的主要对象。此类人,通过教育可以向善的方向完善。因此,决不能因为极端现象个案的存在,而放弃对此等人群的后天教育。

值得注意的是,与《淮南子》同时代的大儒董仲舒,也发表过类似的看法:

> 圣人之性,不可以名性,斗筲之性,又不可以名性,名性者,中民之性。中民之性,如茧如卵,卵待覆二十日,而后能为雏;茧待缫以涫汤,而后能为丝;性待渐于教训,而后能为善;善,教训之所然也,非质朴之所能至也,故不谓性。性者,宜知名矣,无所待而起生,而所自有也;善所自有,则教训已非性也。①

不同的只是,董仲舒用抽象的概念去言说,而《淮南子》满足于用具象语言去描述而已。由此可见,从人性的现实状况出发,将人性分为三等,从而有针对性地施展后天的教育,引导除极个别顽劣人物之外的整个社会的人向善的方向发展,在当时思想界已是具有普遍性的概念。孟子"性善"论虽然从理论上预设了一个每一个人都具备的、以"恻隐、羞恶、辞让、是非"为内容的"善端",然而,"善端"并不直接就等于"善"。从"善端"到"善",犹如从"种子"到"果实",有一个开发养护的过程,例如,孟子所谓的求"放心",存"夜气",心中得,事上验,等等。这个过程,对于"先知先觉"者来说,是自我实现;对于"中民"来说,自我努力之外,还需先知先觉者"助成":"性待教而后善"。汉人关注人性的现实状况,说"无善无恶",说"可善可恶",说"性"分"三等",实是沿孟、荀思路往前走,讨论"善"的实现。因而,有论者指斥两汉人性论不知人之"自觉心",实在是有文不对题之嫌。

另外,《淮南子》还注意到水土等自然条件对于人性的无形塑造,《坠形训》说:"轻土多利,重土多迟,清水音小,浊水音大,湍水人轻,迟水人重,中土多圣人……坚土人刚,弱土人肥。"②《礼记·中庸》"子路问强,孔子曰……"中,也透露过类似的意旨。这种从外在因素影响的角度来审视现实人性样态的观点,在王充《论衡》里得到进一步的发挥。这样的思考,虽然也可以归入"人性实现"这个话题。不过,这已经是人性论中很边沿的问题了。

研究中国思想史的古代学者,都很重视厘清各家思想之间的分野。《庄

---

① 苏舆撰,钟哲点校:《春秋繁露义证》第十《实性》,中华书局1992年版,第311—312页。

② 张双棣:《淮南子校释》(上)卷四《坠形训》,北京大学出版社1997年版,第451页。

子·天下》篇、司马谈《论六家要指》《朱子语类》中关于儒、道、释的言说、黄宗羲《宋儒学案》《明儒学案》，堪为例证。中国古代思想的现代研究者不同，他们在关注各家思想差异之外，还关注各家思想尤其是儒道思想之间的会通，努力寻觅跨越各家思想尤其是儒道思想的共同模式，包括海外汉学家。例如，美国汉学家郝大维和安乐哲，就认为在儒家和道家之间存在着诸多的会通之处，比如"他们都致力于培育特殊的人或事物的独特性和完整性"，再如"都使用类推法决定事物之间的恰当关系"，儒道两者理想中的君子和真人都是"有权威的"，有感化力的，等等。① 既然两者之间存在着许多相似之处，那么，单就其关乎人格修养的人性观点而言，也应该具有可以实现会通的地方。以本书的观点，既然儒、道两家人性论出发点一致，当然存在有可以会通的地方。不过，可会通处，绝不在观念上，而在两家实现各自人性理想的功夫、方法上。

儒家和道家都非常重视心性的作用。儒家所贵之性由心而见，道家所贵之德也由心而见。在儒家一面来讲，孟子说"尽其心者，知其性者也；知其性，则知天矣"②，心具有理性的、超越性的功能和价值，"心之官则思"，因此要实现自我人格的修养，唯有"反求诸己"方能"尽心知性"，"万物皆备于我矣。反身而诚，乐莫大焉"③，"仁者如射，射者正己而后发。发而不中，不怨胜己者，反求诸己而已矣"④。那么"反求诸己"的要义或者说途径应该是什么呢？《中庸》说："道也者，不可须臾离也，可离非道也。是故君子戒慎乎其所不睹，恐惧乎其所不闻。莫见乎隐，莫显乎微，故君子慎其独也。"⑤强调要"君子慎独"，而《大学》则提出了要"正心诚意"："古之欲明明德于天下者，先治其国；欲治其国者，先齐其家；欲齐其家者，先修其身；欲修其身者，先正其心；欲正其心者，先诚其意；欲诚其意者，先致其知；致知在格物。"朱熹解释说："诚，实也。意者，心之所发也。实其心之所发。"从这里可以看出，儒家对于心性修养的重视和实现，最终要落实到发自内心的"诚"的功夫上。

---

① ［美］郝大维、安乐哲：《汉哲学思维的文化探源》，施忠连译，江苏人民出版社1999年版，第176页。
② 杨伯峻：《孟子译注》卷十三《尽心上》，中华书局1960年版，第301页。
③ 杨伯峻：《孟子译注》卷十三《尽心上》，中华书局1960年版，第302页。
④ 杨伯峻：《孟子译注》卷三《公孙丑上》，中华书局1960年版，第81页。
⑤ 杨天宇：《礼记译注》第三十一《中庸》，上海古籍出版社2004年版，第81页。

第四章 从"衰世凑学"到"仁义为本"

在道家一面来讲,庄子也将"道"落实到人的心上。《人间世》有"心斋"之说:"唯道集虚。虚者,心斋也。"①道只有落实到心上,才能为人所把握。人性既是道在生命中的体现,也应该是自给自足、充盈圆满的。所以,只要能自觉抵御情欲的惑乱,保持心的虚静,人就能达致自然本真之生命与道合一的境界。《大宗师》又有"坐忘"之说:"仲尼蹴然曰:'何谓坐忘?'颜回曰:'堕肢体,黜聪明,离形去知,同于大通,此谓坐忘。'"②在无己("己"无非是欲望的集合)、丧我("我"无非是知识的集合)的"坐忘"状态下,人就可以做到游心于虚,让心从知识情欲中解放出来,自由徜徉于天地之中,实现逍遥游。

由此可见,儒、道两家对于人性的复归和持有,均是从心开始的,由心而性,进而知天或体道,其进路其实是一致的。当然,两者在此重合也在此分离,最终走向是同途殊归。儒家走向了对客观世界的扩充,而道家则走向了对形上之道的体悟。

《淮南子》发现了这一点,试图以心作为基点,将儒家和道家的人性观念调和到一起。并采用了儒家的"诚"、道家的"精""精神"等概念来指称描述心的精诚纯粹专一的状态。如"发一端,散无竟;周八极,总一莞,谓之心"③"故心者,形之主也;神者,心之宝也"④"夫全性保真,不亏其身,遭急迫难,精通于天,若乃未始出其宗者,何为而不成?"⑤"刑罚不足以移风,杀戮不足以禁奸,唯神化为贵,至精为神。夫疾呼不过闻百步,志之所在,逾于千里。冬日之阳,夏日之阴,万物归之而莫使之然。故至精之像,弗招而自来,不麾而自往,窈窈冥冥,不知为之者谁,而功自成"⑥"故精诚感于内,形气动于天"⑦。此处所言的"心""精""诚""精神"等,实际上指向纯思精纯的心及其感通体悟的作用。

---

① 陈鼓应:《庄子今注今译》《人间世》,中华书局1983年版,第117页。
② 陈鼓应:《庄子今注今译》内篇《大宗师》,中华书局1983年版,第205页。
③ 张双棣:《淮南子校释》(下)卷十八《人间训》,北京大学出版社1997年版,第1831页。
④ 张双棣:《淮南子校释》(上)卷七《精神训》,北京大学出版社1997年版,第745页。
⑤ 张双棣:《淮南子校释》(上)卷六《览冥训》,北京大学出版社1997年版,第631页。
⑥ 张双棣:《淮南子校释》(上)卷九《主术训》,北京大学出版社1997年版,第898页。
⑦ 张双棣:《淮南子校释》(下)卷二十《泰族训》,北京大学出版社1997年版,第2035页。

遗憾的是,《淮南子》有见于同,而未见其异。其实,孟、庄在讲究"治心"路径上虽然一致,方向却完全不同。儒家之"诚"和道家之"精",在观念上也迥然有别。《淮南子》对以上这些概念的使用,并没有经过一个严格的剖判区分。在另外一些行文之中,又赋予这些概念以其他的意义。例如"天之精,日月星辰雷电风雨也",天之"精",是阴阳二气,和澄明宁静之心感通体悟的"精"专之能无关。"精泄于目,则其视明;在于耳,则其听聪;留于口,则其言当;集于心,则其虑通。"①既能"泄于目""在于耳"又能"集于心"的"精",只能是生理意义上的血气,也和澄明宁静之心感通体悟的"精"专之能无关。这种情况的出现,足以表明《淮南子》对于"心"的理解,并不像孟子、庄子那样对于形而上层面的突出强调,而是形上、形下兼而有之。而与形、气等关联在一起,这可能与《淮南子》思维存在一些疏漏和混乱有关,当然也存在对某些传统说法的机械沿用方面的原因。

三、道德与仁义:"持以道德,辅以仁义"

儒家谈"仁"说"义",道家论"道"说"德"。在道家的视域内,儒家谈说的"仁义",是"道丧德失"而后的产物。有"道、德"则无"仁义",有"仁义"则无"道、德","仁义"和"道、德"不相容。对于在道家视域之内不相容的"道、德"和"仁义",《淮南子》也有融通的尝试。后文将论述到,在《淮南子》中,融通尝试是在"末世"论的视域内,通过分"主—辅"的方式,迂曲实现的。

先秦道家对儒家倾力肯定的礼乐社会戕害人性的可能,保持有高度的警惕。认为儒家倡导的仁义礼乐,是人的异化物。仁义和道、德不相容:"失道而后德,失德而后仁,失仁而后义"。故而老子有所谓"大道废,有仁义"之说。庄子有"及至圣人,蹩躠为仁,踶跂为义,而天下始疑矣。澶漫为乐,摘僻为礼,而天下始分矣。""夫残朴以为器,工匠之罪也;毁道德以为仁义,圣人之过也。"②之论。对仁义礼乐,持严厉的批判态度,以至于有"绝仁弃义,民复孝慈"③的诉求。对于道家"绝仁弃义"、复归"道德"的立场,《淮南子》写作班子里专司弘"道"者是熟知的。在一些旨在弘"道"的篇章中,对这一立场也多有重申。

---

① 张双棣:《淮南子校释》(上)卷八《本经训》,北京大学出版社1997年版,第859页。
② 陈鼓应:《庄子今注今译》外篇《马蹄》,中华书局1983年版,第247页。
③ 《老子·十九章》,载陈鼓应:《老子注译及评价》,中华书局1984年版,第136页。

第四章 从"衰世凑学"到"仁义为本"

在这些篇章里,诸如:"国之所以存者,道德也。"①又如:

> 若夫俗世之学也则不然……始招蛁振缠物之豪芒,摇消掉捎仁义礼乐,暴行越智于天下,以招号名声于世。此我所羞而不为也。孔、墨之弟子,皆以仁义之术教导于世,然而不免于儡。身犹不能行也,又况所教乎!是何则?其道外也。②

> 礼仪节行,又何以穷至治之本哉?世之明事者,多离道德之本,曰礼义足以治天下,此未可与言术也。所谓礼义者,五帝三王之法籍风俗,一世之迹也。……夫有孰贵之!③

> 道德之论,譬犹日月也。江南河北不能易其指;驰骛千里不能易其处。趋舍礼俗,犹室宅之居也,东家谓之西家,西家谓之东家,虽皋陶为之理,不能定其处。故趋舍同,诽誉在俗;意行钧,穷达在时。汤、武之累行积善,可及也;其遭桀、纣之世,天授也。今有汤、武之意,而无桀、纣之时,而欲成霸王之业,亦不几矣。④

之类的言说,可谓比比皆是。然而,在《淮南子》的另外一些篇章中,还能听到另外一些声音。例如《说山训》:"升之不能大于石也,升在石之中;夜之不能修其岁也,夜在岁之中;仁义之不能大于道德也,仁义在道德之包。"⑤在这里,《淮南子》一改前见,别出心裁,把在道家视域中原来是互不相容的道家之"道德"与儒家之"仁义",认作是如"升在石中,夜在岁中"一样,是同一事物的"整体"和"局部":"仁义在道德之包"。这个看法很独特。但此一思致,却符合《淮南子》的"衰世"论。

正因为有这种独特的看法,给《淮南子》在"道德"和"仁义"之间往返游走,提供了惬意的空间。它能让《淮南子》在追随道家,严厉指斥仁义礼乐的

---

① 张双棣:《淮南子校释》(下)卷十三《氾论训》,北京大学出版社1997年版,第1390页。
② 张双棣:《淮南子校释》(上)卷二《俶真训》,北京大学出版社1997年版,第216页。
③ 张双棣:《淮南子校释》(上)卷十一《齐俗训》,北京大学出版社1997年版,第1157页。
④ 张双棣:《淮南子校释》(上)卷十一《齐俗训》,北京大学出版社1997年版,第1188页。
⑤ 张双棣:《淮南子校释》(下)卷十六《说山训》,北京大学出版社1997年版,第1666页。

同时，又有理由在一定的限度之内，承认仁义礼乐的现实意义和功能，并不一味追随道家，对其采取全然拒斥的态度。例如《本经训》："礼乐者，可以救败，而非通治之至也。夫仁者所以救争也，义者所以救失也，礼者所以救淫也，乐者所以救忧也。"①又如《缪称训》："道者，物之所导也；德者，性之所扶也；仁者，积恩之见证也；义者，比于人心而合于众适者也。故道灭而德用，德衰而仁义生。故上世体道而不德，中世守德而弗坏也，末世绳绳乎唯恐失仁义。"②《缪称训》此说中"道灭而德用，德衰而仁义生"，显然化自《老子》第十八章"大道废，有仁义"、第三十八章"失'道'而后'德'，失'德'而后仁，失仁而后义"。但《淮南子》复述的时候，意向发生了偏转。老氏的言说，是纯否定的。《淮南子》的复述，否定中有肯定。"末世"之人"绳绳乎唯恐失仁义"，固然不如"中世"之人"守德而弗坏"近"道"。"中世"之人"守德而弗坏"，固然不如"上世"之人"体道而不德"自在。但是，"道灭德衰"，已经是无法回避的事实。生活在"上世"的人，"上德不德"，"体道"而已，当然让人羡慕。但生活在"道灭"之"中世"的人，命中注定要"守德而弗坏"；生活在"德衰"之"末世"的人，命中注定要"绳绳乎唯恐失仁义"。由此，引出《本经训》仁义礼乐"救败"论："是故仁义礼乐者，可以救败，而非通治之至也。夫仁者，所以救争也；义者，所以救失也；礼者，所以救淫也；乐者，所以救忧也。"③当社会已经由"上世"而"中世"，无可挽回地进入了"末世"，仁义礼乐虽然不似道与德，具有"治本"的作用，但在末世，它至少具有"救败"的作用，其对治理社会局部问题的正面意义，也是不容忽视的。而末世之所以"末"，在于"道灭德衰"，只剩下"仁义之末"可守。对于生在末世之个人的修为来讲，守住"仁义之末"，还有可能超越仁义，进而至于"守德"，再臻于"体道"；假如末世之人，连"仁义之末"都守不住，人就只能向"禽兽"退化了："君子非仁义无以生，失仁义则失其所以生；小人非嗜欲无以污；失嗜欲则失其所以活。故君子惧失仁义，小人惧失利。"④以"末

---

① 张双棣：《淮南子校释》（上）卷八《本经训》，北京大学出版社1997年版，第820页。
② 张双棣：《淮南子校释》（上）卷十《缪称训》，北京大学出版社1997年版，第1031页。
③ 张双棣：《淮南子校释》（上）卷八《本经训》，北京大学出版社1997年版，第820页。
④ 张双棣：《淮南子校释》（上）卷十《缪称训》，北京大学出版社1997年版，第1031页。

世"为口实,寻找道家"道德"与儒家"仁义"之间的接合点,《淮南子》可谓费尽心机。可能与《淮南子》的"末世"情结有关,在另外一些论述中,对于儒家仁义的地位,提得更高,如"国有以存,人有以生。国之所以存者,仁义是也;人之所以生者,行善是也。国无义,虽大必亡;人无善志,虽勇必伤。治国土使不得与焉;孝于父母,弟于兄嫂,信于朋友,不得上令而可得为也"①。当《主术训》夸夸其谈"国之所以存者,仁义也"的时候,一点也不因为与《氾论训》"国之所以存者,道德也"有矛盾而降低嗓门。这并不令人感到奇怪。按《淮南子》的"末世"论,在"道"尊"德"懋的"上世","存国"当然要以"道德";而在"道灭德衰"的"末世","存国"只能以"仁义"。《淮南子》的"末世"论中,沾染有弘"道"者的沾沾自喜:仁义只是末世"救败"之具。然而,到了申"儒"者笔下,情况陡转,仁义反成"圣世"之象:"昔者,五帝三王之莅政施教,必用参五。何谓参五?仰取象于天,俯取度于地,中取法于人,乃立明堂之朝……以除饥寒之患。中考乎人德,以制礼乐,行仁义之道,以治人伦而除暴乱之祸。……以立长幼之礼而成官;此之谓参。制君臣之义,父子之亲,夫妇之辨,长幼之序,朋友之际,此之谓五。乃裂地而州之……立大学而教诲之,夙兴夜寐而劳力之。此治之纲纪也。""民无廉耻,不可治也;非修礼义,廉耻不立。"②这里的论述,仁义不再是"救败"之具,而是上古"圣王""仰取象于天,俯取度于地,中取法于人",而制定出的"治之纲纪":"故仁义者,治之本也。"③《淮南子》这种对于道家之道德和儒家之仁义兼而取之的态度,使得其最终走向了"持以道德,辅以仁义"的治国方向,《览冥训》说:"逮至当今之时,天子在上位,持以道德,辅以仁义;近者献其智,远者怀其德;拱揖指麾,而四海宾服;春秋冬夏,皆献其贡职;天下混而为一,子孙相代,此五帝之所以迎天德也。"④通过对儒、道两家兼采的手段,可以实现人尽其才,四海宾服,天下大治,这自然是一种最为理想的状态。

---

① 张双棣:《淮南子校释》(上)卷九《主术训》,北京大学出版社1997年版,第1024页。
② 张双棣:《淮南子校释》(下)卷二十《泰族训》,北京大学出版社1997年版,第2056页。
③ 张双棣:《淮南子校释》(下)卷二十《泰族训》,北京大学出版社1997年版,第2103页。
④ 张双棣:《淮南子校释》(上)卷六《览冥训》,北京大学出版社1997年版,第710页。

这是刘安集宾客著书带来的"好处":一手抓"纪纲道德",一手抓"经纬人事",两手抓,两手都要硬,以实现集众美于一书。宾客各有"所贵",不仅没有成为刘安的负担,反而满足了他贵"富"求"博"的要求。而贵富求博,体现了汉代的时代精神。汉赋不也是以"苞括宇宙,总揽人物"为最高旨趣吗?①

但是,毕竟儒道有别,在某些观点上还存在着尖锐的对立。于是《淮南子》便不得不采取折中调和的方法,尽量消弭二者之间的固有矛盾,照例是以"到什么山唱什么歌",或"曲就"或"强同",到对方那里各取所需的方式进行的。《泰族训》就以"强同"的方式,对于儒家的礼乐制度产生之源,做出了合乎道家原则的巧妙解释:

> 夫物有以自然,而后人事有治也。故良匠不能斫金,巧冶不能铄木,金之势不可斫而木之性不可铄也。埏埴而为器,窬木而为舟,铄铁而为刃,铸金而为钟,因其可也。驾马服牛,令鸡司夜,令狗守门,因其自然也。民有好色之性,故有大婚之礼;有饮食之性,故有大飨之谊;有喜乐之性,故有钟鼓管弦之音;有悲哀之性,故有衰绖哭踊之节。故先王之制法也,因民之所好而为之节文者也。因其好色而制婚姻之礼,故男女有别;因其喜音而正《雅》、《颂》之声,故风俗不流;因其宁家室、乐妻子,教之以顺,故父子有亲;因其喜朋友而教之以悌,故长幼有序。然后修朝聘以明贵贱,飨饮习射以明长幼,时搜振旅以习用兵也,入学庠序以修人伦。此皆人之所有于性,而圣人之所匠成也。故无其性,不可教训;有其性,无其养,不能尊道。(《泰族训》)

儒家所推崇的仁义礼乐中的礼乐,来自西周制度。周公制礼作乐,其本来意义在于适应封建政治的要求,用"尊尊亲亲"来维系封建共同体。经过孔子、孟子以"仁义"释礼乐,荀子以"养人之欲,给人之求"释礼的进一步发展,其意义已经突破了西周礼乐"尊尊亲亲"的狭隘性,礼乐成了为维系社会的正常运作,在社会群体生活中,所有个体应当共同遵守的基本的行为规范。其意义在于,用以礼"别异"、以乐"和同"的方式,维持社会群体秩序,对个体的行为进行适当的"节",同时用"文"即仪节的方式,把为社会所肯定和被社会所

---

① 葛洪《西京杂记·相如答作赋》引司马相如语。载葛洪撰,周天游校注:《西京杂记》,三秦出版社2006年版,第93页。参见李泽厚:载《美的历程·楚汉浪漫主义》,载《美学三书》,天津社会科学院出版社2003年版,第61—77页。

否定的行为,固定下来,用它来移风易俗。在移风易俗中,完善社会完善人。《淮南子·泰族训》的作者,秉承儒家的这一思致,突出了仁义礼乐"饰性"的社会功能,即仁义礼乐能够以文明有节的外在规范形式,既能满足人性内在的基本需求,又能对其加以节制,使其不至于泛滥。那么也就是说,仁义礼乐的产生,具有合乎人性的内在基础;而其对于人性的满足功能,则具有了"成其性"的作用,使人性能从潜在的可能性转化为现实的可观性。从这个意义上来讲,仁义礼乐就不再如其在此前篇章中大力贬斥的那样,纯是对自然人性的戕害;也正是在这个意义上,仁义礼乐的正面意义——在"衰世"中,仁义是促使人性得以后天实现的辅助性的工具,凸显出来。于是仁义礼乐获得了正面的赞扬,儒家伦理道德意义上的"善",同道家所贵之"真",在"成其性"这个层面上,找到了对接点。《淮南子》此举,不能说纯是"突发奇想"。本书前面曾经指出,儒、道两家的人性论,尽管立场迥殊,出发点却完全一致。但《淮南子》此举,已经不再如以前那样,尽量做到"双美"兼容;而是要在道家的自然主义的包装下,向儒家立场的潜在转变。这个转变使得《淮南子》的人性观念也发生了向儒家的转移,具有了"仁义之资":"故无其性,不可教训;有其性,无其养,不能尊道。茧之性为丝,然非得工女煮以热汤而抽其统纪,则不能成丝。卵之化为雏,非慈雌呕暖覆伏,累日积久则不能为雏。人之性有仁义之资,非圣人为之法度而教导之,则不可使乡方。故先王之教也,因其所喜以劝善,因其所恶以禁奸,故刑罚不用而威行如流,政令约省而化耀如神。"[1]

四、齐俗

"俗"即习俗。"风俗"这两个字,在两汉典籍中虽然联缀成文。但"俗"和"风",义涵是有区别的。《说文解字》说,"俗者,习也","风者,教也"。"习"和"教",区划出"俗"和"风"的差异。

"俗",是某个"共同体"在适应天时地利等生存环境的历史过程中,逐步积淀出来的"习"。故而郑玄在《周礼·地官·大司徒》"六曰以俗教安,则民

---

[1] 张双棣:《淮南子校释》(下)卷二十《泰族训》,北京大学出版社1997年版,第2053页。

不愉"注中说:"俗,谓土地所生习也"。① 由于不同的地区有不同的天时地利,故而"俗"具有鲜明的地域性和难以抹平的多样性。"俗"一旦积淀出来,其所尚所恶,就无形中规范着"共同体"中所有的人。"俗"在生"俗"之地,具有普遍有效性,俨然成了共同体内部隐性的"礼"。故而礼家有时把"俗"与"礼"联缀成文。如《周礼·地官·土均》,就有"礼俗、丧纪、祭祀,皆以地媺恶轻重之法而行之,掌其禁令"之文。"丧纪"慎终,"祭祀"追远,"礼俗"存生。慎终追远的目的,无非是为了"存生"。礼俗——"礼"和"俗",实攸关着共同体当下的生存和未来的发展。共同体的新生代,就降生在一定的礼俗之中,由礼俗塑造成人,并传承着礼俗。"俗"又具有世代沿袭性。故而《周礼》注家在强调"礼俗"在共同体内的普遍有效性的同时,还强调"俗"的续代不易性。例如,郑玄注曰:"礼俗,邦国都、鄙民之所行,先王之旧礼也。君子行礼不求变俗,随其土地厚薄,为之制丰省之节耳"。郑玄强调礼俗乃"都、鄙民之所行",突出的正是礼俗在"邦国"之内的普遍有效性。强调"君子行礼不求变俗",则表现出对"俗"之沿袭性的充分尊重。贾公彦疏曰:"俗者,续也。续代不易,是知先王旧礼"②。贾公彦直接以"续"释"俗",突出的正是"俗"顽强的延续性。

"俗"乃"续代不易"之"旧"习,故而很容易流入"陋"。陋习令人难忍。故而"续代不易"之"俗",也存在个"时移俗易"——"破旧俗,立新风"的问题。但"续代不易"之"俗",本身并不具备自我更易的能力,易"俗"是由外力——例如立"新风"来实施的。"新风"可能忽生忽灭,也可能相沿成"习"。"新风"忽生忽灭,说明"新风"不敌"旧"俗,"易俗"的条件还不具备;"新风"相沿成习,标志着易"俗"的完成。不过,当"新风"相沿成"习"的时候,就不再是"新风",其本身已经变成"俗"了。

"俗"是积淀而成的"习"。"风"则不同。"风"是人有意识地自上而下"规训"出来的。扬此"风"而抑彼"风",有鲜明的目的性。由于"风"是人有目的地规训出来的,故而"风"是可以"移"植的。例如,克商之前,齐鲁乃东夷

---

① 《周礼·地官·大司徒》,载郑玄注,贾公彦疏:《周礼注疏》,北京大学出版社1999年版,第246页。标点本校引《经典释文》:"愉,音偷"。
② 郑玄注,贾公彦疏:《周礼注疏》卷十六,北京大学出版社1999年版,第409—410页。按:郑玄"君子行礼,不求变俗",语出《礼记·曲礼》。

之地,与丰镐之周并不同风。克商以后,太公望和周公旦受封,分治齐、鲁。之国莅政(按:周公旦不之国,由其长子伯禽代其莅政),"移"周之"风","易"夷之"俗",渐次使齐、鲁与周同"风"。由此可知,"风"在人为。太公望以"上贤任能"治齐,齐地"上贤任能"成"风"。代周公之国莅政的伯禽,以"亲亲尊尊"治鲁,鲁地"亲亲尊尊"成"风"。故而,"风"又是流动而可塑的。社会学意义上的"风",常与"气"联缀成文。"气"周流六虚又随物赋形,形象生动地说明"风"是可塑而流动的。殷商时期,虽然已有"王"有"伯",国家已粗具规模。但"王"与"伯"之间,到处散落着的,还是基本上处于"鸡犬之声相闻,至老死不相往来"的自治状态的"小国寡民"。这就决定了风俗的多样性:"乡"与"乡"不同俗,"邦"与"邦"不同风。这一状况说明,殷商时期,中国虽然形成了以殷商为中心的政体,但其间的结构关系还是十分松散的。中心地带以外的其他部分,仍处于高度的自治状态。这给姬氏"革命"提供了机会:它使召伯得以自由地"悠悠南行",替周室纠结对抗殷商的势力;它也让武王能"八百诸侯会孟津",一举克商。① 同时它也提醒"革"去"殷命"的"旧邦"周,要加强政治上的统一,以求"旧邦维新"。"维新"的最初手段,是"亲亲尊尊"、"兴灭继绝"、广行封建。借"同姓同德,同德同心,同心同志"维系政治统一。管、蔡在"殷顽"的鼓惑下作乱,让周公意识到靠"亲亲"维系政治统一的脆弱性。于是周公采取两条对策:(1)拆散殷部,分散化解殷商风俗的影响力,同化殷顽;(2)制礼作乐,把姬周推尚的新风推向全国,齐一风俗。此举使周公名侪尧、舜之伦。此事说明,风俗虽然属于文化范畴,"齐一风俗"却是一项政治行为。平王东迁,中断了周公的事业。在"礼崩乐坏"的压迫之下,孔子挺身而出,以重建政治秩序和文化秩序为己任,庙堂之上明礼,庙堂之下正俗,用心良苦。《论语·述而》称:"互乡难与言。(互乡)童子见,门人惑。子曰:'与其进也,不与其退也,唯何甚?人洁己以进,与其洁也,不保其往也。'"②以至于

---

① 朱熹《诗集传·周南》传:"周,国名。南,南方诸侯之国也。周国本在《禹贡》雍州境内岐山之阳。后稷十三世孙古公亶甫始居其地。传子季历,传孙文王昌,辟国寖广。于是徙都于丰,而分岐故地以为周公旦、召公奭之采邑,且使周公为政于国中,而召公宣布于诸侯。于是德化大成于内,而南方诸侯之国,江沱汝汉之间,莫不从化。盖三分天下有其二焉。至子武王发,又迁于镐,遂克商而有天下"。载朱熹集注:《诗集传》,上海古籍出版社1980年版,第1页。

② 杨伯峻:《论语译注》第七《述而》,中华书局1980年版,第74页。

荀子用"在本朝则美政,在下位则美俗"①,来概括孔子和儒家的良苦用心。本书前文曾复述过《汉书·艺文志》里的观点:儒、道、墨、法的出发点,皆在完善社会。这里要说的是,在如何完善社会上,儒、道、墨、法,各有选择。道家通过鼓励自治来完善社会,墨家通过自我牺牲来完善社会,法家通过法规制度来完善社会。教化齐民,移风易俗,则是儒家完善社会的独到选择和一贯追求。更明确地说,化俗成教,只是儒家的思想和实践。

儒家"教化齐民,移风易俗"的传统,在两汉得到强劲的伸张。汉家以"三公"为股肱之臣。汉廷规定,三公以"总方略、一统类、广教化、美风俗为职"。可见汉廷对教化美俗的重视。影响之下,两汉地方长官中出现了一个特殊的群体——以教化美俗为职志的"循吏"。其作风和"酷吏"形成鲜明的对照。②以至于董仲舒在《举贤良对策》中,把教化——"立大学以教于国,设庠序以化于邑,渐民以仁、摩民以谊、节民以礼",提升到"南面而治天下"之"大务"的高度:"教化行而习俗美也。"③汉廷治国,注重"广教化,美风俗",应该是从暴秦任法持刑、二世速亡的教训中总结出来的。

社会大的风气如此,《淮南子》也没能够例外。在它的整个论述中,对于风俗以及"化俗"时有涉及。对风俗问题关注之深,甚至使《淮南子》特辟了一篇专论——《齐俗训》,以集中讨论风俗以及"化俗"的问题。

关于《齐俗训》的主题,淮南《要略》有自述:"《齐俗》者,所以一群生之短修,同九夷之风气,通古今之论,贯万物之理,财制礼义之宜,擘画人事之始终者也"。④ 王念孙以《文选·魏都赋》"壹八方而混同,极风采之异观"李善注:"《淮南子》曰:'同九夷之风采。'高诱曰:'风,俗也。采,事也'"为据,断"同九夷之风气"本作"同九夷之风采","风气"是后人妄改。王念孙之说,见张双棣《淮南子校释》"引"。张双棣《淮南子校释》谓"财"与"裁"通。并以"此数句皆两两对文"为据,断对句"财制礼义之宜,擘画人事之始终","宜"下当夺

---

① 王先谦:《荀子集解》卷第四《儒效》,中华书局1988年版,第120页。
② 班固:《汉书》卷八十九《循吏传》"序",中华书局1962年版,第3623—3624页。
③ 《礼乐志》载:"举贤良对策"。载班固:《汉书》卷二十二《礼乐志》,中华书局1962年版,第1032页。
④ 张双棣:《淮南子校释》(下)卷二十一《要略》,北京大学出版社1997年版,第2127页。

一字。并据《齐俗训》下文以及《氾论训》皆"宜适"连文,谓"财制礼义之宜"句"宜"字之下,似应有一"适"字。两说对准确理解《齐俗训》的主题,皆有参考价值。东汉许慎注此篇说:"齐,一也。四字之风,世之众理,皆混其俗,令为一道也。故曰齐俗。"①按许慎的理解,《齐俗训》的主题,乃在令八方风俗,混而为一。乍听,许慎言之有理。"齐俗"原本是儒家的命题。以申礼义的方式,混一风俗,也是儒家的理想和实践。今人杨树达却提出相反的看法:"本篇云:'行齐于俗可随也,矜伪以惑世,伉行以违众,圣人不以为民俗。'然则'齐'谓齐同,注云'混一风俗',似非其义"。在本书看来,许慎的看法,合乎儒规而有悖《淮南子》。杨树达的看法,有悖儒规却符合《齐俗训》的实情。事实是,"齐俗"固然是儒家的命题,而习惯于在儒、道两家之间游走的《淮南子》,涉入这一命题时,未必就一定按儒家思路去思考。

按淮南《要略》自述,《齐俗训》的主题是"一群生之短修,同九夷之风气(采),通古今之论,贯万物之理,财制礼义之宜(适),擘画人事之始终"。"财制、擘画"是"齐俗"的目标,"一、同、通、贯"是"齐俗"的手段。"通古今之论""贯万物之理"两句对文,则"通"是通贯,"贯"是贯通。事实是,"古今"异"论",古今异论而无"是非"。故而才可以"通"贯;"万物"异"理",万物异理而无"真伪"。故而才可以"贯"通。故而,"通古今之论,贯万物之理",就不是掂斤拈两,在"古今之论"中找出一个"是",然后去"通吃"古今之异论;从"万物之理"中寻出一个"真",然后去"贯一"万物之异理,而是借助于"通"达条"贯",齐同"古今之论,万物之理"。"一短修"之"一",固然可以理解为"齐整划一",但也可以理解为"齐同一视"。"同始终"之"同",固然可以理解为"混同一体",但也可以理解为"同等对待"。哪一种理解更近《齐俗训》之真?"一"乃"齐同一视","同"乃"同等对待",更近《齐俗训》之真。何以见得?《要略》明言,"一"是"一群生之短修"。在时间和空间上,"短修"分明有别,是不可能"齐整划一"的,除非截"修"续"短"。而"齐同一视""群生之短修",则是完全可能的。例如,颜回命短,孔子寿长,在二人皆充实饱满地度过了一生,无寸阴虚度这一点上,完全可以"齐同一视"。"同"是"同九夷之风气

---

① 张双棣:《淮南子校释》(上)卷十一《齐俗训》,北京大学出版社1997年版,第1110页。

(采)"。九夷不同风,尤其是与中国不同风,是确定的事实。和重礼义的中国相比,九夷之风"陋"。《论语·公冶长》称,孔子曾有"道不行,乘桴浮于海"之念。《论语·子罕》称:"子欲居九夷。或曰:'陋,如之何?'子曰:'君子居之,何陋之有?'"①可见在孔子心目中,君子居夏则"夏",居夷则"夷","俗"无"美""陋"。夏"风"夷"俗",并不影响"行道",完全可以"同等对待"。就像孔子"幼居宋,冠章甫之冠。长居鲁,衣缝掖之衣",一点都不影响其儒宗之身份一样。因而,在风俗上强求"划一",必然事与愿违,反而不如"不化以待化"。钱穆很可能体贴到这一点,故而在《论语新解》中,特别强调:"若必谓孔子抱化夷为夏之志"才"浮海""居夷","反失之矣"。②《要略》所自述的"齐俗"的目标:"财制礼义之宜(适),擘画人事之始终",也能证实杨树达"齐同"风俗,比许慎"混一"风俗,更近《齐俗训》之真。"财(裁)制"乃裁度制定,"擘(分)画"乃分别筹划。一而不二的东西,无须"财制擘画"。只有在"等量齐观"那些"异论异理"的时候,才提出"财制擘画"的问题。而《齐俗训》"财制"出个什么样的"礼义之宜(适)","擘画"出个什么"人事之始终"?《齐俗训》"财制擘画"出的"礼义之宜(适)""人事之始终",借郑玄《周礼》注里的话说,就是"君子行礼而不求变俗,随其土地厚薄,为之制丰省之节耳"。验之以《齐俗训》,本章这个推断,确切而无可移易。

张双棣《淮南子校释》分《齐俗训》为十五节。第二节的言说中心是"不通于物者,难与言化"。第四、五节,集中言说"物无贵贱","各用其宜"之理。第七节强调"圣王执一而勿失"则"九夷服"。"一",就是"入国从俗"。第九、十、十一节,反复言说"义者宜也。礼者体也","礼义,一世之迹也";君子行礼,应"执一游虚","耦变应时",万不可"握一君之法籍,以非传代之俗",否则,必然落入"胶柱而调瑟"的困境中无以自拔。第十二节倡"圣人体道反性,不化以待化"。第十四节,述"以道论者,总而齐之"之理。在对"齐俗"问题的思考上,《齐俗训》频频流露出类似于庄子"齐物"的思致。可证许慎"混一风俗"之说,有违《齐俗训》言说之旨,而杨树达"齐谓'齐同'",甚得《淮南子》"齐俗"言说之心。

---

① 杨伯峻:《论语译注》第九《子罕》,中华书局1980年版,第91页。
② 钱穆:《论语新解》,生活·读书·新知三联书店2002年版,第235页。

第四章 从"衰世凑学"到"仁义为本"

申礼义以齐风俗,是儒学中的一个命题,是儒家力行的目标。道家坚决反对儒家"申礼义以齐风俗"的思想和实践。因为"申礼义以齐风俗",直接威胁着道家"我(按:指权力及其代表人)无为而民自化"——民各自治之理想的实现。道家以类乎"凡是存在的,都是合理的"之立场,充分尊重风俗的差异性及多样性。老子倡"小国寡民":"鸡犬之声相闻,老死不相往来"。庄子倡"齐物"等视:"独与天地精神相往来,不遣是非而与俗世处"。《齐俗训》涉入的,是儒学中的一个命题。但是,《淮南子》对风俗的审视,尤其是对"化俗"问题的审视,却并没有完全按儒家"齐一风俗"的思路去思考,而是更乐于沿道家"齐同风俗"的立场去处理。

《淮南子》对于社会风俗既有从时间维度上的纵向观察,如《氾论训》:"昔者,神农无制令而民从,唐虞有制令而无刑罚,夏后氏不负言,殷人誓,周人盟,今之世,忍訽而轻辱,贪得而寡羞,欲以神农之道治之,则其乱必矣"。① 此乃儒家之习说。《礼记·檀弓》篇有云:"有虞氏未施信于民而民信之。夏后氏未施敬于民而民敬之……殷人作誓而民始畔,周人作会而民始疑"。② 周时,诸侯有事则"会",有分歧则歃血"盟",用盟约互相约束。"作会"就是盟。《盐铁论·诏圣》篇有云:"夏后不倍言,殷誓,周盟,德信弥衰"。③ "倍"与"负"古音同。不过,儒家之习说,旨在突出"苟无礼义、忠信、诚悫之心以涖之,虽固结之,民其不解乎?"当此世衰风末之日,应超越三代,向尧舜复归。《淮南子》的言说,则意在强调代不同风,不能划一。划一,例如"欲以神农之道治之,其乱必矣"。言说的是同一个事件,言说意向却完全相反。也有从空间方面的横向观察,如《齐俗训》"原人之性,芜秽而不得清明者,物或堁之也。羌、氐、僰、翟,婴儿生皆同声,及其长也,虽重象狄鞮④不能通其言,教俗殊也。今三月婴儿生而徙国,则不能知其故俗。由此观之,衣服礼俗者,非人之性也,

---

① 张双棣:《淮南子校释》(下)卷十三《氾论训》,北京大学出版社1997年版,第198页。
② 杨天宇:《礼记译注》第四《檀弓下》,上海古籍出版社2004年版,第130页。
③ 王利器:《盐铁论校注(定本)》卷十《诏圣》,中华书局1992年版,第593页。
④ 高诱:《吕氏春秋·慎势》注:"《周礼》:'象胥掌蛮、夷、闽、越、戎、狄之国使,传通其言也。'东方曰鞮,南方曰象,西方曰狄鞮,北方曰驿"。张双棣:《淮南子校释》(上)卷十一《齐俗训》"笺释"引,北京大学出版社1997年版,第1134页。

/187/

所受于外也"①。此亦儒家之习说。《荀子·劝学》有云:"干越夷貉之子,生而同声,长而异俗,教使之然也"。② 不同的是,荀子把"生同而长异",归因于"教使之然"。而《齐俗训》则归因于"俗"和"教"的共同塑造。通过这个时空的考察,《淮南子》认为,从时间维度上说,代有其"风";从空间维度上说,地有其"俗"。此足以说明:"衣服礼俗者,非人之性也,所受于外也"。此处之"性",显然指向"生之谓性"那个"性"。人生而有之之性,受外在特定风俗的长时间的耳濡目染,可以内化为发自内在的观念和行动。既然礼俗非人生而固有,乃是人后天习得的,"婴儿生而徙国,则不能知其故俗",是显见的事实,那么,移彼之风,易此之俗,也应该是可能的,不仅是可能的,同时也是必要的。因为"晚世风流俗败,嗜欲多,礼义废,君臣相欺,父子相疑,怨尤充胸,思心尽亡,被衰戴绖,戏笑其中,虽致之三年,失丧之本也"③,"禹以夏王,桀以夏亡;汤以殷王,纣以殷亡;非法度不存也,纪纲不张,风俗坏也"④。社会风俗的堕落,纪纲不张,则有可能引起国家的败亡,这是沉痛的历史教训。所以必须高度重视风俗问题,因势利导,重建文化秩序和社会秩序,达到"民性可善,风俗可美"的目的。

乍听起来,《淮南子》移风易俗之说,纯是儒家口吻。实际上,并非如此。本书要特别强调的是,以仁义礼乐"移风易俗",的确是儒家的一贯主张;但《淮南子》要重建的文化秩序,却不是仁义礼乐,而是要回到"前仁义礼乐时代"的"纯朴"世界。何以言之?《淮南子》是在道家"道德衰而仁义生,仁义衰而礼乐生,礼乐生而风俗坏"的架构之内,言说风俗堕落,纪纲不张的。《本经训》云:

仁义礼乐者,可以救败而非通治之至也。……神明定于天下而……民性善……则仁义不用矣。道德定于天下而民纯朴……礼乐不用也。是

---

① 张双棣:《淮南子校释》(上)卷十一《齐俗训》,北京大学出版社1997年版,第1131—1132页。
② 王先谦:《荀子集解》卷第一《劝学》,中华书局1988年版,第2页。
③ 张双棣:《淮南子校释》(上)卷八《本经训》,北京大学出版社1997年版,第878—879页。
④ 张双棣:《淮南子校释》(下)卷二十《泰族训》,北京大学出版社1997年版,第2078页。

第四章　从"衰世凑学"到"仁义为本"

故德衰然后仁生,行沮然后义立,和失然后声调,礼淫然后容饰。是故知神明然后知道德之不足为也,知道德然后知仁义之不足行也,知仁义然后知礼乐之不足修也。今背其本而求其末,释其要而索之于详,未可与言至也。①

在确认了风俗的重要性之后,接下来就是如何"化俗"的问题了。前文言及,"化俗"是儒家的理想和实践。儒家"化俗"经验有两条:(1)"内反诸己";(2)"富之教之"。这两条都是针对"化俗"者提出的。

《淮南子》对于以上两条均有复述。一方面它极力主张圣人在教化民众、整饬风俗方面的主导作用,《泰族训》说:"圣王在上,明好恶以示之,经诽誉以导之,亲贤而进之,贱不肖而退之,无被创流血之苦,而有高世尊显之名,民孰不从?"②圣王在教化天下化成民俗方面具有不可推卸的责任,因此应当有所作为,为社会做出好的表率。因为君王的权势和社会地位,会对风俗的美陋产生或明或暗的影响,"故灵王好细腰而民有杀食自饥也,越王好勇而民皆处危争死也。由此观之,权势之柄,其以移风易俗矣。尧为匹夫,不能仁化一里;桀在上位,令行禁止。由此观之,贤不足以为治,而势可以易俗,明矣"③。君主既然具有移风易俗的职责,那么就应当积极主动地采取相应的措施来推行教化,以实现天下大治的目的。"故先王之教也,因其所喜以劝善,因其所恶以禁奸,故刑罚不用而威行如流,政令约省而化耀如神。故因其性则天下听从,拂其性则法县而不用。"④另一方面它也认识到了经济、生活因素在移风易俗过程之中不可忽视的作用,"夫民有余即让,不足则争,让则礼义生,争则暴乱起。扣门求水,莫弗与者,所饶足也"。财货富足,生活稳定,则社会风俗易于向善,反之则不易实现大治,这无疑是对孔子"先富后教"思想的进一步阐释。

但是《淮南子》对于"齐俗"的理解同传统儒家的观念还是不同的,其带有明显的道家色彩。前文已有分析,从《淮南子》的论述来看,它对"齐俗"的基

---

① 张双棣:《淮南子校释》(上)卷八《本经训》,北京大学出版社1997年版,第820页。
② 张双棣:《淮南子校释》(下)卷二十《泰族训》,北京大学出版社1997年版,第2079页。
③ 张双棣:《淮南子校释》(上)卷九《主术训》,北京大学出版社1997年版,第937页。
④ 张双棣:《淮南子校释》(下)卷二十《泰族训》,北京大学出版社1997年版,第2053页。

本观点并非许慎所注解的"四宇之风,世之众理,皆混其俗,令为一道也",而是更接近于庄子的"齐物"观。齐俗是不齐之齐,有与俗齐同之意。因此在《淮南子》中表现出了价值相对主义的色彩,"故胡人弹骨,越人契臂,中国歃血也,所由各异,其于信,一也。三苗髽首,羌人括领,中国冠笄,越人劗鬋,其于服,一也。帝颛顼之法,妇人不辟男子于路者,拂之于四达之衢,今之国都,男女切踦,肩摩于道,其于俗,一也。故四夷之礼不同,皆尊其主而爱其亲,敬其兄;狳犹之俗相反,皆慈其子而严其上"①。各地不同的风俗习惯的外在形式尽管不同,但其在"于信""于俗""于服"的实质内容上是完全一致的。由此可见,《淮南子》是将风俗的外在形式和内在实质内容分开对待的,而并不认为某一种风俗习惯就比其他具有不言而喻的优越性,包括"服儒者之礼,行孔子之术"的邹鲁风俗:"岂必邹鲁之礼之谓礼乎?"

据此,《淮南子》对儒家坚持"从周"的思想认识及其坚持"齐之以礼乐"的具体实践,提出了批评,"今握一君之法籍,以非传代之俗,譬犹胶柱而调瑟也"。"世之明事者,多离道德之本,曰礼义足以治天下,此未可与言术也,所谓礼义者,五帝三王之法籍风俗,一世之迹也。"②儒墨之学不知"世异则事变,时移则俗易","不原人情之终始,而务以行相反之制,五缞之服"其实是不可取、不可行的,这已有历史教训为证,"昔有扈氏为义而亡,知义而不知宜也;鲁治礼而削,知礼而不知体也"。真正的治民化俗之道,并非设一万世不易的标准,强制社会遵循依从,而应当是"故行齐于俗,可随也。事周于能,易为也。矜伪以惑世,伉行以违众,圣人不以为民俗",唯有如此才能真正做到"各用之于其所适,施之于其所宜,即万物一齐,而无由相过"③。

《淮南子》一方面批评儒墨不知变通,胶柱调瑟,认为应当是行齐于俗,但在另一方面却表现出其又想改善风俗的强烈主观愿望。这表现在它对"衰世之俗"的强烈不满和批判,"衰世之俗,以其知巧诈伪,饰众无用……;浇天下

---

① 张双棣:《淮南子校释》(上)卷十一《齐俗训》,北京大学出版社1997年版,第1137页。

② 张双棣:《淮南子校释》(上)卷十一《齐俗训》,北京大学出版社1997年版,第1157页。

③ 张双棣:《淮南子校释》(上)卷十一《齐俗训》,北京大学出版社1997年版,第1121页。

之淳,析天下之朴,牿服马牛以为牢;……皆乱以营;贞信漫澜,人失其情性"①。"乱世则不然,为行者相揭以高,为礼者相矜以伪",在衰世,社会贫富不均,人情浇薄,相互侵凌不休,彼此之间诈伪巧饰,这样的社会风气实在是不能够让人满意,因此需要重返质朴,天下大治的理想社会。很明显,《淮南子》这样的主张其实又是希望移风易俗的愿望表现。由此可见,实际上在《淮南子》的心目之中,还是有一个治世的标准存在,并且希望其能得到有力的推行。这同其"行齐于俗"的主张看起来形成了一定的矛盾。但是从实质上来讲,它又是不矛盾的,因为在《淮南子》看来,衰世末世浑浊堕落的社会风气,恰恰是因为儒墨那些胶柱调瑟的做法所造成的,它认为民性民俗不可强制而为之,相反需要采用道家式的不齐之齐的做法,才能真正实现对浊世风气的改造,使其走向淳美向善。

因此,对于《淮南子》所主张并提出的改善化成风俗的设想应该从两个层面上来加以理解。其一,在民俗的外在的礼仪形式习惯方面,认为应该入乡随俗。因为各地民风民俗的形成,与其地理环境、生活方式等有着很密不可分的关系,因此并不能统一要求,强制其改变。上古的圣王之所以能够做到天下大治,就是因为认识到了这一点,因此他们"其导万民也,水处者渔,出处者木,谷处者牧,陆处者农。地宜其事,事宜其械,械宜其用,用宜其人"②。其大的施政原则就是"各用之于其所适,施之于其所宜,即万物一齐而无由相过"。所以不同的物事习惯之间,并无高低贵贱之分,"由此观之,物无贵贱,因其所贵而贵之,物无不贵也;因其所贱而贱之,物无不贱也"。其二,尽管各地风土人情有异,"胡人便于马""越人便于舟",存在着明显的文化差异,但是,他们在"于信""于俗""于服"方面是相同的,在本质上并无明显区别,只不过在表现形式上有别,"故四夷之礼不同,皆尊其主而爱其亲,敬其兄;猃狁之俗相反,皆慈其子而严其上"。因此,正确的做法就是因地制宜,入乡随俗,"是故入其国者从其俗,入其家者避其讳。不犯禁而入,不忤逆而进"。这样就需要对节制人的言行举止的礼、仁等进行重新解释,将其与儒家所提倡的外在的繁

---

① 张双棣:《淮南子校释》(上)卷十一《齐俗训》,北京大学出版社1997年版,第1197页。

② 张双棣:《淮南子校释》(上)卷十一《齐俗训》,北京大学出版社1997年版,第1128页。

文缛节区别开来。《淮南子》认为,"礼者,实之文也,仁者,恩之效也。故礼因人情而为之节文,而仁发怦以见容,礼不过实,仁不溢恩也,治世之道也。"①

由此可见,《淮南子》对于礼俗的看法,仅仅是将其视为不同地区、族群在表达某些人类共同尊奉的信念如尊上事亲等不同的外在客观的表现形式而已,从这个意义上来看,礼俗的不同,与不同族群文化的先进与落后之间的关联,并不像想象的那么大。在这一点上:"衣服礼俗者,非人之性也,所受于外也",任何一个族群都是一样的。有鉴于此,礼俗是可以因时变而与时俱进的,"因时变而制礼乐",应当冲破传统礼俗的束缚,对不合时事的风俗进行改进,"先王之制,不宜则废之;末世之事,善则著之;是故礼乐未始有常也。故圣人制礼乐,而不制于礼乐"②。《淮南子》在此处表现出了因宜适便、兼容并包、与时俱进的宏阔气度,对于先王之制,不合时宜的应当废弃,而对于"末世"的善政,也可以兼而采之,这种态度也确乎体现了西汉在迈向强盛的过程中的时代精神。

另外,如前所述,《淮南子》在化俗天下的过程中尤为强调圣王君主的主导作用。圣王如何发挥其主导作用? 就外在的制度建设而言,应当采取积极主动的姿态,实施全方位的教化措施。

> 昔者,五帝三王之莅政施教,必用参五。何谓参五? 仰取象于天,俯取度于地,中取法于人……察四时季孟之序,以立长幼之礼而成官;此之谓参。制君臣之义,父子之亲,夫妇之辨,长幼之序,朋友之际,此之谓五。……夙兴夜寐而劳力之。此治之纲纪也。③

圣王要实施教化,必须要取象于天,遵循天地阴阳四时的运转规律;取度于地,立事生财,使人民衣食无虞;取法于人,确定人际伦理纲常规则。只有同时满足了天时地利人和几个方面的条件,才能建立一套行之有效的教化制度;而就圣王自身而言,则非"诚"不可,《泰族训》云:"夫矢之所以射远贯牢者,弩力也;其所以中的剖微者,正心也。赏善罚暴者,政令也;其所以能行者,精诚

---

① 张双棣:《淮南子校释》(上)卷十一《齐俗训》,北京大学出版社1997年版,第1146页。

② 张双棣:《淮南子校释》(下)卷十三《汜论训》,北京大学出版社1997年版,第1341页。

③ 张双棣:《淮南子校释》(下)卷二十《泰族训》,北京大学出版社1997年版,第2056页。

也。故弩虽强不能独中,令虽明不能独行,必自精气所以与之施道。"①圣王唯有身体力行、率先垂范,以其高尚之德、精诚之心示之于民,方能实现"变习易俗,民化而迁善,若性诸己,能以神化"②的目的。

　　本章小结:《淮南子》的思想体系出现了由道入儒的转变不是偶然的,这实在是整个时代社会风气之下不得不如此的必然现象。儒家思想在《淮南子》中的许多论述中都有存在,尤其是在诸如《修务训》《泰族训》等篇中体现得尤为明显。但是由于由道而入儒这一大的思想转折倾向,《淮南子》对儒家的态度显得复杂暧昧,一方面多有贬斥排拒之语,但是同时又有看重推崇之句,因此显得颇为含混。这表现在其对儒家思想内部各个学派,尤其是孟、荀之说均有采集,但整个论说却并不构成一贯穿天地人的自给自足的知识体系。同时在儒、道两家共同关心的某些论题上,《淮南子》则力图双美兼顾,以骑"双头马"的方式,完成对两者之间的融合,因此对于诸如礼乐、化俗、心性等概念作出了全新的解释,以实现理论间的贯通。这个尝试,当然有其可贵之处,但由于儒道之间的内在的理论冲突,其结果并非十分有力。之所以会如此,根本原因在于,当需要同时回答人的自然个体性存在和社会伦理性存在的问题时,采取两种不同的立场,脚踏两条船的方式必然是行不通的。

---

　　① 张双棣:《淮南子校释》(下)卷二十《泰族训》,北京大学出版社1997年版,第2045页。
　　② 张双棣:《淮南子校释》(下)卷二十《泰族训》,北京大学出版社1997年版,第2040页。

第五章 "非循一迹之路,(不)守一隅之指"
——《淮南子》中的法、墨思想因子

刘勰《文心雕龙·诸子》篇说,"《淮南》泛采而文丽"——"得百氏之华彩,辞气之大略"。诸子之学,是汉人思考社会和规划人生时先在的知识基础。刘安率众宾客撰述《淮南子》,自然也不会脱离这个"先在的知识基础"。对于作为"先在知识基础"的诸子之学,《淮南子》取逢"美"辄收,遇"萃"必聚,撷彼"芳草"、显我"英华"的"泛采"实用立场。本书在此想强调的是,这一"泛采"立场的形成,在淮南著书"贪多务得"之外,还与《淮南子》对诸子之学起源的认识有关。

《淮南子》从实用政治的角度出发,认为诸子之学产生的动因,在于现实政治的实际需求和诸子们有针对性的实际回应。如儒学:

> 文王业之而不卒,武王继文王之业,用太公之谋,悉索薄赋,躬擐甲胄,以伐无道而讨不义,誓师牧野,以践天子之位。天下未定,海内未辑,武王欲昭文王之令德,使夷狄各以其贿来贡,辽远未能至,故治三年之丧,殡文王于两楹之间,以俟远方。武王立三年而崩,成王在襁褓之中,未能用事,蔡叔、管叔辅公子禄父而欲为乱。周公继文王之业,持天子之政,以股肱周室,辅翼成王。惧争道之不塞,臣下之危上也,故纵马华山,放牛桃林,败鼓折枹,搢笏而朝,以宁静王室,镇抚诸侯。成王既壮,能从政事,周公受封于鲁,以此移风易俗。孔子修成康之道,述周公之训,以教七十子,使服其衣冠,修其篇籍,故儒者之学生焉。

又如墨学:

> 墨子学儒者之业,受孔子之术,以为其礼烦扰而不说,厚葬靡财而贫民,服伤生而害事,故背周道而用夏政。……故节财、薄葬、闲

服生焉。①

因而，从宏观上可以说，"百家殊言皆务于治"。有鉴于此，刘安及其宾客在撰述《淮南子》时，也是从"务于治"的实用立场出发，对待、处理诸子之学的。实用主义的一大特点是，注重效果，不拘形式。故而，《淮南子》在对待和处理诸子之学时，立场明确地反对"循一迹之路，守一隅之指，拘系牵连之物，而不与世推移也"的习气，采取有"美"辄收，有"萃"必聚的方针。此即淮南《要略》自夸的："若刘氏之书，观天地之象，通古今之论，权事而立制，度形而施宜，原道（德）之心，合三王之风，以储与扈冶（许慎注：储与，犹摄业。扈冶，广大也。按许慎注，'储与扈冶'，犹言视野宏阔），玄眇之中，精摇靡览（按：摇即'遥'。《方言》卷六：'遥，疾行也'。靡，小也。'精摇靡览'，犹言精进不已，靡小皆览，细大不捐），弃其畛[契]挈（杨树达：疑'挈'当读为'界'。挈、界古音同。《说文·田部》：'畛，井田间陌也。界，境也。'二字义近，故得连用矣。按杨树达说，'弃其畛挈'，犹言不拘家数，打破门派），斟其淑静，以统天下，理万物，应变化，通殊类"。因为只有这样，才能收到"置之寻常而不塞，布之天下而不窕"②的效果。诸子之学之于刘安，就像"百宝囊"之于"英雄"，里面的物件，件件都有用。刘安之于诸子之学，就像中医郎中之于中药，只要设计出一个配伍，就可以按自己的心意去互相搭配。《淮南子》对待儒、道之学如此，对待由于秦任法速亡而披恶名的法家之学，对待"背周道而行夏政"的墨家之学也是如此。

第一节 "法籍礼义，所以禁君，使无擅端也"

——《淮南子》对法家思想的吸纳与改造

先秦诸子中，法家是最急功近利，果于进取的思想派别。

法家以任"法"——扬弃以教齐民、以礼治国的前制，把"法"作为治国之准绳——而名家。法家之"法"，从理论上讲，体兼刑、赏。或许是法家在

---

① 张双棣：《淮南子校释》（下）卷二十一《要略》，北京大学出版社1997年版，第2150页。

② 张双棣：《淮南子校释》（下）卷二十一《要略》，北京大学出版社1997年版，第2151—2152页。

淮南子的思想世界

执"法"实践中，偏重于"刑"，故而导致后世坚持以"刑"训"法"。例如《说文》："法，刑也"。后世以"刑"训"法"，给人留下"刑"先有、"法"后出的印象。按之以《尚书》，"'刑'先有、'法'后出"的印象，符合《尚书》所陈述的史实。《尚书·舜典》说："帝曰：皋陶，蛮夷猾夏，寇贼奸宄，汝作士。五刑有服"。按《尚书》的说法，在尧舜时代，职官中就有"士"（典刑官）。制度里就有悬"五刑"（墨、劓、剕、宫、大辟）来禁"奸宄"。按《尚书·皋陶谟》的说法："天讨有罪，五刑五用"，尧舜悬五刑以禁"奸宄"之举，是秉承天意，替"天"行事。《尚书·大禹谟》又说："帝曰：皋陶……汝作士，明于五刑，以弼五教……刑期于无刑"。尽管尧舜悬刑以禁奸，但用刑本身不是目的，立"五刑"是为了"辅五教"。刑和教的关系，是主、辅关系：教为主，刑为辅。能施"教"的地方，决不用刑。该用"刑"的时候，也要以"忠厚"为心，"罪疑惟轻"，"与杀不辜，宁失不经"①，以体现"天"之"好生之德"。用刑是为了"去刑"：让人人自觉受教，不作奸犯科。由此可见，自古就有刑。然而，在尧舜及以后相当长的一个时段内，刑以禁奸，只是治国的辅助手段，而不是治国的纪纲，治国的纪纲是"教"。当"教"丧失了统合人心的凝聚力的时候，"刑"反"辅"为"主"，担当起治国纪纲之大任，就成了"法"。此即《尚书·吕刑》说的："三苗弗用灵，制以刑，惟作五虐之刑曰法"。②"灵"是能沟通天人的"神媒"。"灵"之在三苗，犹"教"之在华夏。《舜典》《大禹谟》《皋陶谟》显示，上古以"教"治天下，"刑"只是个辅助手段。《吕刑》显示，待到"教"丧失了统合人心的能力，"刑"反辅为主，就成了"法"——治国之准绳。但弃"教"任"法"，发生在"蛮夷"三苗，只是一个变数，而不是社会发展的常态。不过，《尚书》显示出的这些观念，都是法家以"法"名家以后，被法家扬弃了的旧观念。下文将会看到，《淮南子》在吸纳、改造法家思想的时候，动用过这些旧资源。

《吕刑》记西周穆王事。周穆王事，有史可考。而尧舜禹在中国历史上，却属于未经地下发掘物证实的"传说时代"。故而《尚书》中的《舜典》《大禹

---

① 《尚书》，载孔颖达疏：《十三经注疏·尚书正义》，北京大学出版社1999年版，第75、108、91页。按："忠厚"是孔安国注中语。

② 《尚书》，载孔颖达疏：《十三经注疏·尚书正义》，北京大学出版社1999年版，第535页。

第五章 "非循一迹之路,(不)守一隅之指"

谟》《皋陶谟》,虽然号称是帝舜时代的文献,但《舜典》《大禹谟》《皋陶谟》之所述,仅仅具有"符号"意义,而不是事实。符号是观念的符号,符号指向观念。根据现代研究的结果,《尚书》是东周史官根据史料和传闻编纂的,有的部分还遭遇过春秋战国人的加工。① 因而可以断言,《舜典》《大禹谟》《皋陶谟》显示出来的上述观念,是到东周才开始浮现于意识的。而意识都是对当下的意识。东周是礼崩乐坏的时代。在周穆王时还属于"变数"的弃"教"任"法",礼崩乐坏以后,成了社会的常态。在这个意义上,可以说:"礼崩"而后"任法"。"法"是对"礼"的否定,任"法"是对尚"教"的否定。《吕刑》还暗示,西周穆王时,华夏社会尚"教"重礼,只有在如三苗那样的"蛮夷"社会才任法持刑。反观日后的中国,法家先驱,多出三晋;法家在秦,大行其道,而秦虽然以周之"附庸"起家,晋虽然是周武王之子唐叔虞的旧封,但秦、晋在自身发展史上,都有与戎翟交通杂处的渊源。由此可见,持刑任法,似乎是华夏社会再"野蛮"化之后才成为治国方略的。

假如可以舍去法家先驱人物的零星实践,例如郑子产于鲁昭公六年铸刑书、晋顷公于鲁昭公二十六年铸刑鼎不计,仅就成型之思想而言,在先秦诸子中,和儒、道、墨相比,法家为后出。例如,李悝事魏文侯,作《法经》六篇,总结其尽地力之教、鼓励耕作的经验。李悝事魏文侯时,孔门高第子夏,已以魏文侯师的身份,在西河教授多年。秦用商鞅之日,孟子已名满天下,正后车数十乘,传食诸侯。而法家思想之集大成人物韩非子崭露头角时,即便在秦,儒、墨之学也是令法家既羡又惧的"显学"。由于法家思想成型晚,故而法家对于并世诸子之学的利弊短长,均能有一个基于自家立场上冷静的观察评判,以及与自己需要相适应的权衡取舍。法家人物,多为直接涉身政治事务的"行动"型的人物。他们对行为效果的关注,远远超过对行为本身的关注。法家的基本信念是:目的就是一切,手段可以不计。故而,作为后出之法家,构建其理论体系的时候,对于并世诸子虽然也多有借鉴,但所谓的"借鉴",或者是反其道而行之,例如对儒家之礼;或者是满足于政治实用上借取,例如对道家之术,对于各家思想中具有超越意义的价值思考,了无兴趣。美国汉学家史华兹因此称

---

① 陈梦家:《尚书通论》,中华书局1985年版。按:据陈梦家的考察,《尚书》的形成最早只能推到孔子讲学的年代。

法家思想为"行动科学"①。本书觉得,就现代科学观而言,具有普遍性的"范式"的学科,始可称为"科学"。下文将会看到,在韩非子看来,法家缺少的,正是现代称之为"范式"的那个东西。因而,称法家思想为"实用政治操作术",或许更能显其神采。

法家思想的关注点,集注于当下如何发展。法家中的头面人物,都倾向于把人类发展史、社会发展史视为"弱肉强食"史。因而在历史观方面,法家思想呈现出尚气力、反知识、重当下、反传统的特征,发展出思致近似于后世生物学中进化论的历史观念,认为"圣人不期修古,不法常可,论世之事,因为之备"②;在对人的看法上,法家则认为人作为一个群体,除了生来就有并永远也无法删除的自私自利性之外,再无其他任何共同之处可供归纳。并以此为基石,构建他们的全部理论。法家最核心的政治观念,是"法""术""势"。依冯友兰的描述,"法"是"臣下所遵之宪令","术"是"君主御臣下之技艺","势"是君主"驱使臣下"之权柄。③ 法家的政治目标,定位在以法、术、势紧密结合为指针,高度集中权力,严格杜绝私门,积极奖励耕战、全面禁绝"五蠹",使官无不勤,兵无不勇,民无不劳,地无不垦,在国家专制主义的大前提下,通过严密的社会资源控制,迅速实现富国强兵。法家这套以功利为核心的理论,在秦国的政治实践中,确实有立竿见影之成效,正如访秦归来的荀子评价的:"入其国,观其士大夫,出于其门,入于公门,出于公门,归于其家,无有私事也。不比周,不朋党,倜然莫不明通而公也。""佚而治,约而详,不烦而功,治之至也。秦类之矣。"④而秦能以僻处西陲的后进之国,得以一统宇内,法家实功莫大焉。秦国以任法而勃兴,经验典型;秦朝以持法而速亡,教训惨烈。但惨烈的教训,只是引发了思想界对法家思想的反思,却并未能让长于事功的法家思想在中国政治学中销声匿迹。

但以商、韩之说为代表的先秦法家学说,在西汉初年的地位颇为尴尬,也

---

① [美]本杰明·史华兹:《古代中国的思想世界》,程钢译,江苏人民出版社2004年版,第321页。
② 王先慎撰,钟哲点校:《韩非子集解》卷十九《五蠹》,中华书局1998年版,第442页。
③ 冯友兰:《中国哲学史》(上册),华东师范大学出版社2000年版,第238页。
④ 王先谦:《荀子集解》卷第十一《强国》,中华书局1988年版,第303页。

是事实。秦国以任法勃兴,秦朝以持法速亡。巨大的历史反差,使得"过秦"——对秦朝二世速亡进行反思,成为汉初思想家们的话题中心。普遍的结论是秦朝因"尚刑而二世速亡",而"尚刑"背后的理论支撑,则是商、韩的法家学说。秦朝"二世速亡",亡于任法持刑。汉人把一代兴亡,委过于法家思想,而且只罪其肇亡之速,不思其振兴也勃,是否全面公允?此处不便展开。但无论如何,要求法家替秦朝"二世速亡"承担责任,在汉初声浪甚高。"过秦"声浪之高,竟使丞相卫绾正式建言:把学商、韩之学的人排除在"举贤良"之外,永远杜绝法家人士入仕的门径。吊诡的是,思想界对法家态度虽然严厉如此,而在现实的政治生活中则是另一面相。汉王刘邦入关,虽然把繁密的秦法"约为三章",登基后的政治路线却依然是"汉承秦制"。即便是"独尊儒术"之后,"汉承秦制"的基本路线也沿而未更。汉武帝是"独尊儒术"的积极推行者。"独尊儒术"的实际效果,也不过是"以儒术饰吏治"。后来的汉宣帝更是公开宣称,"汉家自有制度,本以霸、王道杂之,奈何纯任德教,用周政乎!"①此事证明,思想界可以把秦朝速亡委过于法家,申法明禁却是在任何一个时代的政治实践和政治理论中不可或缺的一个组成部分。漫说"今朝"②,即便是号称"大治之世"的尧舜时代,不也得有一个皋陶专司"五刑"吗?处在理论思潮和现实制度这样巨大的落差之间,《淮南子》一方面取法家思想中"不可改"的"正君臣上下之分"之内容,以维持天下一家,同时又对法家学说的某些内容,进行道家式或儒家式的改写,以求注入新的思想内涵。"改写",是通过赋予法家之"法""术""势"以新的价值意义的方式进行的。而所谓"新的价值意义",除了"法源于道"之外,多是从被法家扬弃了的老观念里重新"捞取"出来的。

一、"法之生也,以辅仁义"

这是《淮南子》对"法"之存在价值的重新认定。

在政治学中,"法"是一个带有明显的外来强加性和强制性的概念。法家之"法",体兼刑赏。前文已经言及,悬刑以讨有罪先有,立法以治国后出。在

---

① 班固:《汉书》卷九《元帝纪》,中华书局1962年版,第277页。
② 按:"今朝",义取毛泽东词《沁园春》"数风流人物还看今朝"之"今朝"。指和"秦皇汉武、唐宗宋祖、成吉思汗"相对应的"现代"。

刑、赏之间,法与"刑"存在着更深久、更紧密的关联。政治实践追求效应。就效应尤其是当下就能获得的效应而言,"刑"以禁奸在政治实践中,的确比礼治社会倡导的以德化民,更有立竿见影之效。故而早期带法家色彩的政治家的政治实践中,多看重"刑"的威慑力,而罕言更具抽象性的"法"。例如春秋时郑国的子产铸刑书公布于众,从而使民不犯科,官知所避,有效地维护了在大国之间求生存的郑国的国内安全。此举动已经带有了相当的法家色彩,但仅言"刑"而不言"法"。很显然,在群雄"争于气力"的战国时代,以统一政令、富国强兵以图生存为基本导向的手段和策略,虽然未必合乎人情,尤其是未必能合乎已经习惯于和诸侯分享特权的贵族们的意愿,却具有不容置疑的合理性,因而也广有市场,并最终导向了极端冷静的政治理性主义的发生和发展。

《淮南子》对"法"的具体看法是:"法之生也,以辅仁义"。这虽然和法家对"法"的理解有违,却符合《淮南子》对人间秩序的逻辑认识:"道失而后德,德失而后仁,仁失而后义,义失而后礼"。"礼"者体也,"礼"者履也。执礼,基于人对体仁履义的自觉。当一个社会的秩序衰落到连"礼"都不能自保体仁履义的时候,必然要求诸外力,辅助仁义的落实。这个"外力",就是以"刑、赏"为内容的"法"。上文已经言及,在法家以"法"名家以前,社会认可的观念是:"刑"以辅"教",社会管理还是以"教"为主的。由此可以说,法家以"法"为治国之准绳,是对"刑以辅教"的否定。而《淮南子》重提"法之生也,以辅仁义",是对法家否定之否定。

1. 法之生:"发于人间,而反以自正"

先有法,例如"悬五刑以禁奸宄"、子产之"刑书"、李悝"尽地力"之"教"等(和法家之"法"相比,当然是初级而简单的),后有以"法"为治国之准绳的法家。《韩非子》有云:"凡治天下,必因人情。"[①]法家认为,"法"始于对"人情"的因势利导。韩非子所谓的"人情",就是"自私自利"是人生而固有而且是永远也无法删除的本性这一铁定的事实。而按淮南《要略》对法家的理解,申、商之法滋生的土壤是"土墝(墝)民险"。所谓"土墝",指由于已开发的土

---

① 王先慎撰,钟哲点校:《韩非子集解》卷十八《八经》,中华书局1998年版,第430页。

地地力消耗,能生产出的满足人"衣食"的物质资源已很有限;所谓"民险",指民的物质欲求却随着社会发展,而日益膨大。"土墩"与"民险",是一对矛盾。为解决这一矛盾,必须废弃以礼义劝善的虚妄努力,明法申刑:"贪狼(按:《广雅·释诂》:"狼,戾,很也")强力,寡义趋利;可威以刑,而不可化以善;可劝以赏,而不可厉以名"[①],即必须高度集中权力,刑民"贪狼(很)寡义"之性而赏民"强力趋利"之心,用"刑赏"去调动整个社会,把一切可以调动起来的社会资源,都用在"开阡陌"而"尽地力"、富国强兵上,才能实现对社会的高效率治理。于是,申、商之法生焉。

由于先秦诸子对于如何完善人、完善社会,各有不同的理解和设计,故而在法家以"法"名家以前和以后,诸子对后来被法家强力鼓吹的"治天下"的唯一手段——"法"(法令:刑罚律条)存在的合理性的理解和认识,态度并不相同。道家之老、庄对法的存在价值和实际效应,持有高度的警惕:"法令滋彰,盗贼多有"[②],"民不畏死,奈何以死惧之?"[③]因此,道家对法持彻底否定的态度:"殚残天下之圣法,而民始可与论议。"[④]认为唯有将法彻底地废除掉,才是实现天下大治的必要前提。儒家之孔、孟对于法的态度比较两可,既高度注重推广仁善,要"道(导)之以德,齐之以礼"[⑤],要"省刑罚,薄赋税"[⑥],但同时也并不完全反对刑的使用,"君子怀刑,小人怀惠"[⑦],"明其政刑。虽大国,必畏之矣"[⑧]。而荀子则更进一步,认为法和礼,是对治人性本恶,使天下皆出于治、合于善的两大基本手段:"古者以人之性恶,以为偏险不正,悖乱不治。故为之立君之势以临之,明礼义以化之,起法正以治之,重刑罚以禁之,使天下皆

---

① 张双棣:《淮南子校释》(下)卷二十一《要略》,北京大学出版社1997年版,第2151页。
② 《老子·五十七章》,载陈鼓应:《老子注译及评价》,中华书局1984年版,第284页。
③ 《老子·七十四章》,载陈鼓应:《老子注译及评价》,中华书局1984年版,第337页。
④ 陈鼓应:《庄子今注今译》外篇《胠箧》,中华书局1983年版,第259页。
⑤ 杨伯峻:《论语译注》第二《为政》,中华书局1980年版,第12页。
⑥ 杨伯峻:《孟子译注》卷一《梁惠王上》,中华书局1960年版,第10页。
⑦ 杨伯峻:《论语译注》第四《里仁》,中华书局1980年版,第38页。
⑧ 杨伯峻:《孟子译注》卷三《公孙丑上》,中华书局1960年版,第75页。

出于治、合于善也。"①

　　以"纪纲道德,经纬人事"为主题的《淮南子》,在对待"法"存在的合理性这个问题上,依违于儒、道、法之间,似道又非道,似儒又非儒,似法又非法,呈现出《淮南子》独有的复杂性。《淮南子》一方面认同法家对"法"的理解。《主术训》说:"法者,非天堕,非地生,发于人间",即法乃是人有目的的设计。另一方面又要给"发于人间"之"法"的目的性,寻觅一个比法家尚"法"的出发点和归宿——"对治人性恶",更高尚的动机。照例,《淮南子》又是到"道"中去寻觅。"道"似乎是《淮南子》解决一切难题的"百宝箱"! 遇到言说难题,马上想到的是:"考验乎老庄之术"。《淮南子》寻觅到的,是以"道失而后德,德失而后仁,仁失而后义,义失而后礼,礼失而后法"——"物不可终否,故受之以泰"为内容的社会发展之"道"。《淮南子》试图在其"衰世"论的基础上,从向"道"复归的阶梯这个角度,来定位"法"的存在合理性。

　　《俶真训》说:"古之人有处混冥之中,神气不荡于外,万物恬漠以愉静,搀抢衡杓之气,莫不弥靡而不能为害。当此之时,万民猖狂,不知东西;含哺而游,鼓腹而熙……是故仁义不布,而万物蕃殖;赏罚不施,而天下宾服。"②上古之人纯朴,"交被天和,食于地德",不事"曲故",不争"是非",如同"鱼相忘于江湖,人相忘于道术"。那情形,犹如《击壤歌》歌唱的:"日出而作,日入而息,帝力于我何予哉!"③人人都能抱德"俶真",根本就不需要仁义赏罚。随着时代的发展,道德不一,社会失和,人不再那么纯朴自然了,此时就需要有一定的法度规则来加以规范约束。不过,此时立法度规则,只是寄希望于用它去唤起人的"羞恶"之心,并不乞灵于它的强制性,如《氾论训》说的:"不施赏罚而民不为非,然而立政者不能废法而治民。"④但是,到了衰世,情况就大不一样了:"逮至衰世,人众财寡,事力劳而养不足,于是忿争生,是以贵仁。仁鄙不齐,比周朋党,设诈谞,怀机械巧故之心,而性失矣,是以贵义。阴阳之情莫不有血气之感,男女群居杂处而无别,是以贵礼。性命之情,淫而相胁,以不得已则不

---

① 王先谦:《荀子集解》卷第十七《性恶》,中华书局1988年版,第435页。
② 张双棣:《淮南子校释》(上)卷二《俶真训》,北京大学出版社1997年版,第198页。
③ 沈德潜选:《古诗源》卷一《古逸》,中华书局1963年版,第1页。
④ 张双棣:《淮南子校释》(下)卷十三《氾论训》,北京大学出版社1997年版,第1359页。

第五章 "非循一迹之路,(不)守一隅之指"

和,是以贵乐。"①此时的社会,就需要用"仁义礼乐"去"救败"。当连"仁义礼乐"都无法维系社会和谐的时候,带有强制性的"法"应势而起:"法者,非天堕,非地生,发于人间而反以自正。"②"法"的产生,实在是一个历史性的过程。由此可见,在《淮南子》的意识里,礼义法度,都是社会衰败的伴生物,从而都不是"通治之至";但制礼义,立法度,却又是人类社会一个无可奈何的选择。选择礼义法度,无非是为了扼止社会的继续衰败,借仁义法度的阶梯,让"衰世"中人得以"反以自正",向"仁义不布而万物蕃殖,赏罚不施而天下宾服"的理想社会回归。"法"存在的合理性,在此而不在彼。《淮南子》的这一思致,不难从《尚书·大禹谟》"刑期于无刑"那里找到源头。

与此相应,在《淮南子》的意识中,社会之君长的设立,也是出于"衰世救败"的实际需要:"且古之立帝王者,非以奉养其欲也;圣人践位者,非以逸乐其身也。为天下强掩弱,众暴寡,诈欺愚,勇侵怯,怀知而不以相教,积财而不以相分,故立天子以齐一之。"③但在法与君王两者之间的关系上,《淮南子》的看法,与先秦法家有明显的区别。

法家尚"法"。而法的实施,需要有一个高度集中、强大无比的权势作后盾。此等权势,唯有君主才能具有,才会授予。故而,法家坚持"法权在君"。"法权在君"是法家的新发明。在法家以"法"名家以前,无此认识。前此的认识是:"天生烝民,有物有则"④。例如在《尚书·皋陶谟》中,皋陶明确地告诉即将受禅而成为"有土"之君的大禹:君只是个"执法"者,"立"法者乃"天":"天讨有罪,五刑五用";而"天"并不是空洞的:"天聪明,自我民聪明,天明畏,自我民明威","天讨有罪",以"民心"为心。皋陶告诫大禹,要时时刻刻"敬惧"上"天"下"民"。法家扬弃了这一意识。在法家思想中,君既是"执法"者,又是"立法"者。缘此,梁启超先生认为法家政治的最大缺点,就在于在立

---

① 张双棣:《淮南子校释》(上)卷八《本经训》,北京大学出版社1997年版,第820页。
② 张双棣:《淮南子校释》(上)卷九《主术训》,北京大学出版社1997年版,第966页。
③ 张双棣:《淮南子校释》(下)卷十九《修务训》,北京大学出版社1997年版,第1949页。
④ 《大雅·烝民》,载李学勤主编:《十三经注疏(标点本)》,北京大学出版社1999年版,第1218页。

法权上不能正本清源,"然问法何自出？谁实制之？则仍曰君主而已"①。确实如此,汉代酷吏为自己进行辩解时说,"三尺(律条)安出哉？前主所是著为律,后主所是疏为令,当时为是,何古之法乎？"②一语道破了法家"法权在君"的法理。

《淮南子》申法时,并不认可法家所谓"法权在君"的"法理"。前文已经言及,《淮南子》是立足于"衰世"论审视"法之生"问题的。在《淮南子》看来:"法者,非天堕,非地生,发自人间,而反以自正"。既然法"非天堕,非地生",乃是社会发展到一定的阶段才不得不出现的事物,那么,"立法",就不是人君的个人意志;"执法",也不能出于人君的一己之私。也就是说,"法权"不在君。"法"非人君之私有。在否定了法家"法权在君"之后,《淮南子》进而提出"法生于义":"法生于义,义适于众适,众适合于人心。此治之要也。"③此说出于《主术训》。在"衰世"论语境中,说"法生于义"并不新鲜。此说的动人之处,在《主术训》作者对"义"的规定:"义适于众适,众适合于人心"。"适于众适,众适合于人心"谓之义,"义"就是全体人民都觉得合适,全体人民都从内心深处感到满意。"法生于义。义适于众适。众适合于人心",无异是在宣告:法理根于民心。从"法生于义。义适于众适"意义上说,"法",就像是复杂社会的"调节器":通过立法,去"恶"以存善,让社会保持在一个相对公平的水平面上,使多数人感到满意。立法、执法,都得坚持"适于众适,合于人心"的基本原则。古文"法"字书作"灋"。许慎《说文解字·廌部》:"灋,刑也。平之如水,从水。廌所以触不直者去之。从廌、去"④。可证法"适于众适",是汉人对"法"的普遍期待。《淮南子》此说,至今仍然不失新鲜感。如今一法之立,必经过反反复复的讨论—修改—讨论—修改……直到广纳民意,始付表决,不就是想求一个"适于众适,合于人心"吗？不过,本书在这里想强调的是,由于《淮南子》的这一意识,是从已被法家废弃的《尚书·皋陶谟》"天聪明,自我民聪明;天明畏,自我民明威"那里"打捞"出来的,所以一遇到现实,很易发生偏转。其"动人处"保持不了多么长久。

---

① 梁启超:《先秦政治思想史》,东方出版社1996年版,第189页。
② 班固:《汉书》卷六十《杜周传》,中华书局1962年版,第2659页。
③ 张双棣:《淮南子校释》(上)卷九《主术训》,北京大学出版社1997年版,第966页。
④ 许慎撰,段玉裁注:《说文解字注》,上海古籍出版社1981年版,第470页。

第五章 "非循一迹之路,(不)守一隅之指"

如果说"大一统"在先秦,仅仅是不满于"周室衰微,诸侯力政"的思想家发出的思想呼唤的话,那么,经过秦扫六合,废封建,设郡县,思想呼唤已经变成了现实。时至西汉,"普天之下,莫非王土;率土之滨,莫非王臣"式的"大一统"的国家形态,已经是无可更改的事实。山曲海陬,没有人能逃脱得了"君臣之义"。此时之人,一生下来,就降生于孔子所谓"君君臣臣父父子子"的"纲常"之中,并一生受其操控。故而在《齐俗训》中,《淮南子》对"义"又有一个符合于"纲常"的新规定:"义者,所以合君臣、父子、兄弟、夫妻、朋友之际也。""体君臣、正上下、明亲疏、等贵贱,存危国,继绝世,决挐治烦,兴毁宗,立无后者,义也。"①这种义涵上的"义",是儒家思想中的核心概念——"仁义"之"义"。在儒家思想架构内,"君臣……夫妻、朋友之际",有"义"存焉(按:依孔门规范,君臣、夫妻、朋友,责之以"义"。至于父子、兄弟之间,另有伦理,不能以"义"责。例如,孔子在《论语》中对"直躬之'直'"的否定,以及对"子为父隐"的强调。《淮南子》忽略了这一分际)。但原始儒家中的"义",不是单方面的"义"务,而是双方面对等的责任。例如,孔子说,君臣有"义":"君使臣以礼"/"臣事君以忠"。② 孟子说,假如君不尽"君义"——"君视臣如草芥",那么臣也就没有"义"务去尽"忠","臣视君若寇仇"是必然要发生的。③当《齐俗训》用"体君臣,正上下,明亲疏,等贵贱"去规定"义"的时候,"体、正、明、等(按:'等'是有'差等',而不是'平等')",已经把孔门"双向对等"之"义",改写成"单方面的责任"了。《齐俗训》之"义",乃是在新的语境中对"义"的新诠释。"新语境"就是已经呼之欲出的与"大一统"王朝相匹配的"三纲五常"。假如用这个"新规定"去充实"法生于义"那个"义",那么,《淮南子》有关"法之生"的言说,就立即发生偏转:抛弃了他们一开始就预设的"法生于道"——"道失而后德,德失而后仁,仁失而后义,义失而后礼,礼失而后法"的"衰世"论逻辑,转而到儒家伦常政治中去寻找"法之生"的本源。这样,"法之生也,以辅仁义"在《淮南子》内部,被自我颠覆。法不再以"仁义"之"辅"的面目出现,偏转成"君为臣纲,父为子纲,夫为妻纲"的护符。没有理由反对《淮南子》自我颠覆式的理论偏转;却完全有理由要求《淮南子》在自我

---

① 张双棣:《淮南子校释》(上)卷二《俶真训》,北京大学出版社1997年版,第186页。
② 杨伯峻:《论语译注》第三《八佾》,中华书局1980年版,第12页。
③ 杨伯峻:《孟子译注》卷八《离娄下》,中华书局1960年版,第75页。

颠覆时,保持先后逻辑上的统一,在发生理论偏转时,注意先后思想上的统一。然而,这一要求恐怕难于实现。本书前文有个比喻,说淮南著书,就像刘安广邀宾客"清谈"。"清谈"之中,兴之所至,持慧弄巧,顾此而失彼,是常有的事。刘安又有逢"美"辄收、遇"萃"必聚的雄心,也乐于接纳"笔走偏锋"式的语惊四筵之论。论"道"时如此,述"儒"时如此,申"法"时自然也不会例外。

2. 法之用:"所以禁君,使无擅端也"

法家以"持法任刑"而得名。《尚书》显示,立法以禁奸宄,设刑以讨有罪,是古已有之的观念。法家不过是把"法以禁奸"的功能发挥到极致罢了。法家"持法任刑"有两大特色:其一,颠覆了儒家"刑不上大夫"的旧观念,除了君主以外,大小臣民,无论贵贱,一律"齐之以刑"。商鞅执法,第一刀就是劓身为太子傅而未尽太子傅职责的公子虔。其二,颠覆了古来"明于五刑,以弼五教"的观念。韩非有言:"禁奸之法:太上禁其心,其次禁其言,其次禁其事。"①在法家以"法"名家之前,刑禁奸事、奸言;至于"心",刑、法难以涉及,得靠"教而化之"去规训。法家把人之"心"也置于法的监控之下。秦颁《禁挟书律》,在"以古非今者族"之外,还有"私藏《诗》《书》百家语者弃市"之律条,就是以"藏《诗》《书》百家语"有可能使人生"奸心"之罪名而治人以死罪。由于法家之"法",只是君主治下的工具,君主不受其约束,故而君主可以为所欲为。而君主一旦胡作非为——例如秦二世胡亥,对国家社稷的伤害,决不是奸臣佞人可以比拟的。法家之"法"不仅监控人的言和行,还要监控人之心,必然导致人人自危,动辄得咎。持法任刑的法家,由此走向自己的反面。以至于一夫发难,天下景从。曾经是天下无敌的秦朝,顿时土崩瓦解。汉初"过秦"的中心话题之一,就是反省秦朝对法的过分依赖和过度使用。于是,对于法的性质和功能,需要有一个重新认识。

《淮南子》并不反对法的存在,"立政者不能废法而治民"②。如上文所述,它肯定了"法"的出现,有其历史必然性和合理性。认定其在"衰世"之中

---

① 王先慎撰,钟哲点校:《韩非子集解》卷十七《说疑》,中华书局1998年版,第400页。

② 张双棣:《淮南子校释》(下)卷十三《氾论训》,北京大学出版社1997年版,第1359页。

有补偏救弊的功能,肯定"法"在"衰世"是实现社会有效治理、维护社会政治秩序的必不可少的重要工具,在"衰世"中,"法"是一个国家存在的基础,国无"法"则亡:"所谓亡国者非无君也,无法也。"①在这一点上,它同先秦法家倒有几分共同之处。

在对于法的权威性、公正性的认识方面,《淮南子》对于先秦法家也有所承续。周公为周朝选择的制度是以礼治天下,但即使在礼乐制度健全的时代,礼也是只对贵族有效,"庶人"是无权享受的,所谓"刑不上大夫,礼不下庶人"。这样,就造成了以礼治国时统一性和公正性的缺乏。统一性、公正性的缺失,必然导致以礼治国权威性的缺失,从而导致礼崩乐坏。法家可能看到了这一点,故而先秦法家对法的规定,很注意突出了法的统一性和公正性,以确保法的权威性:"法莫如一而固"②。"法不阿贵,绳不挠曲。法之所加,智者不能辞,勇者弗敢争。刑过不避大臣,赏善不遗匹夫。故……绌羡齐非,一民之轨,莫如法。"③在法家的视域内,"法"具有赏罚无偏无私、不"曲"不"挠"的"一而固"的品格,才有可能成为衡量评判一切是非的标准。《淮南子》在此点上部分认同法家的思想,它同样特别强调法的客观公正性,并把法之客观公正性视为法之权威性的保障,"衡之于左右,无私轻重,故可以为平。绳之于内外,无私曲直,故可以为正。人主之于用法,无私好憎。故可以为命"④。"法者,天下之度量,而人主之准绳也。县法者,法不法也。设赏者,赏当赏也。法定之后,中程者赏,缺绳者诛;尊贵者不轻其罚,而卑贱者不重其刑。犯法者虽贤必诛,中度者虽不肖必无罪;是故公道通而私道塞矣。"⑤《主术训》此处言语,俨然是以活脱脱的法家口吻,对法的客观性、公正性进行详细描述,认为"法"对尊卑贵贱,无偏无私;尊卑贵贱,对"法"都应当严格遵守和执行,如此,方"可以为命"。

值得注意的是,尽管《淮南子》和法家一样,刻意突出法的客观公正性,但

---

① 张双棣:《淮南子校释》(上)卷九《主术训》,北京大学出版社1997年版,第966页。
② 王先慎撰,钟哲点校:《韩非子集解》卷十九《五蠹》,中华书局1998年版,第448页。
③ 王先慎撰,钟哲点校:《韩非子集解》卷二《有度》,中华书局1998年版,第38页。
④ 张双棣:《淮南子校释》(上)卷九《主术训》,北京大学出版社1997年版,第911页。
⑤ 张双棣:《淮南子校释》(上)卷九《主术训》,北京大学出版社1997年版,第965页。

是《淮南子》对"法"之公正性来源的解释,却与法家不同。法家认为法的客观公正性,来自法之内容与形式的"一而固"。而《淮南子》却别出心裁,认为"法"的客观公正性,来自于道家的"道"——具体说,来源于"道"那"客观无私"之德。其思想逻辑是:"法"属于"有"。依道家"有生于无",可以说,"法"源于"道"。"法"既本源于"道",而"道"有"客观无私"之德;"道"有"客观无私"之德,决定了本源于"道"的"法",也天然具有了客观无私的本性。《淮南子》这一套说辞,别出心裁。本书要指出的是,以道家思想原则课之,《淮南子》这套"别出心裁"的说辞,根本就不靠谱儿。① 但它却给《淮南子》高扬法的客观公正性,提供了更冠冕堂皇的理由。例如,有"法"则治国有"道";治国有"道",则"人(主)②莫得自恣则道胜,道胜而理达矣,故反于无为。无为者,非谓其凝滞而不动也,以其言莫从己出也"。"道胜"则"人主莫得自恣","其言莫从己出"。那么,其言从何而出?顺"道"而已。"法"之客观公正性,本源于"道",由此而现。《淮南子》的这个说法,很是冠冕堂皇。但是,《淮南子》似乎忘记了他刚刚说过的"法生于义"。而按《淮南子》的认识:"道衰而德生,德衰而仁生,仁衰而义生"。"义"已经和"道"隔了好几层了,"义"所生之"法",和"道"更是远乎其远了。"法"生于衰世,"发于人间"。按道家的思想逻辑,"法"是六合之内,到"先王经世之志"那个时段,才出现的事物。道家之"道",的确是客观无私的。但按道家的思想逻辑,客观无私的"道"所做的,也只是"客观无私"地让"衰世"出现个"法",让人有以"以反其正"。至若"法"本身的客观公正性,就再也不能由"道"来担保,而应由"法"自身之"德"(体乎道的法理)来确证,由执法人之"德"(能否体道执法)来担保。《淮南子》到

---

① 《淮南子》这个推论,虽然冠冕堂皇,按道家思想来考量,却是完全错误的。"有生于无"是道家宇宙论的一个核心命题。从这个命题出发,可以推出"法"属于"道"创生出来的"有"所生之物,从根儿上可以说,"法"本源于"道"。却不能从"道"有"客观公正"之德,推出"法"就必然客观公正。因为道家如老子明确指出,"道"只生"有"。"万物生于有"而并非直接生于"道"。由"有"生出来的万物是否合乎"道","道"不能担保,得由万物之"德",万物所处之"形""势"来决定。故而"法"之客观公正性并不是"道"天然决定的,而是由立法人立法时、执法人执法时是否体"道"立法、体"道"执法决定的。此可见《淮南子》对道家思想的吸收,有囫囵吞枣、不周不密之习。

② 张双棣:《淮南子校释》(上)卷九《主术训》,北京大学出版社1997年版,第966页。按:张双棣《淮南子校释》笺释此句时,引过陶鸿庆说。陶鸿庆云:"'人'下当有'主'字,道胜理达,反于无为,皆以君言,不以民言"。陶鸿庆之说,善而可从。

第五章 "非循一迹之路,(不)守一隅之指"

"道"那里探寻"法"之客观公正性的本源,用心良苦,却异想天开。这又一次暴露出"旨近老氏而归于道"的《淮南子》,为综合各家思想,经常有悖道家思想逻辑而不自知的老毛病。然而,还应该说,这种寻觅方式,并非《淮南子》首倡,韩非子《喻老》早有先例。不过,法家重"势"。《老子》有"道生之,德畜之,形生之,势成之"之说。韩非据此说逆推上去,还是能到"道"那里寻找"势"之客观必然性的形上依据的。而《淮南子》是在"道衰而德生,德衰而仁生,仁衰而义生"语境中言说"法生于义"的。推到底,也只能推出个"道胜而理达,反于无为",立法者、执法者之"德"——是否"道胜而理达,反于无为",才是"法"之客观公正性的保障,推不出"道"是"法"客观公正性的本源。但《淮南子》如此推求的良苦用心,却和韩非子无别。都是想给"法"的普适性一个超验的形上依据。让它在理民的同时,也具有节制君主的权威性。于是,《淮南子》一方面强调法是"人主之准绳也","故法律度量者,人主之所以治下",人主是立法者、执法者;但在另一方面又对人主的执法行为作出了限制,"法籍礼义者,所以禁君,使无擅断也"①。之所以会有如此结论,其根本原因就是,在《淮南子》看来,法乃是"义"的衍生物。而按"衰世"论一直往上推,推到底,"义"又是"道"的衍生物。因此,"法"的公正性,并非源于人主,尽管人主是立"法"者、执"法"者;而是源自人主立"法"执"法"时超越社会各个阶层之"无为""公道"之"德"。"法"不自运,需要通过人主来实施。"法"之"公正"之"德",是通过作为"立法者""执法者"的人主的"无私"之"德"来实现的。于是,"人主之立法,先自为检式仪表"的问题,便随之提出。故而"法"必然也同时具有约束人主、禁止人主私欲膨胀、恣意妄为的功能。由此可见,至少在此处,《淮南子》是试图以"法"作为防止君主走向专断独裁的手段,其动机和汉儒如董仲舒试图以"天"约束君主的目的近乎类似。当然,汉儒以"天"制君,《淮南子》以法制君、以道制君,在具体政治生活中实施的结果如何,则是另外一回事。

由以上可见,《淮南子》在论及社会治理这个现实问题时,受到老子思想的明显影响。当然,有学者称,法家的某些学说,也同老子有着千丝万缕的联系。马王堆帛书《老子》里,就有"道生法"之说。20世纪40年代末的郭沫若,虽未及见帛书《老子》,已据《史记·老子韩非列传》有关之文,推论出法家

---

① 张双棣:《淮南子校释》(上)卷九《主术训》,北京大学出版社1997年版,第965页。

之"术"是倡导于道家,"老聃发其源,而申不害擅其用"①。李泽厚也据《史记·老子韩非列传》有关之文,说:"由韩非承接《老子》,似乎顺利成章。"②不过,马王堆帛书里"道生法"那个"法",是否就是法家心目中的"法"?申不害"擅用"之术,是否就是老子之"术"?"韩非承接《老子》顺理成章",是逻辑上顺理成章,还是思想实质上顺理成章?尚待细商。本书要强调的是,《淮南子》尊"道",法家用"老",但《淮南子》的政治理想,却同法家明显不同。《淮南子》从老子之道"无为而无不为"的特性出发,以无为"太清"作为最高理想,治理目标以向"我无为而民自化"回归为本。因此,法家所极力主张、大肆推广的对于社会资源加以强力控制、对于臣下部属施以严密控驭等种种手段措施,必须摒弃。《淮南子》仅仅把"法"当作"衰世"中向"道"复归的阶梯。言"法",是为了以"法"去"法",向"漠然无为而无不为也,澹然无治而无不治也"的至德社会回归。而法家则是借来"《老子》政治层的'无为'含义上的人君南面术,把它改造为进行赤裸裸统治压迫的政治理论"③,施加到实用政治中,釜底抽薪,把老氏"我无为而民自化",扭曲成"我任法而民听命"。

有意思的是,《淮南子》对于法家之"法"的重新认识:法的客观公正性本源于"道"——实际上源自法和执法人的"道胜而理达",除了带有明显的道家色彩之外,同时还蕴含有向儒家转换的潜在逻辑。如前所述,《主术训》在"衰世"论基础上,有"法生于义"之说。在《主术训》里,"义生于众适"。"义"只是个泛泛的"大家都以为合适"。而到了《齐俗训》那里,"义"被明确地规定为"礼义"之义:"义者,所以合君臣、父子、兄弟、夫妻、朋友之际也。"按这个规定往下推,自然要将立"法"之"理",导向儒家的道德伦理。于是,《泰族训》明言,法的存在,必须依赖于仁义道德。而就两者关系而言,法居于次要地位,在治理国家的程序中,法成了辅助手段,而非最优选择,"故仁义者,治之本也。今不知事修其本,而务治其末,是释其根而灌其枝也。且法之生也,以辅仁义。今重法而弃义,是贵其冠履而忘其头足也"④。而"居仁由义"的典范,

---

① 郭沫若:《十批判书》,中国华侨出版社2008年版,第252页。
② 李泽厚:《中国古代思想史论》,天津社会科学院出版社2008年版,第80页。
③ 李泽厚:《中国古代思想史论》,天津社会科学院出版社2008年版,第80页。
④ 张双棣:《淮南子校释》(下)卷二十《泰族训》,北京大学出版社1997年版,第2103页。

是"圣"是"贤"。尊圣尚贤,自然也就提上了议事日程,"故国之所以存者,非以有法也,以有贤人也;其所以亡者,非以无法也,以无圣人也"①。"故法虽在,必待圣而后治"。在《主术训》里,《淮南子》把国之兴亡,托付给了"有法"还是"无法"。而"法"之客观公正性,本源于"道";在《泰族训》里,却又说"有法""无法"是次要的,"有贤人"还是"无贤人",才是决定国之兴亡的关键。这是一个惊人的转换!按儒家的划分,儒宗为"圣",如孔子;大儒称"贤",如朱熹。但"圣人""贤人"也是"人"。是"人",就有可能出错。孔子在《论语》中不是坦然承认自己"有过"吗?话本里不是有以朱熹为主角的《答官妓大儒生闲气》吗?由此可见,《淮南子》的这层转换,"前言不搭后语"!但是,我们可以指责《淮南子》这种"前言不搭后语",放弃"法治",崇尚"人治",思想不彻底;我们也可以抱怨《淮南子》这种"前言不搭后语",自我消解了前此到"道"那里寻觅"法"之客观公正性本源的煞费苦心。然而,无论从道家"道生德蓄"的思想逻辑上,还是从号称是孔子撰集的《易传》"道不虚行"的思想逻辑上,却都挑不出这种"前言不搭后语"的毛病。这种"前言不搭后语"情况的出现,问题并不是出在由道家向儒家转换的"潜在逻辑"上,而是出在淮南著书的方式上。本书前面曾经指出,淮南著书,实如刘安广邀众宾客清谈。宾客中心仪老庄者和凛遵儒规者,虽同与刘安的清谈之筵,面对面坐着,却不交一语,只向着刘安自话自说。分开来听,言之成理;合起来细想,"前言不搭后语","驴唇不对马嘴"。另外,需要特别强调的是,《易传》"道不虚行",必待"与天地合德,与日月合明,与四时合序,与鬼神合吉凶"之"大人",是个豁人耳目的好思想。但"法虽在,必待圣而后治",治世待"圣贤",却是一个坏的政治理论。遗憾的是,这种政治理论,在中国政治思想中,至今仍广有市场。

《淮南子》既以儒家伦理贯注入法家之法,于是对法的功能也就有了新的拓展:法除了"禁奸究",还应该承担起"以辅仁义"之任。从而,《淮南子》对先秦法家之法的弊端,也就有了相对清醒的认识和相当有效的补救。之所以能做到这一点,和《淮南子》对人性的认识与法家有别有关。《淮南子》对人性的总体认识是,人性既不纯善,也不纯恶。人之性可善可恶,人性是可塑的。

---

① 张双棣:《淮南子校释》(下)卷二十《泰族训》,北京大学出版社1997年版,第2078页。

由于持此种人性观,能使他发现法家立法的弊端。法家之法,因为是建立在对人性本属自私自利的这一片面的观察之上,所以其诸多制度设计只为防范人性恶的出现,极力地要把人性之恶关在笼子里。因为其对人性本身理解的偏差,导致了法家之法只具有防人为恶之能,而缺乏礼义那种劝人向善之功。由于法家之法缺乏引人向善之功,故而难以完成完善社会之任:"民不知礼义,法弗能正也;……法能杀不孝者,而不能使人为孔、曾之行。法能刑窃盗者,而不能使人为伯夷之廉。"①因此,"衰世"治国,法虽不可少,但是,如欲完善社会,立法、执法必须以儒家之礼义为基础,"不知礼义不可以行法"。只有这样,才能使法成为完善社会的善法。

以儒家礼义为基础的法,也因此具有了一个新的功能,即其可以移风易俗,导民向善。人之心性具有可塑性,除了礼义可以劝导之外,法度也具有调节功能,"法度者,所以论民俗而节缓急也"②,若能施以诚心,因俗制法,因时而变,法度是完全可以起到化俗效果的。"知法治所由生,则应时而变;不知法治之源,虽循古终乱。今世之法籍与时变,礼义与俗易。"③当然,在化俗方面,还是应当以礼义为本,法度为辅,毕竟"国之所以存者,仁义是也"④。关于礼义与法两者之间的"主/辅"关系,在《齐俗训》《泰族训》中有相当文字予以论述。

恰当处理道德与法之间的关系,自古以来就是一道理论难题。《淮南子》"法之生也,以辅仁义",能有效对治法家一味任法而"仁义不施"的弊端,却无力防范另一种弊端的发生。治国理民,以礼义为主,以法为辅,假如能严守道德与法之间的界限,当然不错。假如混淆了道德与法的界限,立即会陷入庄子担忧的"尧舜刖汝以仁义"的困境。而坚信道德至上的儒家,很容易迈过这一步,用仁义道德替代法。一旦迈过这一步,仁义就异化成残生害性的不仁不义

---

① 张双棣:《淮南子校释》(下)卷二十《泰族训》,北京大学出版社 1997 年版,第 2078 页。
② 张双棣:《淮南子校释》(下)卷十三《氾论训》,北京大学出版社 1997 年版,第 1359 页。
③ 张双棣:《淮南子校释》(下)卷十三《氾论训》,北京大学出版社 1997 年版,第 1359 页。
④ 张双棣:《淮南子校释》(上)卷九《主术训》,北京大学出版社 1997 年版,第 1024 页。

了。例如,据说是倡自大儒程颐而在封建社会广为流传,几乎成为"习惯法"的妇女"饿死事小,失节事大"。用仁义道德替代法,是用"软刀子杀人"。用"软刀子杀人",虽然杀人不见血。但其残酷程度,丝毫也不亚于滥刑杀人。

二、势:乘势而为

正如本章此前所说,《淮南子》对于历史的言说,同先秦许多学派一样,秉持"圣王中心"史观,并以圣王"无为而治"下的理想社会形态作为当今之世人君施政的镜鉴和参照系,因此,不论是传说中的上古圣王还是当今"衰世"下的人君,都处于社会政治秩序的核心位置,从而成为国家治乱与否的关键因素:有圣君则治世现,逢恶主则国乱亡。那么接下来的问题自然就是,君主要实现天下大治的理想应该具备怎样的前提条件?该怎样维护人主的核心地位以及人主同臣下该处于怎样的关系?以上问题的解答,均与法家的另一个基本概念"势"密切关联。

1. 势之源:"一者至贵"

"势"在先秦成为思想概念,最早是由于兵家的使用。[①] 兵家之"势",原指对己方有利的军事部署,后扩展为由对阵双方天时、地利、人和等多重因素构成的,具有决定胜负趋向的综合指数。法家典籍中,"势"成了核心概念。不过,法家之"势",有其不同于兵家的规定。例如作为法家先驱理论家之一的慎到论及君主"威德"时说:"尧为匹夫,不能使其邻家;至南面而王,则令行禁止。由此观之,贤不足以服不肖,而势位足以屈贤矣。"[②]慎到此见,无论是《韩非子》,还是《淮南子》,都乐于引述。由此可见,法家之"势",乃是能让"南面而王"者得以"令行禁止"的"权位"。依慎到之见,作为政治系统中客观存在的"势位",在政治生活中处于核心地位,其力量足以压倒居位者个人的道德品质。有权就有"令行禁止"之"势",无"势"则无所作为。法家人物都崇拜权力,原因就在这里。

然而,依韩非之见,"势"不孤成。有"势"而无"术"则"势"难张,有"术"

[①] 《老子》书中也有"势"这个概念。李泽厚说:"中国辩证法应溯源于兵家","老子将军事辩证法提升为'君人南面术'"。见其《中国古代思想史论·孙老韩合说》。

[②] 《慎子·威德》。高流水、林恒森译注:《慎子、尹文子、公孙龙子全译》,贵州人民出版社1996年版,第21页。

而无"法"则"势"易失。作为法家思想的集大成者,韩非子对于此前法家理论前驱们例如商鞅、申不害的政治思想,进行了认真剖析。《韩非子·定法》说:"君无术,则弊于上;臣无法,则乱于下。此不可一无,皆帝王之具也"。"申不害,韩昭侯之佐也。韩者,晋之别国也。晋之故法未息,而韩之新法又生;先君之令未收,而后君之令又下。申不害不擅其法,不一其宪令,则奸多故(按:'故',依据,借口)。利在故法前令,则道之;利在新法后令,则道之。利在故新相反、前后相悖,则申不害虽十使昭侯用术,而奸臣犹有所谲其辞矣"。此言"臣无法则乱于下"。"公孙鞅之治秦也,设告相坐而责其实,连什伍而同其罪,赏厚而信,刑重而必。是以其民用力劳而不休,逐敌危而不却,故其国富而兵强;然而无术以知奸,则以其富强也资人臣而已矣"(按:"以其富强也资人臣",犹言富国强兵反成了人臣擅权的资本)。此言"君无术则弊于上"。"申子未尽于术,商君未尽于法也","故曰:二子之于法术,皆未尽善也。"①韩非子认为商鞅言法而未尽,言法而不论术,所以利于国而不利于君;申不害则是言术而未尽,言术而不言法,"不一其宪令",无"法"禁奸。用史华兹的话说,这种缺陷"忽略了适当的官僚制组织原则","狡猾的官员因此仍能利用法律的不合理性"②,为所欲为。于是韩非借助慎到"势"的观念,将法、术、势三者结合起来,试图在更深的层次上追求法家政治理论的公共基础,以带有神秘色彩的权威为基础,以深不可测的治术为手段,来保证法的实施。"故贤人而拙于不肖者,则权轻位卑也;不肖而能服于贤者,则权重位尊也。尧为匹夫,不能治三人;而桀为天子,能乱天下。吾以此知势位之足恃,而贤智之不足慕也。"③在这里,韩非子比慎子的论述更为深入了一层,慎子尚未彻底否定贤人,而韩非则尊"势位"而黜"贤智",直接宣称"势位"决定一切,"贤智不足慕"。郭沫若据此认为韩非子是一位极端的势治派,其主张是"自然的惰性产物"④。

《淮南子》在论及这一问题时,首先肯定了君王存在的中枢作用和权威

---

① 王先慎撰,钟哲点校:《韩非子集解》卷十七《定法》,中华书局1998年版,第397—400页。

② [美]本杰明·史华兹:《古代中国的思想世界》,程钢译,江苏人民出版社2004年版,第351页。

③ 王先慎撰,钟哲点校:《韩非子集解》卷十六《难势》,中华书局1998年版,第388页。

④ 郭沫若:《十批判书》,中国华侨出版社2008年版,第261页。

第五章 "非循一迹之路,(不)守一隅之指"

性,"王者,国之心,心治则百节皆安,心扰则百节皆乱"①。因此,必须维护人主不容侵犯的神圣性和权威,而"势"则是实现这一目标的必需手段,"(是故)权势者,人主之车舆也;大臣者,人主之驷马也",而"爵禄者,人臣之辔衔也"②。君主是驾车的,人臣是拉车的。为什么一个驾车、一个拉车?因为君主有"势位"而人臣无"势位"。所以君主可以班爵禄以励人臣,权势决不能假于臣下。假权势于人,无异于太阿倒持。

君主之"势"既如此重要,其神圣性的来源又是如何?《淮南子》照例又强作解事地以为其根本来源还是那"无为而无不为"的道。在解释宇宙生成时,《淮南子》说:"帝者体太一,王者法阴阳,霸者则四时,君者用六律。"③"太一"即"道"。"阴阳""四时""六律",无非是"道"的自我展开。此中已经从"应然"上,对于人间社会有"势位"者的势位品格,有了一个规定。并且帝者之所以为帝、王者之所以为王、霸者之所以为霸、君者之所以为君,是因为他们的施政之道,从"应然"说是按照天道运转的规律,即道无为而万物生的特性来展开的,因此,这些人间的君王便不言而喻地获得了某种与"道"宛转的合法性、神圣性和唯一性。但是,"应然"不是"当然"。"应然"要转化成"当然",人君必须证明自己"执一而勿失":"夫圣王执一而勿失,万物之情既矣,四夷九州服矣。夫一者至贵,无适于天下。"④"夫无为,则得于一也。一也者,万物之本也,无敌之道也。"⑤此处之"一",显然是"道"的代称。从这个意义上说,"执一而勿失",实乃为帝为王者的自然之势。此"势"虽然号称"自然",却不是如"道"那样的"自然而然";而是体"道"之后出现的"任自然"。淮南号称"自然"之势,实近韩非子"人设之势"。

韩非子也曾论及自然之势。不过,韩非子所谓的"自然之势",仅指如尧舜无位则不能使邻人、桀纣有位则可以令天下。但韩非子对这个自然之势并

---

① 张双棣:《淮南子校释》(上)卷十《缪称训》,北京大学出版社1997年版,第1031页。
② 张双棣:《淮南子校释》(上)卷九《主术训》,北京大学出版社1997年版,第972页。
③ 张双棣:《淮南子校释》(上)卷八《本经训》,北京大学出版社1997年版,第849页。
④ 张双棣:《淮南子校释》(上)卷十一《齐俗训》,北京大学出版社1997年版,第1136页。
⑤ 张双棣:《淮南子校释》(下)卷十四《诠言训》,北京大学出版社1997年版,第1494页。

不看重。甚至说,纯任自然,言"势"就没有任何意义了。韩非子更乐于强调"人设之势"。人设之势,是行"法"用"术"的人为设计。"势必于自然,则无为言于势矣!吾所为言势者,言人之所设也。"①同韩非子所谓的人为之势相比,很明显,《淮南子》的见解逻辑虽然带有一定的神秘色彩,但在那个特定的时代文化背景之下,具有强烈的形而上色彩,因此也就更具有说服力。

由于《淮南子》把"执一而勿失"视作为帝为王的自然之势,故而《淮南子》并不满足于仅从"道"那里寻觅势位的合法性,还从对社会历史的考察出发,用人类实践印证"势位"的合理性。认为自上古以来,人类的生存和发展屡有面临生死存亡的威胁,于是圣王(人君)如尧舜禹汤武等圣君带领人类走出险境,禁暴讨乱,从而保证人类自身的生存繁衍,所以圣王(人君)的存在也有其历史使命,即:"且古之立帝王者,非以奉养其欲也;圣人践位者,非以逸乐其身也。为天下强掩弱,众暴寡,诈欺愚,勇侵怯,怀知而不以相教,积财而不以相分,故立天子以齐一之。"②这样也就从历史发展的角度论证了人君存在的必然性和人君之势的合理性。

2. 势之用:君臣异道,因势而为

如上文所言,《淮南子》心目中的君主之"势",更多是来自"执一而勿失",即体"道"施政,以"法"运"术",依然带有强烈的道家色彩。因此,人主在实行此道时也应遵循此道,以"不得不"的状态来施行政治,原因就在于"势"来自于自然之道,其本身就可以发生力量,人主只需:(1)守势而使其勿失,因"自然"之势而御臣下,"是故权势者,人主之车舆也;大臣者,人主之驷马也。体离车舆之安而手失驷马之心,而能不危者,古今未有也。是故舆马不调,王良不足以取道;君臣不和,唐虞不能以为治"③。"君臣和"始可"为治"。"君臣不和"就像"舆马不调"。御者调舆马靠"銮缰",人主"和君臣"靠"爵禄"。故曰"爵禄者人臣之銮衔也"。依法班爵禄,是人主独有之"势"。刑赏牢牢掌控在人主之手,就是守"势"而勿失。如是,人臣就像套在缰绳里的马,

---

① 王先慎撰,钟哲点校:《韩非子集解》卷十六《难势》,中华书局1998年版,第391页。
② 张双棣:《淮南子校释》(下)卷十九《修务训》,北京大学出版社1997年版,第1949页。
③ 张双棣:《淮南子校释》(上)卷九《主术训》,北京大学出版社1997年版,第972页。

第五章 "非循一迹之路,(不)守一隅之指"

听任人主指挥,指向哪里,就向哪里死命地跑。(2)顺"势"而为使勿乱,人主守"势"任"法"择"术",臣工守"宪"尊"令"尽"责",此之谓"得势之利":"(是故)得势之利者,所持甚小,其存甚大;所守甚约,所制甚广。"①这样就可以实现无为而治的政治理想。同时,人主在治理天下、施政举措之时,也应当因物之性、因自然之势,如此方能做到事少而功多,否则亦有南辕北辙之虞。《主术训》说:"禹决江疏河,以为天下兴利,而不能使水西流;稷辟土垦草,以为百姓力农,然不能使禾冬生。岂其人事不至哉?其势不可也。夫推[而]不可为之势,而不修道理之数,虽神圣人不能以成其功,而况当世之主乎!""是故圣人举事也,岂能拂道理之数,诡自然之性,以曲为直,以屈为伸哉?未尝不因其资而用之也。"②

由此可见,《淮南子》在对君势的运用上也无形中施加了具有道家色彩的限制,尽管它也强调尊君,认定君为国家之本,但它同时也反对君主权势无限制地运用,而是主张其应当是在天道运转规律之内的合乎自然地施行,而这恰恰是法家思想的短板。法家思想主张对于权威的绝对服从,提倡极度尊君,结果导致了在不受制约的一人独断的权力面前,人主自身的各种欲望极度膨胀,"独夫之心,日益骄固",最终却有可能造成国家政治秩序的彻底毁灭。正如史华兹对韩非子提出的质疑:"无限制的东西能被合理地追求吗?韩非子是否已经察觉到,无限制地榨取人力和物力资源将为消弱整个系统自身的基础呢?"③秦王朝的迅速覆亡无疑提供了最好的历史注脚。

对于君势的运用,最核心的问题体现为在国家的政治结构生态中的君臣关系。先秦法家基于人的自利本性,认定尚"贤"不如任"法"——因为"贤"有"智度"而"法"无"曲情","人"治不如"法"治——因为"人"无"定见"而"法"有"规矩"。认为用人选材当以法度,"释法术而任心治,尧不能正一国。去规矩而妄意度,奚仲不能成一轮"④。如此,则君主当使用刑、德二柄,严防

---

① 张双棣:《淮南子校释》(上)卷九《主术训》,北京大学出版社1997年版,第985页。
② 张双棣:《淮南子校释》(上)卷九《主术训》,北京大学出版社1997年版,第931页。按:张双棣"笺释"引王念孙:"夫推不可为之势,'而'字涉下文而衍"。
③ [美]本杰明·史华兹:《古代中国的思想世界》,程钢译,江苏人民出版社2004年版,第357页。
④ 王先慎撰,钟哲点校:《韩非子集解》卷八《用人》,中华书局1998年版,第205页。

/217/

臣下揣测上意,但如果"今上论材能知慧而任之,则知慧之人希主好恶,使官制物,以适主心"①。结果自然不免君权旁落。于是上行"六反""诡使"之术以御臣下,下则呈媚惑饰邪之能而匿其私,"上下一日百战"②,君臣之间形成了互相窥视、互为人质的恶性循环。

《淮南子》在君臣关系方面,明显地只部分认可而并不完全接受法家的观点,一方面,它同法家一样,强调君主的神圣性和权威性,竭力维护君主的根本地位,"故立君以一民。君执一则治,无常则乱。……一也者,万物之本也,无敌之道也"③。"君,根本也;臣,枝叶也。根本不美,枝叶茂者,未之闻也。"④《主术训》中也说"枝不得大于干,末不得强于本"。在人君行政方面,它也说"人主之术,处无为之事,而行不言之教,清净而不动,一度而不摇,因循而任下,责成而不劳"⑤,人主处事,应当是不动声色,不轻易发表自己的意见,以清净无为的方式促使臣下效命。从这里也能看出法家(道法家)思想的痕迹。

但尽管如此,《淮南子》还是有自己对于君臣关系的新设想,即君臣异道而同心。《主术训》说:

> 主道员者,运转而无端,化育如神,虚无因循,常后而不先也。臣道(员者运转而无)⑥方者,论是而处当,为事先倡,守职分明,以立成功也。是故君臣异道则治,同道则乱,各得其宜,处其当,则上下有以相使也。夫人主之听治也,虚心而弱志,清明而不暗,是故群臣辐凑并进,无愚智贤不肖莫不尽其能者,则君得所以制臣,臣得所以事君,治国之道明矣。……是故任一人之力者,则乌获不足恃,乘众人之制者,则天下

---

① 蒋礼鸿:《商君书锥指》卷一《农战第三》,中华书局1986年版,第22—23页。
② 王先慎撰,钟哲点校:《韩非子集解》卷二《扬权》,中华书局1998年版,第51页。
③ 张双棣:《淮南子校释》(下)卷十四《诠言训》,北京大学出版社1997年版,第1494页。
④ 张双棣:《淮南子校释》(上)卷十《缪称训》,北京大学出版社1997年版,第1081页。
⑤ 张双棣:《淮南子校释》(上)卷九《主术训》,北京大学出版社1997年版,第889页。
⑥ 王念孙云:"臣道员者运转而无方者,本作'臣道方者',其'员者运转而无'六字,则因上文而误衍也。《群书治要》引无此六字。《文子·上义》篇亦无。主道员,臣道方,方员不同道,故下文云'君臣异道则治,同道则乱'也。"载张双棣:《淮南子校释》(上),北京大学出版社1997年版,第932页。

第五章 "非循一迹之路,(不)守一隅之指"

不足有也。①

由此可见,《淮南子》所设想的理想图景是,君臣异道而治,君虚心而执后,臣尽能而事先,人君利用天下之众的能力,而群臣则"辐凑并进",竭尽其能,于是君得以制臣,臣得以忠君,君臣勠力同心,"心往一处想",但"劲并不往一处使",君臣之间紧密协调,如此方能实现天下大治。

在国家之事上,《淮南子》希望君臣和睦协调,各尽其职,但在君主与臣下的个人关系上,《淮南子》却没有将法家所主张的"君尊臣卑"的绝对化格局接受下来。《淮南子》认为君臣之间在这一方面构成"相生""相报"的关系,"夫疾风而波兴,木茂而鸟集,相生之气也。是故臣不得其所欲于君者,君亦不能得其所求于臣也。君臣之施者,相报之势也。是故臣尽力死节以与君,君计功垂爵以与臣。是故君不能赏无功之臣,臣亦不能死无德之君"②。"若上乱三光之明,下失万民之心,虽微汤武,孰弗能夺也。"③在君主和臣下之间,"君臣之施者,相报之势也"。君赏有功之臣,臣死有德之君,如若君将不君,臣也就将不臣,君若为独夫民贼,臣则未必尽愚忠之效,相反倒有可能为民禁暴诛乱。《淮南子》此一看法倒有几分与儒家,尤其是孟子相类。孔子说:"君待臣以礼,臣事君以忠"。孟子补充了另一面:"君视臣如草芥,臣视君如寇仇"。

由《淮南子》对于"势",尤其是对君势的来源和对君臣关系的论述,可以看出,其对于君主权力合法性的论证有自己的理解。其一,《淮南子》同样维护一个大一统的王朝,并且作为王朝的统治者,君主(天子)应该并且必须具有不容置疑的权威性和正当性;但是其权威性的来源却是"自然之势",而非法家(尤其是韩非子)特为看重的"人设之势",且其势的来源与"无为而无不为"的"自然"之"道"有着密切的关联,或者甚至可以认为它就是"无为而无不为"的"自然"之"道"在人间世界的一个体现,因此具有不容挑战的神圣性,这对于由编户齐民而登天子位的刘邦所开创的汉王朝无疑是自觉的申辩。其

---

① 张双棣:《淮南子校释》(上)卷九《主术训》,北京大学出版社1997年版,第930—931页。
② 张双棣:《淮南子校释》(上)卷九《主术训》,北京大学出版社1997年版,第946页。
③ 张双棣:《淮南子校释》(下)卷十三《氾论训》,北京大学出版社1997年版,第1391页。

淮南子的思想世界

二，西汉之初尚"清净无为"，更由于高祖与诸开国勋臣皆曾为编户齐民，在与"群雄逐鹿"中，君臣相得辐凑而得天下，因此汉初天子、中央权威并不十分显著，君臣父子之类的宗法等级也并不多么森严。因而叔孙通奏请立朝仪，给从龙功臣戴"笼头"，以树天子的权威。贾谊则试图以礼而强制规范君臣之尊卑。但《淮南子》却并不作如是观，相反，它因"势"而推之，为君臣关系注入"相生""相报"的内容，认为君若要得群臣以死效命，需有圣贤之德、治国之功，君臣之间互为条件、"相生"而"相报"，方能达致"疾风而波兴""木茂而鸟集"的效果。这种观点，无论是出于"炫耀知识"式的"无心"，还是出于深思熟虑而后的"有意"，无疑都是对君权神授、君尊臣卑观念的质疑，从而在客观上削弱了君权之上所附着的神秘色彩。在董仲舒那里，君权走向了神话，但在《淮南子》这里却走向了自然。从《淮南子》对于君势的这种处理来看，它心目中的君王之道应该是道家、儒家和法家三者彼此之间的融合。

三、术："处无为之事，行不言之教"

法家重"术"。认为有"术"之君，治国游刃有余，得心应手。《淮南子》顺承法家，也认为治国有"术"。并用"处无为之事，行不言之教"，来概括治国之"术"的精神实质。本书要强调的是，法家之"术"，决非这十个字字面所示的那样清静、纯朴和坦荡。相反，法家挟以自重之"术"，是从阴暗政治心态里滋生出来的阴毒的政治机心。

梁启超先生认为"术治"主义作为"人治"主义的一种，与法家机械的唯物的法治主义——"物治"主义截然不同[1]，而熊十力先生则认为"韩非之书，千言万语一归于任术而严法，虽法术兼持，而究以术为先"[2]。申不害、韩非所主的法家之术，确乎为人治主义，但却与法家的法治精神并不矛盾。因为法家的法治主义其实质并非梁启超所言的物治主义，其人治色彩尤为强烈。

适应于春秋之末世卿贵族制度逐渐废弃的实际政治需要，以申不害为代表的法家先驱发展出"术治"，用以人才的鉴定选拔，确有其进步意义。韩非子承申不害之余绪，认为人性自私，进一步认定君臣之间绝无仁义、信任可言，

---

[1] 梁启超：《先秦政治思想史》，东方出版社1996年版，第196页。
[2] 熊十力：《韩非子评论》，载《熊十力全集》第五卷，湖北教育出版社2001年版，第311页。

第五章 "非循一迹之路,(不)守一隅之指"

君臣之间钩心斗角、严防死守、互相觊觎,若单纯依赖国家颁布公开法令,恐为奸人所利用而成篡权窃国之势,因此君主须有相当的用"术"之方,用来"明察臣下之奸,削灭私门之势"①。在韩非子看来,为了达到尊君、驭臣、察私,并免于权丧于他人之手的目的,君主需要运用多种手段来巩固自己的权势地位,在这方面,韩非子用了大量文字来描述总结了所谓的"八奸""奸劫弑臣"等各种潜在危险,并提供了诸如"众端参观""疑诏诡使""倒言反事"等"七术"之类的技术手段来控制臣下,"故明主之行制也天,其用人也鬼"②,但其根本的宗旨还是在"术不欲见"四个字,展开来讲就是"因任而授官,循名而责实。操生杀之柄,课群臣之能者也。此人主之所执也"③。熊十力先生认为"执"有"执持、执藏"二义。④ 由此可见,韩非子以"术"来调和"法",从而保持君之"势"的存在,这种理论构架设计,对于一人专制政体的利弊显然具有周密考虑,并在最大限度上维护了君主权威的极度膨胀而不受限制。

同韩非之术相比,《淮南子》对"术"的说法有所修正,其总的原则是"人主之术:处无为之事,而循行不言之教,清静而不动,一度而不摇,因循而任下,责成而不劳"⑤。与韩非子"因任而授官,循名而责实。操生杀之柄,课群臣之能者也"的说法相比,尽管也具有"循名而责实"的意味,但其崇尚无为的意味更浓,倾向于执后而不盲动,"清静而不动,一度而不摇,因循而任下",同主动暴烈的"操生杀之柄,课群臣之能"的君主行为准则截然不同。

《淮南子》接纳了韩非子法治主义与术治主义调和而治的观念,这主要表现在以下几个方面:(1)"术"专为人君所执有。韩非子说"人主者不操术,则

---

① 萧公权:《中国政治思想史》第1册,辽宁教育出版社1998年版,第231页。
② 王先慎撰,钟哲点校:《韩非子集解》卷十八《八经》,中华书局1998年版,第431页。
③ 王先慎撰,钟哲点校:《韩非子集解》卷十七《定法》,中华书局1998年版,第397页。
④ 熊十力:《韩非子评论》。熊十力说:"藏之深,纳须弥于芥子,纳万众视听于剧场之一幕,天下莫逃于其所藏之外,亦眩且困于其所藏之内,而无我可自择自动也,是谓执藏。持之坚,可以百变而不离其宗;持之妙,有宗而不妨百变,是谓执持。不了执义,则不知韩非所谓术也。"载《熊十力全集》第五卷,湖北教育出版社2001年版,第311—312页。按:"执"有"执持、执藏"二义,是熊十力"新唯识"所立之义。用以说"此人主之所执"之执,似有过度阐释之嫌。但用以说法家任术的本心,倒也协当。
⑤ 张双棣:《淮南子校释》(上)卷九《主术训》,北京大学出版社1997年版,第889页。

威势轻,而臣擅名"①,《淮南子》也说,"是故有术则制人,无术则制于人","君人者释所守而与臣下争,则有司以无为持位,守职者以从君取容,是以人臣藏智而弗用,反以事转任其上矣"②。认为人主必须操持控驭臣下之术,否则将为臣所劫持。(2)人主意欲好恶隐不外现,否则易为臣下所窥伺。韩非子说"去好去恶,群臣见素,则大君不蔽矣"③,《淮南子》则说,"喜怒行于心者,欲见于外,则守职者离正而阿上,有司在法而从风,赏不当功,诛不应罪,上下离心,而君臣相怨也。故有道之主,灭想去意,清虚以待;不伐之言,不夺之事;循名责实,使有司,任而弗诏,责而弗教;以不知为道,以奈何为宝"④。(3)法、术结合,不滥施刑赏。法作为治众齐民的唯一标准,应全力维护其公平性,不宜以个人好憎而破坏法的尊严。法家主张法令应当不阿贵、不挠曲,《淮南子》也说:"衡之于左右,无私轻重,故可以为平。绳之于内外,无私曲直,故可以为正。人主之于用法,无私好憎。故可以为命。""无功而厚赏,无劳而高爵,则守职者懈于官,而游居者亟于进矣。为暴者,妄诛也。无罪者而死亡,行直而被刑,则修身者不劝善,而为邪者轻犯上矣。故为惠者生好,而为暴者生乱。奸乱之俗,亡国之风。"⑤《主术训》强调,唯有这样,法令才能做到公平如镜,"诛者不怨君,罪之所当也"。

但《淮南子》对法家韩非之术犹有保留之处,其一,尽管韩非子在论人主之术时也将其归本于道家,有《主道》《解老》《喻老》等篇,司马迁说其"皆源于道德之意",但同时也注意到"其极惨礉少恩"⑥。韩非子本于老子之道,要求君主去一己私智而集天下众智,但在极权制度之下却不免成为以冷静旁观之理性来以静制动,无情操控,其末者必至于阴鸷惨酷,将道家原本所主张的致虚守静的功夫置于一边,代之以机诈驭人,以至于最终走上自毁之路。而《淮南子》在道家无为而治目标的指引之下,将人主控驭之术的根本之道竭力

---

① 王先慎撰,钟哲点校:《韩非子集解》卷十四《外储说右下》,中华书局1998年版,第343页。
② 张双棣:《淮南子校释》(上)卷九《主术训》,北京大学出版社1997年版,第973页。
③ 王先慎撰,钟哲点校:《韩非子集解》卷二《二柄》,中华书局1998年版,第43页。
④ 张双棣:《淮南子校释》(上)卷九《主术训》,北京大学出版社1997年版,第980页。
⑤ 张双棣:《淮南子校释》(上)卷九《主术训》,北京大学出版社1997年版,第922页。
⑥ 司马迁:《史记》卷六十三《老子韩非列传》,中华书局1959年版,第2156页。

第五章 "非循一迹之路,(不)守一隅之指"

归结到君王自身的内在修身的功夫之上,"君人之道,处静以修身,俭约以率下"。"故圣人事省而易治,求寡而易澹……块然保真,抱德推诚,天下从之,如响之应声,景之像形,其所修者本也。"①"圣人不为可非之行,不憎人之非己也;修足誉之德,不求人之誉己也。"②修身唯有以其诚,这样,《淮南子》就将治国之法术同人君个体的修养统一起来,而放弃了韩非之术"严而少恩"的阴鸷之气,君臣关系也就不再是互相提防窥伺,而是走向"上操约省之分,下效易为之功,是以君臣弥久而不相厌"③和睦和谐的理想状态。其二,《淮南子》对君臣相得、"弥久而不相厌"的设想,从而使得它在用人观念上同法家拉开了距离。法家固然也说君主去一人之私智而用天下之智,似乎有尚贤的成分在内,但同时由于其人才奖惩进退事一决于法度,于是君主苛察,重罚轻赏,在这样的制度之下易产生奉公守法、循规蹈矩的平庸官吏而不易产生思维活跃、开拓创新的杰出之士,实际造成了人才的浪费和摧残,战国时代秦国缺乏本土人才,只能从国外引进;与此同时效力于秦国的人才大多结局不佳,例如商鞅车裂、不韦迁蜀、李斯就戮,可为明证。而《淮南子》尽管也说"衡之于左右,无私轻重,故可以为平。绳之内外,无私曲直,故可以为正"④,颇为看重法的公平性,但因为君臣关系的改善,它也主张君势乘于众势,用众智众力,"乘众人之智,则天下之不足有也,专用其心,则独身不能保也。是故人主覆之以德,不行其智,而因万人之所利"。"人主者,以天下之目视,以天下之耳听,以天下之智虑,以天下之力争。"而在人才的安排任用上,则尽量做到因才而任,人尽其才,各尽所能,"毋小大修短,各得其宜,则天下一齐,无以相过也。圣人兼而用之,故无弃才"。"是故贤主之用人也,犹巧工之制木也……无小大修短,各得其所宜;规矩方圆,各有所施。"⑤"各用之于其所适,施之于其所宜,即万物一齐,而无由相过。"⑥万物一齐,各用其宜,表现出对于个体平等价值的

---

① 张双棣:《淮南子校释》(上)卷九《主术训》,北京大学出版社1997年版,第898页。
② 张双棣:《淮南子校释》(下)卷十四《诠言训》,北京大学出版社1997年版,第1480页。
③ 张双棣:《淮南子校释》(上)卷九《主术训》,北京大学出版社1997年版,第913页。
④ 张双棣:《淮南子校释》(上)卷九《主术训》,北京大学出版社1997年版,第911页。
⑤ 张双棣:《淮南子校释》(上)卷九《主术训》,北京大学出版社1997年版,第954页。
⑥ 张双棣:《淮南子校释》(上)卷十一《齐俗训》,北京大学出版社1997年版,第1121页。

充分体认和尊重,当然这也是道家精神的体现。

另外,法家思想既以富国强兵、霸于天下为目标,因此,对于作为国家基础的农业生产非常重视,《商君书》就有如《垦令》《算地》《徕民》等与农耕密切相关的论述。《淮南子》有关农业生产的文字虽然不是很多,但对于农耕的重要性及粮食储备也有明确认识,"食者,民之本也。民者,国之本也,国者,君之本也"。"故国无九年之畜,谓之不足;无六年之积,谓之悯急;无三年之畜,谓之穷乏。"因此,国家对于农民岁入的征收应节之有度,量力而行,不应逾于民力,"人主租敛于民也,必先计岁收,量民积聚,知饥馑有余不足之数,然后取车舆衣食供养其欲","故有仁君明王,其取下有节,自养有度",同时应当尽力劝种农桑,发展生产,"是故人君者上因天时,下尽地财,中用人力……冬伐薪蒸,以为民资,是故生无乏用,死无转尸"①。总的来说,在传统社会,农耕为百业之本,因此自先秦至汉,政府均予以相当重视,此处不再赘述。

总体而言,先秦法家思想对于《淮南子》的影响主要体现在以君主为中心的人间现实社会政治秩序的构建方面。秉持圣王中心的历史观念,同时出于对刘姓汉廷王朝大一统局面的自觉维护,《淮南子》在君道方面对法家思想多有承绪,并适时引入道家学派的宇宙天道观念,来论证人主与生俱来的神圣性、权威性和合法性,但同时又试图消解法家意义上的人君身上所人为附着的神秘色彩。在这一大的立场之下,对于法家之法、势、术均有了不同程度的改装,就法而言,强调法的历史性,以道家思想资源论证法的权威公正,又援引儒家思想认为"法生于义",从而赋予法在具备禁恶功能的同时,进一步拓展而使其具有移风易俗的劝善作用;就势而言,注重因道而来的自然之势,向往无为而治,而在至为重要的君臣关系方面,则一改法家君臣互相窥伺提防的设计,向往君臣相得,上下和睦的关系,而其君臣相生相报说法的提出,无形之中也是对于君主权势的淡化削弱;就术而言,则主张修正法家式的控驭之术,而主张人君应当"块然抱真",怀仁诚之心以造君臣"弥久而不相厌"的理想格局,因此在用材方面虽也以法度为一准,但也主张乘众人之势,用众人之智,以

---

① 张双棣:《淮南子校释》(上)卷九《主术训》,北京大学出版社 1997 年版,第 995—996 页。

求人尽其才,野无遗贤。

《淮南子》的设计,反映出了在汉初思想界过秦反法的大合唱之中它对法家思想的反思成果,但这一设计不免有些理想化。西汉之初,诸侯王国坐大,汉廷中央则元老勋臣"草莽"余习未革,因此尊崇皇权,统一政令确为时代所需,有其合理意义。但《淮南子》并不理解在专制政体之下,如何能同时做到尊君和削弱君势、君臣相报并行不悖?一人专权具有天然的扩张性、膨胀性,汉武帝时,如车千秋等辈丞相已成摆设。中国传统中的君臣关系,君权不断强化,相权步步萎缩的史实已多有论者指出。《淮南子》以诸侯王之心而去猜度、设计天子之意,终以"上爱秘之"为结局确有其历史必然性。

第二节 《淮南子》所见之墨家

墨翟为墨家钜子。墨家以"墨"名家。关于先秦墨家名家之"墨"的来源,学界说法不一。有学者认为它与刑罚之中的墨刑有关,墨子或曾为刑徒。① 若此说属实,则墨家钜子墨翟出身"庶人"。因为那个时代,刑专为"庶人"而设。也有研究者认为"墨"可能是工匠丈量标记木材时所用的烟黑,因此墨子也可能曾为手工业者。② 若此说属实,则墨家钜子墨翟,出身于士农工商"四民"中的"工"。不论其真相究竟如何,从这些揣测中可以发现,墨子应该属于当时社会的"劳力者"阶层。在那个时代,"劳力者"是受"治于人"的下等阶层。而从现存的墨家文献所阐发的思想内容看,也确乎带有明显的社会下层的色彩。不过,这些都是今人的研究成果。中国古代对墨家的认识,并非如此。

《吕氏春秋》说墨家之始,可以溯源到鲁惠公请郊庙之礼于周:"鲁惠公使宰让请郊庙之礼于天子。桓王使史角往。惠公止之。其后在于鲁,墨子学焉。"③此或是《汉书·艺文志》"墨家者流,盖出于清庙之守"之所本。不过,吕氏此说,在时间上稍有错谬。鲁惠公于周平王四十八年(公元前723年)去

---

① 钱穆:《先秦诸子系年考辨》,上海书店1992年版,第84—85页。
② [美]牟复礼:《中国思想之渊源》,王立刚译,北京大学出版社2009年版,第79页。
③ 许维遹撰,梁运华整理:《吕氏春秋集释》(上)卷二《仲春纪·当染》,中华书局2009年版,第52—53页。

世。鲁惠公去世三年之后,公元前719年,周桓王才即天子位。"使史角往"者,应该是周平王。而《淮南子·要略》则说:

> 墨子学儒者之业,受孔子之术,以为其礼烦扰而不说,厚葬靡财而贫民,服伤生而害事,故背周道而用夏政。禹之时,天下大水。禹身执虆垂,以为民先,剔河而道九岐,凿江而通九路,辟五湖而定东海。当此之时,烧不暇撌,濡不给扢,死陵者葬陵,死泽者葬泽,故节财、薄葬、闲服生焉。①

两者说法虽然不一,但均表明了一个事实,即墨子曾在鲁学业,鲁既为儒学的大本营。因为墨家与儒家有这样一段因缘,故而,墨家对儒家高倡礼乐所产生的负面社会影响,体会最深。深到促使墨家与儒家决裂,"背周道而行夏政"的程度。"背周道"之后,墨家的一项重要工作,就是揭穿礼乐的真相,以破除儒家制造的礼乐崇拜。于是,礼乐成了墨家与儒家共同的论域。由于礼乐是儒墨共同的论域,墨家立场明确地反对儒家"繁饰礼乐"的行径,墨家的这一诉求,又带有明显的平民色彩,故而萧公权先生称"墨子乃一平民化之孔子,墨学乃平民化之孔学"②。当然,"墨学乃平民化之孔学"云云,只是个比喻。而比喻,总是"攻其一点,不及其余"。

墨家鉴于天下纷乱、攻伐不休,又对儒学礼乐文化的弊端有深入了解,因此围绕究竟如何真正"完善社会"这个根本问题,展开自己的思考。他们认为天下之所以纷乱不休,根源在于由于种种原因导致的人与人之间的隔阂。解决社会问题的唯一办法是,打通隔阂,引导人"兼相爱"。在"兼相爱交相利"中,实现社会完善和人的自我完善。我们知道,孔子也把"仁"——"仁者爱人"——作为社会完善和君子自我完善之道。墨子也曾经"学儒者之业,受孔子之术"。墨家"兼爱"和儒家"仁爱",应该有关联。但墨家"兼爱"与儒家"仁爱",根本不同质。儒家的"仁爱"是有差等的。如《孟子·尽心上》说的:"尧舜之仁不徧(遍)爱,急亲贤也"。③ 墨家之"兼爱",是无差等的"泛爱"。故而孟子用"兼爱无父",来区划墨家"兼爱"和儒家"仁爱"。儒家之仁立基于"人"的道德自觉,"爱人"是对"君子"的人格期待。而墨家"兼爱"则更注

---

① 张双棣:《淮南子校释》(下)卷二十一《要略》,北京大学出版社1997年版,第2150页。
② 萧公权:《中国政治思想史》第1册,辽宁教育出版社1998年版,第120页。
③ 杨伯峻:《孟子译注》卷十三《尽心上》,中华书局1960年版,第322页。

第五章 "非循一迹之路,(不)守一隅之指"

重实际效果,而不提个人的自然情感和文化德性。"兼相爱"追求的是"交相利",形象一点说,就是用"我为人人",换取"人人为我"。由此可见,墨家的兼爱自始便带有强烈的功利色彩,纯就现实的社会实际状况着眼。孔子有言:"君子喻以义,小人喻以利"。[1] 如果说"仁者爱人"是上层"君子"对自身的人格期待的话,那么,墨家之"兼爱"则是下层"小人"自救、自助的方式。围绕"兼爱"这个核心思想,墨家在社会生活方面,主张"非乐","非攻"。非乐,就是立场明确地反对儒家繁饰礼乐,因为儒家"繁饰礼乐"的行径,"上考之,不中圣王之事,下度之,不中万民之利"[2],不仅无益于实际的社会生产、生活,而且是对社会有限资源的无谓浪费,对人之生命的无情摧残。故而"鬼神弗尚";非攻,即立场明确地反对各国之间任何形式的互相攻伐,因为"以攻战亡者,不可胜数"[3]。战争只能造成人的无谓死亡和人生存环境的全面破坏。战争不仅不义,而且也无任何实际之利。这是墨家"破"的一面。其"立"的一面,在社会政治秩序方面,则表现为持权威主义的观点,力倡"天志、明鬼、尚同、尚贤",以这些内容来强力保障兼爱的执行。"尚同"偏重于政治裁判,通过设立一个本于公心的国家秩序,用它来促使人民去除一己之私,而归心于社会大众的公共利益;"天志、明鬼"则偏向于宗教裁判,"我有天志,譬若轮人之有规,匠人之有矩"[4]。尊天畏鬼,以天志作为最高的价值规范,借助于神权来加强对社会的约束控制。"尚贤"则立场明确地否定"世禄世卿"的旧制,主张贤人治国:"故古者圣王之为政,列德而尚贤,虽在农与工肆之人,有能则举之。……非为贤赐也,欲其事之成。"[5]以其作为实现社会理想的人才制度保证。

随着"世禄世卿"制的解体,墨家学说在战国曾经兴盛一时,孟子说:"天

---

[1] 杨伯峻:《孟子译注》第四《里仁》,中华书局1960年版,第39页。
[2] 孙诒让撰,孙启治点校:《墨子间诂》卷八《非乐上》,中华书局2001年版,第251页。
[3] 孙诒让撰,孙启治点校:《墨子间诂》卷五《非攻中》,中华书局2001年版,第133页。
[4] 孙诒让撰,孙启治点校:《墨子间诂》卷七《天志中》,中华书局2001年版,第197页。
[5] 孙诒让撰,孙启治点校:《墨子间诂》卷二《尚贤上》,中华书局2001年版,第46页。

下之言,不归于杨,则归于墨。"①庄子论天下道术,首论墨家,赞叹说:"墨子真天下之好也,将求之不得也,虽枯槁不舍也,才士也夫!"②韩非说:"世之显学,儒、墨也。"③但随着战国后期战争的频繁化、激烈化,立志用自我牺牲去抗争"转相征伐"的墨家,优秀人才多殉节于帮助弱者守御的疆场上,元气大伤。由于传承乏人,墨家思想也随之迅速衰落。司马迁《史记》中甚至没有给墨子立传,仅仅在《孟子荀卿列传》中有寥寥数语:"盖墨翟,宋之大夫,善守御,为节用。或曰并孔子时,或曰在其后。"④墨家思想在秦汉之后迅速消亡并在此后的两千年中再未兴起,有多种原因。就其学说自身而言,正如庄子所批判的,墨家那清苦的生活方式,鼓励自我牺牲的精神,神道设教式的教义,以及无视人精神需求的固陋,和人的发展方向相背反,"使人忧,使人悲,其行难为也。恐其不可以为圣人之道,反天下之心。天下不堪。墨子虽独能任,奈天下何!离于天下,其去王也远矣!"⑤荀子说"墨子蔽于用而不知文"⑥,可见墨家思想及组织中本身潜存有自我瓦解的机制。墨家学派尽管由于种种原因一蹶而不振,但如李泽厚先生所认为的,墨家思想并未消失,或是被"社会统治意识的主流所吸收消化",或是进入到民间社会及部分知识分子的思想之中⑦,在中国长期的小农社会中依然发挥持久潜在的影响。《淮南子》中墨家思想因子,当属于李泽厚所谓的在"部分知识分子的思想之中"的遗存。

一、《淮南子》所见之墨家

墨子事迹及墨家之说在司马迁笔下虽只有一语带过,但在《史记》之前的《吕氏春秋》和《淮南子》中却有相当的文字记载,为后人了解墨子和墨家提供了一定的资料依据。

根据笔者的统计,《淮南子》对墨家事迹的记述共有 25 处,分布于《俶真

---

① 杨伯峻:《孟子译注》卷五《滕文公上》,中华书局 1960 年版,第 155 页。
② 陈鼓应:《庄子今注今译》杂篇《天下》,中华书局 1983 年版,第 863 页。
③ 王先慎撰,钟哲点校:《韩非子集解》卷十九《显学》,中华书局 1998 年版,第 456 页。
④ 司马迁:《史记》卷七十四《孟子荀卿列传》,中华书局 1959 年版,第 2350 页。
⑤ 陈鼓应:《庄子今注今译》杂篇《天下》,中华书局 1983 年版,第 864 页。
⑥ 王先谦:《荀子集解》卷第十五《解蔽》,中华书局 1988 年版,第 392 页。
⑦ 李泽厚:《中国古代思想史论》,天津社会科学院出版社 2008 年版,第 56—64 页。

第五章 "非循一迹之路,(不)守一隅之指"

训》《氾论训》《修务训》等篇章之中,考察《淮南子》涉及墨子与墨家的内容,分别包括以下几个方面:

1.《淮南子》对墨家思想,有肯定性的褒扬,有否定性的批评,基本上以否定性的批评为主。对墨家否定性的批评,集中见于《俶真训》。值得注意的是,《淮南子》在批评墨家时,墨家是以儒家的配角出现的,批评的多是墨家"学儒者之业,受孔子之术"的那一面。"孔墨之弟子,皆以仁义之术教导于世,然而不免于僞,身犹不能行也,又况所教乎!是何则?其道外也"①。"夫儒墨不原人情之终始,而务以行相反之制,五缞之服"②。《淮南子》在此处从道家的立场出发,批评墨家所"学儒者之业"、所"受孔子之术"唱仁义、鼓吹教化之说仅仅是得道之皮毛一隅,而未能"原人情之终始""达于性命之情",未能得"道"之大本。所以对于"治道"来说,有它不多,没它不少:"百家异说,各有所出,若夫墨、杨、申、商之于治道,犹盖之无一橑而轮之无一辐,有之可以备数,无之未有害于用也。"墨家"自以为独擅之",恰好证明墨家"不通之于天地之情也"③。严格说来,《淮南子》这一类批评所批评的,并不是墨家之学的本色。

2. 记述墨子个人的言行事迹,描述墨家之学的状况。《淮南子》对墨子言行的记述,散见于不同的篇章,以《修务训》最集中。虽然也有挑剔,但基本上以褒扬表彰为主。"孔、墨博通,而不能与山居者入榛薄险阻也。由此观之,则人知之于物也,浅矣。"④"鲁般、墨子以木为鸢而飞之,三日不集,而不可使为工也。"⑤"孔子劲构国门之关,而不肯以力闻。墨子为守攻,公输般服,而不肯以兵知。"⑥"墨子见练丝而泣之,为其可以黄可以黑。"⑦"孔子无黔突,墨子无暖席。是以圣

---

① 张双棣:《淮南子校释》(上)卷二《俶真训》,北京大学出版社 1997 年版,第 216 页。
② 张双棣:《淮南子校释》(上)卷十一《齐俗训》,北京大学出版社 1997 年版,第 1146 页。
③ 张双棣:《淮南子校释》(上)卷二《俶真训》,北京大学出版社 1997 年版,第 172 页。
④ 张双棣:《淮南子校释》(上)卷九《主术训》,北京大学出版社 1997 年版,第 912 页。
⑤ 张双棣:《淮南子校释》(上)卷十一《齐俗训》,北京大学出版社 1997 年版,第 1182 页。
⑥ 张双棣:《淮南子校释》(下)卷十二《道应训》,北京大学出版社 1997 年版,第 1220 页。
⑦ 张双棣:《淮南子校释》(下)卷十七《说林训》,北京大学出版社 1997 年版,第 1821 页。

人不高山,不广河,蒙耻辱以干世主,非以贪禄慕位,欲事起天下利而除万民之害。"①《淮南子》以上所载,固然是以墨子之事为自身立场的立论依据,但是从其中也可以发现墨子本人的某些事迹技艺,墨子本人知识广博、"博通",且具有相当实用技艺,"以木为鸢而飞之,三日不集",同时也善于战争中的守备,更重要的是具有圣人般的情怀,"墨子无暖席","欲事起天下利而除万民之害",《淮南子》因此赞叹说:"圣人之从事也,殊体而合于理,其所由异路而同归,其存危定倾若一,志不忘于欲利人也。"②值得注意的是,《淮南子》对墨子和墨家的褒扬表彰,虽然经常孔、墨并称,不过,在褒扬表彰孔、墨时,孔子成了墨子的配角。

《淮南子》也有关于墨家学派状况的一些资料,"墨子服役者百八十人,皆可使赴火蹈刃,死不还踵,化之所致也"③。由此可见墨家不仅仅是一个志同道合的思想派别,同时还是一个基于共同信念,具有极强的纪律性及浓重宗教性色彩,随时能够付诸行动的行动团体。"孔丘、墨翟,无地而为君、无官而为长,天下丈夫女子莫不延颈举踵而愿安利之者。"④"孔丘、墨翟,修先圣之术,通六艺之论,口道其言,身行其志,慕义从风而为之服役者不过数十人。使居天子之位,则天下遍为儒、墨矣。"⑤"今取新圣人书,名之孔墨,则弟子句指而受者必众矣。"⑥此三则材料,虽然是援为证据论证其他问题的,但据此也足可以看出墨家之学在特定时代的强大影响力,不啻是对孟子、韩非之言的生动注解。"昔者,谢子见于秦惠王,惠王说之。以问唐姑梁。唐姑梁曰:'谢子,山东辩士,固权说以取少主。'惠王因藏怒而待之,后日复见,逆而弗听

---

① 张双棣:《淮南子校释》(下)卷十九《修务训》,北京大学出版社1997年版,第1950页。
② 张双棣:《淮南子校释》(下)卷十九《修务训》,北京大学出版社1997年版,第1958页。
③ 张双棣:《淮南子校释》(下)卷二十《泰族训》,北京大学出版社1997年版,第2078—2079页。
④ 张双棣:《淮南子校释》(下)卷十二《道应训》,北京大学出版社1997年版,第1224页。
⑤ 张双棣:《淮南子校释》(上)卷九《主术训》,北京大学出版社1997年版,第985页。
⑥ 张双棣:《淮南子校释》(下)卷十九《修务训》,北京大学出版社1997年版,第2009页。

也。"①唐姑梁与谢子同为墨家子弟。唐姑梁为争权固宠,不惜诋毁同道。此则可见墨家后学对于墨子"尚贤"、利天下之说的悖逆,后期墨家能一分为三也就理所当然了。

3. 对墨家之学兴起之原因的介绍和分析。关于墨家之学的产生,《淮南子》说:"墨子学儒者之业,受孔子之术,以为其礼烦扰而不说,厚葬靡财而贫民,服伤生而害事,故背周道而用夏政。禹之时……烧不暇撌,濡不给扢,死陵者葬陵,死泽者葬泽,故节财、薄葬、闲服生焉。"②按:《淮南子》此说对于墨家之学的师承、产生缘由、理论主张、所行之政(夏政)均有解释,颇具说服力。《淮南子》此说虽然招致清季墨学研究大家孙诒让的质疑③,但后世研究墨家学派者,对此说仍然乐于引用。另外,"周室衰而王道废,儒墨乃始列道而议,分徒而讼。于是博学以疑圣,华诬以胁众,弦歌鼓舞,缘饰《诗》《书》,以买名誉于天下"④。这一记载对于王官之学散为百家,诸子之学因此而先后迭出的历史事实也是一个反映。而"夫弦歌鼓舞以为乐,盘旋揖让以修礼,厚葬久丧以送死,孔子之所立也,而墨子非之。兼爱尚贤,右鬼非命,墨子之所立也,而杨子非之。全性保真,不以物累形,杨子之所立也,而孟子非也。趋舍人异,各有晓心。故是非有处,得其处则无非,失其处则无是"⑤则分明反映了战国之际思想界诸子争鸣的实际状况。

另外在《淮南子》中,时常是儒墨、孔墨并称,如"孔、墨之弟子,皆以仁义

---

① 张双棣:《淮南子校释》(下)卷十九《修务训》,北京大学出版社1997年版,第2008页。另,此条当来自《吕氏春秋》的《去宥》篇,其文为"东方之墨者谢子""秦之墨者唐姑果",事迹则相同。此处谢子与唐姑果(梁)之争,既为固宠,但或许有东方六国与秦国文化传统相抗衡的影子,同时也表明了墨家内部之间的争端。

② 张双棣:《淮南子校释》(下)卷二十一《要略》,北京大学出版社1997年版,第2150页。

③ 孙诒让认为淮南此说未是。详见孙诒让:《墨子间诂》之《传略》部分,中华书局2001年版。

④ 张双棣:《淮南子校释》(上)卷二《俶真训》,北京大学出版社1997年版,第198页。

⑤ 张双棣:《淮南子校释》(下)卷十三《氾论训》,北京大学出版社1997年版,第1380页。

之术教导于世,然而不免于僞,身犹不能行也,又况所教乎!"①"故制礼义,行至德,而不拘于儒墨。"②"今儒、墨者称三代文武而弗行,是言其所不行也;非今时之世而弗改,是行其非也"。③ 儒墨、孔墨并称,一方面表明《淮南子》更看重两者之间在思想学术上的潜在渊源和密切联系,更看重墨家"学儒者之业,受孔子之术"那一面。另一方面也表明了儒墨作为一代显学,在知识分子群体之中具有强大的号召力,甚至某种程度上,儒墨、孔墨可以被视为是这一群体的代称。儒墨并称同时还表明,在淮南作者群中,有兼习儒墨之士。但就思想主张而言,儒家守周道,墨家行夏政,尽管在儒家的意识里,尧舜禹汤文武一脉相承,但两者之间并不能完全画上等号,如"夫儒墨不原人情之终始,而务以行相反之制,五缞之服。悲哀抱于情,葬埋称于养,不强人之所不能为,不绝人之所能已。度量不失于适,诽誉无所由生。古者非不知繁升降槃还之礼也,蹀《采齐》、《肆夏》之容也,以为旷日烦民而无所用,故制礼足以佐实喻意而已矣"④。材料中的"行相反之制,五缞之服"为儒家所主,而其后"以为旷日烦民而无所用,故制礼足以佐实喻意而已矣",却是墨家对儒家繁饰礼乐的指斥,儒、墨相反而不相成。此处儒墨连用,只会徒扰人意,而不能给儒墨两家任何一家增色。又如"逮至暴乱已胜,海内大定,继文之业,立武之功,履天子之图籍,造刘氏之貌冠,总邹鲁之儒墨,通行圣之遗教,戴天子之旗,乘大路,建九旒,撞大钟,击鸣鼓,奏《咸池》,扬干戚"⑤。此处刘氏王朝所作所为,根本是在践行儒家的理论主张,所以此处所谓的"总邹鲁之儒墨",其着力点其实还是落在了儒生身上。

　　同大量存在并作为其思想立场出发点的道家、儒家思想相比,《淮南子》关于墨家总计25处的提及实在是算不上丰富充实,由此可以看出,在秦汉易

---

① 张双棣:《淮南子校释》(上)卷二《俶真训》,北京大学出版社1997年版,第216页。
② 张双棣:《淮南子校释》(上)卷十一《齐俗训》,北京大学出版社1997年版,第1151页。
③ 张双棣:《淮南子校释》(下)卷十三《氾论训》,北京大学出版社1997年版,第1360页。
④ 张双棣:《淮南子校释》(上)卷十一《齐俗训》,北京大学出版社1997年版,第1146页。
⑤ 张双棣:《淮南子校释》(下)卷十三《氾论训》,北京大学出版社1997年版,第1381页。

代之际及汉初墨家思想迅速衰落的实际状况。更何况,在这 25 则材料中,一部分是儒墨并称、一部分是将墨家作为驳斥贬抑的对象,这就更暗示了墨家进一步走向没落的历史命运。侯外庐先生认为墨学后期有两大支流,一支注重思维规律的研究,另一支则推行墨子的宗教思想,转化为秦汉社会的游侠。①由此可见,墨家思想在《淮南子》的时代并未彻底消失,其要么被主流意识形态所吸收消化,要么进入到民间社会的文化小传统,以自身的方式继续流播。因此,要考察《淮南子》与先秦墨家的关系,还需要进一步探究在《淮南子》的思想世界中墨家思想的痕迹。

二、墨家余响:"背周道而用夏政"

总的来说,如上文所述,《淮南子》中的墨家思想的影响,且不论同儒、道相比,即使是同《吕氏春秋》对墨家的记载相比,其分量也是大大地减少了。但即便如此,从《淮南子》的字里行间,还是可以不时地感受到墨家思想所散发出来的气息。

墨家思想,因为其曾经"学儒者之业,受孔子之术",因此对于儒家的各种弊端能入室操戈,有一个比较深刻的认识,但又因为其从功利实用主义的立场,对于儒家的理解却并未能做到公允全面,所以表现为"片面的深刻"。墨家既然以儒家为自己的参照标准,因此在对自身观点进行阐发时,存心要与儒家对立相异而立言,处处标新立异甚至到了走向极端的地步,"客观地说,儒、墨两家都有极坚定的人文立场,相信人为主宰和人力足以胜天也相同,所不同的是两家各自赋予人文世界以不同的意义"②。而墨家的主要观点和政治理想在《淮南子》中均能有所觉察发现。

儒家崇礼尚乐,赋予礼乐内在理性的基础,重视其道德教化的功能,而墨家则以狭隘功利主义的价值观为尺度,对礼乐展开激烈批判,主张"非乐""节葬""非礼"。

关于"非乐",墨家认为"子墨子之所以非乐者,非以大钟、鸣鼓、琴瑟、竽笙之声,以为不乐也","姑尝厚措敛乎万民,以为大钟、鸣鼓、琴瑟、竽笙之声,

---

① 侯外庐主编:《中国思想史纲》,上海世纪出版集团 2008 年版,第 51 页。
② 韦政通:《中国思想史》上册,上海书店出版社 2003 年版,第 73 页。

以求兴天下之利,除天下之害而无补也"①。在此可见,墨家对于乐(高层次的文化生活)的态度,他们认识到了乐的娱乐怡情作用,但因为其只能引起国君为了一己之乐,而厚敛于民,并不能有利于天下,相反对百姓的生产生活有害,因此应当予以坚决禁绝。《淮南子》则说:"古者非不能陈钟鼓,盛筦箫,扬干戚,奋羽旄,以为费财乱政,制乐足以合欢宣意而已,喜不羡于音。"②这个说法显然是对"非乐"的呼应,承认这个观点的合理性,但同时《淮南子》又说:"乐者所以致和,非所以为淫也。"③音乐的目的是致天地人事之和,而并不是为了无节制的纵欲狂,这种思想带有明显的儒家色彩,可见《淮南子》对于音乐的理解要比墨家公允,富有包容性。

墨家提倡"节葬",认为厚葬、三年之丧等并不合于上古圣王之道,不合天下之俗,同时又耗费民财民力,不利于人口增殖和社会发展,实质上并非仁义之举,因此,要想"上欲中圣王之道,下欲中国家百姓之利,故当若节丧之为政,而不可不察此者也"④。《淮南子》则说:(古者)"非不能竭国縻民,虚府殚财,含珠鳞施,纶组节束,追送死也,以为穷民绝业而无益于槁骨腐肉也,故葬埋足以收敛盖藏而已。昔舜葬苍梧,市不变其肆;禹葬会稽之山,农不易其亩;明乎生死之分,通乎侈俭之适者也"⑤。征引上古圣王帝舜、大禹简葬之事,认为厚葬重丧"穷民绝业",应当是"明乎生死之分",适可而止就可以了。

墨家又说"节用",主张"去无用之费,圣王之道,天下之大利也"。为此,甚至对于君王的饮食也有规定,"不极五味之调,芬芳之和,不致远国珍怪异物"⑥。《淮南子》则说:"君人之道,处静以修身,俭约以率下。"⑦并对尧之治

---

① 孙诒让撰,孙启治点校:《墨子间诂》卷八《非乐上》,中华书局2001年版,第254页。
② 张双棣:《淮南子校释》(上)卷十一《齐俗训》,北京大学出版社1997年版,第1147页。
③ 张双棣:《淮南子校释》(上)卷八《本经训》,北京大学出版社1997年版,第879页。
④ 孙诒让撰,孙启治点校:《墨子间诂》卷六《节葬下》,中华书局2001年版,第190页。
⑤ 张双棣:《淮南子校释》(上)卷十一《齐俗训》,北京大学出版社1997年版,第1147页。
⑥ 孙诒让撰,孙启治点校:《墨子间诂》卷六《节用中》,中华书局2001年版,第164页。
⑦ 张双棣:《淮南子校释》(上)卷九《主术训》,北京大学出版社1997年版,第948页。

第五章 "非循一迹之路,(不)守一隅之指"

也高度赞赏,"于是尧乃身服节俭之行,而明相爱之仁,以和辑之。是故茅茨不翦,采椽不斲,大路不画,越席不缘,大羹不和,粢食不毇,巡狩行教,勤劳天下,周流五岳,岂其奉养不足乐哉?"①

墨家"非攻",强烈反对"好攻伐之君",以晋国世卿智伯贪心无厌,最终却兵败破亡、身首异处为例,对于开疆拓土、扰攘人民的战争予以谴责。② 而《淮南子》在《人间训》《道应训》等篇章中也是多次以智伯为例,讨伐不义之战,反对掠夺兼并,"万乘之国,好广地者亡,智伯是也"③。

墨家"尚贤",主张"圣王之为政,列德而尚贤","尚贤之为政本",设想国家应该由贤人来治理,从天子到乡里之长,都应该有一个广泛的选贤制度,择贤而任之。而在人才的选择上,则应当不计等级出身贵贱,只要是贤能才学之士,均可简选任用之,"贤者举而上之,富而贵之,以为官长;不肖者抑而废之,贫而贱之,以为徒役"④,"虽在农与工肆之人,有能则举之","故官无常贵,而民无终贱"。而在人才的任用考核上,也主张因才而任,"量功而分禄"。《淮南子》在这一点上同墨家没有明显区别,也主张选贤任能,不计贵贱亲疏,唯才是举,如:

> 夫百里奚之饭牛,伊尹之负鼎,太公之鼓刀,宁戚之商歌,其美有存焉者矣。众人见其位之卑贱,事之污辱,而不知其大略,以为不肖。……夫发于鼎俎之间,出于屠酤之肆,解于累绁之中,兴于牛领之下,洗之以汤沐,祓之以爟火,立之于本朝之上,倚之于三公之位,内不惭于国家,外不愧于诸侯,符势有以内合。⑤

另外,《淮南子》也主张循名而责实的人才考评机制。虽然如此,但两者犹有不同之处,墨家尚贤,主张民无贵贱,机会均等,对贤人的考核注重客观外在的效果,尤其是物质实利,而《淮南子》尚贤,除此之外,更有遵德成分之内。

---

① 张双棣:《淮南子校释》(上)卷九《主术训》,北京大学出版社1997年版,第949页。
② 孙诒让撰,孙启治点校:《墨子间诂》卷五《非攻中》,中华书局2001年版,第139页。
③ 张双棣:《淮南子校释》(下)卷十八《人间训》,北京大学出版社1997年版,第1882页。
④ 孙诒让撰,孙启治点校:《墨子间诂》卷二《尚贤中》,中华书局2001年版,第49页。
⑤ 张双棣:《淮南子校释》(下)卷十三《氾论训》,北京大学出版社1997年版,第1425页。

"大足以容众,德足以怀远,信足以一异,知足以知变者,人之英也。德足以教化,行足以隐义,仁足以得众,明足以照下者,人之俊也。……人之杰也。英俊豪杰,各以小大之材处其位……背贪鄙而向义理,其于化民也,若风之摇草木,无之而不靡。"①以周公之贤,"可谓忠臣也,而未可谓悌也",乐羊之能,"可谓良将,而未可谓慈父也"。可见,《淮南子》的尚贤,带有明显的儒家色彩,虽也重事功,但同时也重修身立德,以为世之师表,墨家眼中的贤人,实际并不能取得化民移俗,风行偃草之效,不过一能一技而已。

墨家又讲"天志""明鬼",以天作为人类的最高和唯一主宰,具有管理裁判人间事务的绝对威权,虽人间的君主天子也不能幸免,"天子为善,天能赏之,天子为暴,天能罚之",这样,天就如同殷商时期的鬼神崇拜一样,成为一人格神、意志神,这实在是思想上的倒退。而在社会政治结构上,则成为由天而天子而臣民的等级森严、自上而下的金字塔式体系,这与孟子"天听自我民听,天视自我民视"的自下而上的民本立场迥然有别。《淮南子》在这方面虽然也主张应循天而行,在《天文训》《时则训》中有大量文字来论证宇宙与人事之间的对应,逆天而为会造成毁灭性的后果。但是《淮南子》却并非主张人在天面前的绝对匍匐,顺从天的意志,相反,它所认为的天更具有理论色彩,更倾向于天之"道"以及对于天道规律的认知和把握,因此人文性更强,其实质乃是对人的肯定,追求人与天之间的和谐,"是故天下之事,不可为也,因其自然而推之;万物之变,不可究也,秉其要归之趣"②。在对鬼神之事的看法上,墨家明鬼,相信鬼神存在,且具有裁判善恶的能力,《淮南子》则持无神论观点,从人间之事出发去分析鬼神迷信产生的根源,"怯者,夜见立表,以为鬼也;见寝石,以为虎也;惧揜其气也。又况无天地之怪物乎?"③鬼的产生源于人心有恐惧之气,而社会中的迷信鬼神现象则是人们需要借助于鬼神之威力来达到某种现实的目的,所以鬼神仅仅是用以劝诫世人的外衣和手段,如"枕户橉而卧者鬼神蹠其首",其真实的原因是:"夫户牖者,风气之所从往来,而风气者,

---

① 张双棣:《淮南子校释》(下)卷二十《泰族训》,北京大学出版社1997年版,第2079页。
② 张双棣:《淮南子校释》(上)卷一《原道训》,北京大学出版社1997年版,第19页。
③ 张双棣:《淮南子校释》(下)卷十三《氾论训》,北京大学出版社1997年版,第1452页。

第五章 "非循一迹之路,(不)守一隅之指"

阴阳相捔角也,离者必病,故托鬼神以伸诫之也。"所以,鬼神的产生原因在于百姓的识见有限,不明事理,需要借助鬼神来约束个人行为,"夫见不可布于海内,闻不可明于百姓。是故因鬼神擎祥而为之立禁,总形推类而为之变象"①。另外,鬼神祭祀的设立还有一种是为了纪念感恩,"今世之祭井灶门户箕帚臼杵者,非以其神为能飨之也,恃赖其德,烦苦之无已也。是故以时见其德,所以不忘其功也"。"此圣人所以重仁袭恩。故炎帝于火,死而为灶……此鬼神之所以立。"②以此来培育百姓的感恩之心,实现道德教化的目的。

另外,墨家在认识论方面也有独到之处,提出了"名实相耦""以名举实"的概念,讨论理论概念和实际状况相一致的问题。这一点在《淮南子》的《说山训》《说林训》中均有所体现,《主术训》中"问瞽师曰:'白素何知?'曰:'缟然。'曰:'黑何若?'曰:'黔然。'援白黑而示之,则不处焉。人之视白黑以目,言白黑以口,瞽师有以言白黑,无以知白黑,故言白黑与人同,其别白黑与人异"。这段话明显是截取《墨子·贵义》篇的文字而成③,讨论认识和实践的关系问题,认为应当以实际情况作为判断标准。

英国汉学家鲁惟一根据对史料的分析,认为汉代人对待生活有四种主要态度——"心灵的四种态度",分别是"围绕自然、人、国家和理性的"④,而《淮南子》则被归于第一类,即"强调自然秩序之重要性",带有明显的道家色彩。围绕这一判断,可见《淮南子》对于墨家的处理态度。

《淮南子》对于墨家思想的立场,总体上并不认可。从其对墨家事件的记载和评述来看,尽管也对墨家之墨子持有褒扬,赞其有圣人之姿,"墨子无暖席"以利天下、"孔、墨博通"等,墨家团体纪律严明,"死不还踵",具有宗教组织般的特点,但其根本目的是通过引用墨家资料而为自身的观点服务。而其

---

① 张双棣:《淮南子校释》(下)卷十三《氾论训》,北京大学出版社1997年版,第1453页。
② 张双棣:《淮南子校释》(下)卷十三《氾论训》,北京大学出版社1997年版,第1453页。
③ 《墨子·贵义》:"子墨子曰:今瞽曰:皑者白也,黔者黑也。虽明目者无以易之。兼白黑,使瞽取焉,不能知也。故我曰瞽不知黑白者,非以其名也,以其取也。"《淮南子》在文字引用上与之基本相类。
④ [英]鲁惟一:《汉代的信仰、神话和理性》,王浩译,北京大学出版社2009年版,第7—16页。

淮南子的思想世界

动辄孔墨并称,批评其"不免于偏,身犹不能行也""不原人情之终始",这才表明了真正的态度。

另外,即使可以从《淮南子》中看到某些墨家思想的痕迹及影响,但明显已经对其有了新的解释,例如《淮南子》也说"节葬""节用""非乐",但其出发点并不在于实际的物质之功利,而是说"不强人之所不能为,不绝人之所能已。度量不失于适,诽誉无所由生","明乎生死之分,通乎侈俭之适者也",关键在于"适",适合、适度、适宜,适可而止,这明显是因人情而为之,因自然而推之,重视"自然秩序的重要性"。因此,在对儒家礼义繁文缛节进行批评的同时,对墨家的过分功利也表示不赞同,即如"节葬"而言,儒家的三年之丧固然是"夫是强人所不及也,而以伪辅情也",墨家所主张的三月之服,也是"绝哀而迫切之性也"①,这也是强制断绝人的哀思、切断人的情感抒发,同样是不合人之性情的制度。所以舜禹的简葬,在墨家看来是节俭,在《淮南子》眼里却是因地制宜了。综合以上可见,《淮南子》受墨家思想影响并不明显,其所采用的墨家资源也是经过了儒道思想,尤其是道家思想的贯注,而进行了重新阐释。

之所以会如此,从社会历史环境来讲,《淮南王》虽然也说"天子失道,守在诸侯",但作为诸侯王,维护大一统的政治局面仍然是其自觉的选择。在大一统条件之下,墨家存在的重要理由(非攻)已然消失,相反其作为富有凝聚力,敢于赴汤蹈火的宗教性团体倒成为"维稳和谐"的负面因素;从刘安个人来讲,作为刘氏诸侯王,其地位财富身份自然不能与其平民色彩的墨家同日而语,苦修以利天下早不可行,享乐养生才是正道,所以纵令《淮南子》相信鬼神之事(大量神话传说的存在),其目的却在于祭祀以求平安与长生,而不是纳入新王朝具体的政治结构。

本章小结:儒、道、墨、法是先秦诸子里最具影响力的四大家。以"纪纲道德,经纬人事"为职志的《淮南子》,在平调儒、道之余,对墨、法思想也采取了有"美"辄收、遇"萃"必聚的方针。对墨、法思想有"美"辄收,遇"萃"必聚,体

---

① 张双棣:《淮南子校释》(上)卷十一《齐俗训》,北京大学出版社1997年版,第1146页。

第五章 "非循一迹之路,(不)守一隅之指"

现了《淮南子》"非循一迹之路,(不)守一隅之指"的撰述总立场。而《淮南子》的这一撰述立场,和《淮南子》有关诸子之学的兴起,立基于现实政治的实际需要以及诸子们有选择地积极回应的整体认识,密切相关。

《淮南子》对法家的法、术、势进行了全面的重新阐释。重新阐释,动用了两项资源:一是道家的"自然无为"之道,以及立基于道家"道失而后德,德失而后仁,仁失而后义,义失而后礼,礼失而后法"、《易传》"物不可终否,故受之以泰"的社会发展之道;二是已被法家扬弃了的《尚书》里的"刑以辅教""以刑去刑"的观念。

《淮南子》对墨家思想,有批判,有褒扬。《淮南子》述及墨家,经常是"儒墨"并称。批判时并称儒墨,是因为墨家钜子墨翟有一段"学儒者之业,受孔子之术"的经历。批判时并称儒墨,墨家只是儒家的配角;《淮南子》褒扬的,多是"背周道而行夏政"之后的墨家。褒扬时并称儒墨,儒家反倒成了墨家的配角。《淮南子》记录下了墨家的一部分遗响。从而使《淮南子》和另一部称述墨家事迹的著作《吕氏春秋》,成为后世研究墨家和墨学的珍贵资料。

《淮南子》"非循一迹之路,(不)守一隅之指"的撰述总方针,为《淮南子》在儒、道、墨、法各家思想间往复游走提供了最大的方便。使《淮南子》笔下的"文、景之世"的思想世界,斑斓得令人眼花缭乱。

结　　语

从某种意义上说,"以多知为杂"的《淮南子》,给后世留下了"珍贵的思想馈赠"。

《淮南子》自称其《鸿烈》之撰,是一项"观天地之象,通古今之事,权事而立制,度形而施宜"的宏伟工程。《淮南子》的自述中,涌动着一股试图构建能够沟通"天—地—人"之宏大体系的勃勃雄心。然而,在本书看来,《淮南子》有构建宏大体系的勃勃雄心,却缺乏实现勃勃雄心所必需的经纬之才和缜密之思。《淮南子》在传承与融合先秦诸子思想时,贪多务得,浅尝辄止,文丽于"不韦",体疏于《吕览》,"俊逸"有余而"浑成"不足。并未能做到像它自己宣称的那样,"天地之理究矣,人间之事接矣,帝王之道备矣"。

从《淮南子》中,能够看到《淮南子》试图以道家之"道"为主干,兼综其他诸子的努力。但《淮南子》对道家之"道"的理解,却并非尽合老庄之旨,经常自违老庄之"道"而不自知。《淮南子》对"道"华丽夸饰的言说,看似使"道"可感可知,实则削弱了老庄之"道"超验玄想的品格。《淮南子》以"气"来通贯老氏"道"之"创生"的全过程,稀里糊涂地将"道"与"气"合而为一,把"道"一元论者老子,改写成了"气"一元论者,从而歪曲了老子思想的真相。在"为'无为'"之为政之道的设计上,《淮南子》在"大一统"的语境下,高唱"小国寡民"时代的政治理想,言说时必然要遭遇到"道德偏转力"(史华兹语)的问题。从而使他们的言说里,纠结着难解难分的"向后看"和"向前看"的矛盾。同样,由于对道家之道"创生"论的理解上有错谬,《淮南子》在对人的"个体位置"的规划上,也未能区分开"有心之器"和"无识之物"的界限。在他们规划出的人的"个体位置"上,人反而走向了物化、走向了听天由命。

《淮南子》对儒家之学的态度,有个"前倨后恭"式的转变。《淮南子》对儒学的认识,有"新解"。例如《淮南子》高度关注人性的现实样态,强化了人性完善的实践色彩。同时也有"错位"。例如在张扬"人的能动性"的问题上,《淮南子》虽然顺承荀子,却恣意踵事增华而变本加厉,强调"名可强立,功可强成"。结果,"画虎"不成,反而与法家思想暗通款曲。《淮南子》有兼综儒、道之志。然其对于儒、道思想间难于兼容的冲突,不是两全其美,而是试图以"道"化儒学,"儒"化道家的方式来加以解决。结果使《淮南子》所申之"儒",似儒而非儒;所弘之"道",似道而非道。这在它对孔子形象的描述、对人性的思考、对仁义礼乐前后矛盾的立场、对化俗齐民的处理上,均有体现。

《淮南子》对于法家的"法""术""势",均有不同程度的改装。《淮南子》在对法家之"法"的批判性反思中,既有借道家思想,给法家之"法"的公正权威性安置一个"形上"依据的理论意图;又有按儒家理想,赋予法家之"法"劝善易俗功能的良善愿望。《淮南子》用儒家之"义",修正了法家的控驭之"术",消解了其中的"阴鸷"之气,主张人君应以仁诚之心求君臣相得之局。《淮南子》在吸收法家"势位"说的同时,扬弃了法家"'势位'崇拜"的偏向,主张因"道"所重的"自然之势",以运君王之"势"。在主观上有抑止天子权力无限膨胀的意向。《淮南子》受墨家影响并不明显。《淮南子》采墨家之思想资源,用心并不全在墨家,更多是意在为衍释儒、道两家思想提供佐证。

面对先秦诸子丰厚的思想遗产,《淮南子》贪多务得,表现出一种逢"美"辄收、遇"萃"必聚的不凡气度。从而使《淮南子》呈现出"出入经道","其义也著,其文也富","氾採而文丽"的总体特点。但这并未能改变它被"爱秘之"的结局。这里面,既有政治上的因素,《淮南子》对诸子思想整合的结果也是重要原因。

西汉文、景之世是"转型"的时代,在政治体制转型之外,诸子思想间也在不断碰撞融合,以寻觅一种新的文化精神,完成对国家意识形态合法性的论证。这一时期的思想,在学术求真之余,不可避免地带有一定的实用主义色彩。《淮南子》也未能例外。《淮南子》对诸子思想的整合,看似"平流竞进",颇具"知识分子气质"。其实,在《淮南子》对诸子思想"逢'美'辄收,遇'萃'必聚"的气度中,也掺杂有和刘安"淮南王"之身份相符的"悠游炫耀"之意。从而使《淮南子》整合出来的结果,与廊庙需求、民间祈向,都有相当的距离。

在现实政治问题上,《淮南子》鼓吹"天子失道,守在诸侯",试图以已成往古的"封建大一统",去对抗已成必然之势的"专制大一统"。又幻想君臣相得相报的理想格局。此等"玫瑰色"的"仲夏夜之梦",纵然美好,却不可行。在思想整合方面,《淮南子》追求"统天下,理万物,应变化,通殊类",努力弥合思想间的罅隙,这使得它在对诸子思想进行整合时,对先秦诸子进行了无意间的误读和有意识的改造。"群道众妙,聚而又聚"的学术心态,使得它在面对思想间的冲突时,不能做出果断有效的割舍剪裁,而是企图通过采取委曲求全乃至强作弥合的做法,以求"鱼与熊掌",同时兼得。这样做的结果,并不能使诸子思想在对话中产生出新的意义,恰恰相反,它使各家思想彼此间的张力因为强作弥合而愈加明显,同时也使各家思想的思想锋芒因为强作弥合而有所削弱。于是《淮南子》鸿博繁富的内容在思想上显得斑驳纷杂,各家思想看似众声喧哗,却是自说自话,自然也就呈现为似道非道、似儒非儒、似法非法、似墨非墨的特征。

古今学者论及《淮南子》,除了扬雄憾其"杂",刘勰愄其"氾",黄震斥其"不识体要"之外,多悦其文字瑰丽、内容丰富、思想多样。一些现代学者,尤乐于欣赏《淮南子》"不循一迹,(不)守一隅"的撰述方针,称其具有"辩证"色彩。但在本书看来,《淮南子》看似"辩证"的背后,却是"到什么山唱什么歌",任意游走于诸子之间,贪多求全;泰簇众美而"中"乏"本主",其思想体系存在着诸多内在矛盾。故而可以说,《淮南子》虽有"泰簇众美"之志,却难免"东施效颦"之态;虽存"务求实用"之心,却难收"经世致用"之效。《淮南子》也只是士子们把玩不倦的秘籍,从未发挥过其所自期的"置之寻常而不塞,布之天下而不窕"的社会效用。从这种意义上说,《淮南子》留给后人的"思想馈赠",就更显得弥足"珍贵"了。

参考文献

一、基本文献

杨树达:《淮南子证闻》,上海古籍出版社1985年版。

刘文典撰:《淮南鸿烈集解》,中华书局1989年版。

张双棣:《淮南子校释》,北京大学出版社1997年版。

何宁:《淮南子集释》,中华书局1998年版。

胡适:《淮南王书》,新月书店1931年版。

牟钟鉴:《〈吕氏春秋〉与〈淮南子〉思想研究》,齐鲁书社1987年版。

王云度:《刘安评传》,南京大学出版社1997年版。

雷健坤:《综合与重构——〈淮南子〉与中国传统文化》,开明出版社2000年版。

马庆洲:《淮南子研究》,北京大学博士学位论文,2001年版。

陈静:《自由与秩序的困惑——淮南子研究》,云南大学出版社2004年版。

戴黍:《〈淮南子〉治道思想研究》,中山大学出版社2005年版。

孙纪文:《淮南子研究》,学苑出版社2005年版。

漆子扬:《刘安与〈淮南子〉》,西北师范大学博士学位论文,2005年。

二、相关古籍

(汉)贾谊撰,阎振益,钟夏校注:《新书校注》,中华书局2000年版。

(汉)司马迁:《史记》,中华书局1959年版。

(汉)班固:《汉书》,中华书局1962年版。

(汉)许慎撰,(清)段玉裁注:《说文解字注》,上海古籍出版社1981年版。

(汉)郑玄注,(唐)贾公彦疏:《十三经注疏·周礼注疏》,北京大学出版社1999年版。

(魏)王弼注,(唐)孔颖达疏:《十三经注疏·周易正义》,北京大学出版社1999

年版。

(晋)葛洪:《西京杂记》,三秦出版社 2006 年版。

(晋)葛洪:《神仙传》,内蒙古人民出版社 2003 年版。

(梁)刘勰著,范文澜注:《文心雕龙注》,人民文学出版社 1958 年版。

(梁)萧统编,(唐)李善注:《文选》,上海古籍出版社 1986 年版。

(唐)孔颖达疏:《十三经注疏·毛诗正义》,北京大学出版社 1999 年版。

(唐)孔颖达疏:《十三经注疏·尚书正义》,北京大学出版社 1999 年版。

(宋)司马光著,(元)胡三省注:《资治通鉴》,中华书局 1956 年版。

(宋)洪迈:《容斋随笔》,上海古籍出版社 1978 年版。

(宋)朱熹集注:《诗集传》,上海古籍出版社 1980 年版。

(宋)黎靖德编,王星贤点校:《朱子语类》,中华书局 1986 年版。

(清)王夫之:《读通鉴论》,中华书局 1975 年版。

(清)沈德潜选:《古诗源》,中华书局 1963 年版。

(清)赵翼:《廿二史劄记》,北京市中国书店 1986 年版。

(清)章学诚著,叶瑛校注:《文史通义校注》,商务印书馆 1985 年版。

(清)王先谦撰,沈啸寰、王星贤点校:《荀子集解》,中华书局 1988 年版。

(清)王先慎撰,钟哲点校:《韩非子集解》,中华书局 1998 年版。

(清)皮锡瑞:《经学历史》,中华书局 1959 年版。

(清)苏舆撰,钟哲点校:《春秋繁露义证》,中华书局 1992 年版。

(清)丁福保辑:《历代诗话续编》,中华书局 2006 年版。

(清)汪荣宝撰,陈仲夫点校:《法言义疏》,中华书局 1987 年版。

三、相关著作

杨伯峻:《孟子译注》,中华书局 1960 年版。

杨伯峻:《论语译注》,中华书局 1980 年版。

鲁迅:《汉文学史纲要》,《鲁迅全集》第九卷,人民文学出版社 1981 年版。

陈鼓应:《庄子今注今译》,中华书局 1983 年版。

朱维铮编:《周予同经学史论著选集》(增订本),上海人民出版社 1983 年版。

陈鼓应:《老子注译及评价》,中华书局 1984 年版。

熊铁基:《秦汉新道家略论稿》,上海人民出版社 1984 年版。

陈梦家:《尚书通论》,中华书局 1985 年版。

任继愈主编:《中国哲学发展史》(秦汉),人民出版社 1985 年版。

朱维铮校注:《梁启超论清学史二种》,复旦大学出版社 1985 年版。

蒋礼鸿:《商君书锥指》,中华书局1986年版。

张岂之主编:《中国思想史》,西北大学出版社1989年版。

何建章:《战国策注释》,中华书局1990年版。

黄晖:《论衡校释》(附刘盼遂集解),中华书局1990年版。

陈鼓应:《老庄新论》,上海古籍出版社1992年版。

王利器:《盐铁论校注》,中华书局1992年版。

胡适:《中国中古思想史长编》,华东师范大学出版社1996年版。

梁启超:《先秦政治思想史》,东方出版社1996年版。

钱穆:《国史大纲》(修订本),商务印书馆1996年版。

高流水、林恒森译注:《慎子、尹文子、公孙龙子全译》,贵州人民出版社1996年版。

萧公权:《中国政治思想史》,辽宁教育出版社1998年版。

张运华:《先秦两汉道家思想研究》,吉林教育出版社1998年版。

李玉洁:《先秦诸子思想研究》,中州古籍出版社1999年版。

李泽厚、刘刚纪:《中国美学史》,安徽文艺出版社1999年版。

冯友兰:《中国哲学史》,华东师范大学出版社2000年版。

冯友兰:《三松堂全集》(九),河南人民出版社2000年版。

钱穆:《国史新论》,生活·读书·新知三联书店2001年版。

钱穆:《中国历代政治得失》,生活·读书·新知三联书店2001年版。

熊十力:《韩非子评论》,《熊十力全集》第五卷,湖北教育出版社2001年版。

徐复观:《中国人性论史》(先秦篇),三联书店2001年版。

钱穆:《庄老通辨》,生活·读书·新知三联书店2002年版。

钱穆:《论语新解》,生活·读书·新知三联书店2002年版。

徐复观:《徐复观论经学史二种》,上海书店2002年版。

徐元诰撰,王树民、沈长云点校:《国语集解》,中华书局2002年版。

李泽厚:《美学三书》,天津社会科学院出版社2003年版。

韦政通:《中国思想史》,上海书店出版社2003年版。

余英时:《士与中国文化》,上海人民出版社2003年版。

李泽厚:《论语今读》,生活·读书·新知三联书店2004年版。

钱穆:《秦汉史》,生活·读书·新知三联书店2004年版。

徐复观:《两汉思想史》,华东师范大学出版社2004年版。

杨天宇:《礼记译注》,上海古籍出版社2004年版。

劳思光:《新编中国哲学史》,广西师范大学出版社2005年版。

顾颉刚:《秦汉的方士与儒生》,上海世纪出版集团2005年版。

曾祥旭:《士与西汉思想》,黑龙江人民出版社2005年版。
傅斯年:《中国古代思想与学术十论》,广西师范大学出版社2006年版。
林同奇:《人文寻求录——当代中美著名学者思想辨析》,新星出版社2006年版。
金春峰:《汉代思想史》,中国社会科学出版社2006年版。
许倬云:《中国古代社会史论》,广西师范大学出版社2006年版。
余英时:《中国思想传统的现代诠释》,江苏人民出版社2006年版。
雷戈:《秦汉之际的政治思想和皇权主义》,上海古籍出版社2006年版。
葛兆光:《中国思想史》,复旦大学出版社2007年版。
牟宗三著,罗义俊编:《中国哲学的特质》,上海古籍出版社2007年版。
钱钟书:《管锥编》,生活·读书·新知三联书店2007年版。
瞿同祖:《汉代社会结构》,邱立波译,上海世纪出版集团2007年版。
龚鹏程:《汉代思潮》(增订版),商务印书馆2008年版。
郭沫若:《十批判书》,中国华侨出版社2008年版。
李泽厚:《中国古代思想史论》,天津社会科学出版社2008年版。
秦晖:《传统十论》,复旦大学出版社2008年版。
王尔敏:《先民的智慧——中国古代天人合一的经验》,广西师范大学出版社2008年版。
钱穆:《中国学术思想史论丛》(三),生活·读书·新知三联书店2009年版。
许维遹撰,梁运华整理:《吕氏春秋集释》,中华书局2009年版。
许结:《汉代文学思想史》,人民文学出版社2010年版。
[英]崔瑞德、鲁惟一编:《剑桥中国秦汉史:公元前221年至公元220年》,杨品泉等译,中国社会科学出版社1992年版。
[美]安乐哲:《〈主术〉——中国古代政治艺术之研究》,滕复译,北京大学出版社1995年版。
[美]郝大维、安乐哲:《汉哲学思维的文化探源》,施忠连译,江苏人民出版社1999年版。
[美]爱莲心:《向往心灵转化的庄子:内篇分析》,周炽成译,江苏人民出版社2004年版。
[美]本杰明·史华兹:《古代中国的思想世界》,程钢译、刘东校,江苏人民出版社2004年版。
[美]郝大维、安乐哲:《通过孔子而思》,何金俐译,北京大学出版社2005年版。
[美]倪德卫:《儒家之道:中国哲学之探讨》,周炽成译,凤凰传媒出版集团2006年版。

［日］川津康弘:《〈淮南子〉认识论研究》,西北大学博士学位论文,2008年。
［美］狄百瑞:《儒家的困境》,黄水婴译,北京大学出版社2009年版。
［美］牟复礼:《中国思想之渊源》,王立刚译,北京大学出版社2009年版。
［英］鲁惟一:《汉代的信仰、神话和理性》,王浩译,北京大学出版社2009年版。

后　　记

本书是在我博士论文的基础上完成的。在写作过程中，始终伴随着的是惶恐和焦虑。

之所以会如此，原因主要在于本书的研究对象《淮南子》是以汪濊华彩的文笔、庞杂博富的知识而名垂后世的。因此在研读过程中，时而被其语惊四筵的耸人之论导入迷途，时而面对其任意游走于诸子之间而呈现的"四不像"式的思想特征感到无从着手。写作也就时常陷于困顿，窘迫之情可想而知。

最终能呈现为现在这个样子，首先要感谢业师梁道礼先生。入学伊始，先生便给我开有书目，以求通过阅读，使我能够形成一个基本的学术地图。开题以后，每次见先生，他总是会问起我对相关资料的研读情况，对论文可取的论述角度、观点等予以点拨和要求。当一章一节的文字呈送给先生后，他总是严格把关，从论点的正谬到论据的分析，都提出修改意见并点明原因。甚至于文献的征引、文字的表达，他都一一核按修订。时常于夜深之际打来电话，就某个问题详加指点，使我常有冷水浇背、拨云见日之感。时至今日，种种情形仍恍然如昨，感恩之情，无以言表！

感谢多年以来的许多老师与同学。感谢我的家人。感谢咸阳师范学院对本书出版的支持。

王效峰

2024 年 2 月

责任编辑:汪　逸
封面设计:汪　莹

图书在版编目(CIP)数据

淮南子的思想世界/王效峰 著. —北京:人民出版社,2024.6
ISBN 978-7-01-022413-8

Ⅰ.①淮… Ⅱ.①王… Ⅲ.①《淮南子》-研究 Ⅳ.①B234.45

中国版本图书馆 CIP 数据核字(2020)第 149860 号

淮南子的思想世界

HUAINANZI DE SIXIANG SHIJIE

王效峰　著

人民出版社 出版发行
(100706　北京市东城区隆福寺街 99 号)

北京九州迅驰传媒文化有限公司印刷　新华书店经销
2024 年 6 月第 1 版　2024 年 6 月北京第 1 次印刷
开本:710 毫米×1000 毫米 1/16　印张:15.75
字数:258 千字

ISBN 978-7-01-022413-8　定价:68.00 元

邮购地址 100706　北京市东城区隆福寺街 99 号
人民东方图书销售中心　电话:(010)65250042　65289539

版权所有·侵权必究
凡购买本社图书,如有印制质量问题,我社负责调换。
服务电话:(010)65250042